AF202965

www.tredition.de

Melanie Klinger wurde 1981 in München geboren. Nach dem Abschluss ihrer Krankenpflegeausbildung studierte sie Soziale Arbeit an der Hochschule München mit dem Schwerpunkt Cultural Studies.

Melanie Klinger

Intime Verletzungen

**Weibliche und männliche
Genitalbeschneidung
(K)ein unzulässiger Vergleich?!**

©2019 Melanie Klinger
Vollständig überarbeitete Version 2026
Kontakt: lucky.laschinski@gmail.com
Verlag und Druck: tredition GmbH,
Halenreie 40-44, 22359 Hamburg

ISBN
Paperback: 978-3-7497-3198-5
Hardcover: 978-3-7497-3199-2
e-Book: 978-3-7497-3200-5

Inhaltsverzeichnis

Ich möchte mich von ganzem Herzen bei Allen bedanken, die mich bei der Arbeit an diesem Buch begleitet und unterstützt haben!

Vorwort

Wenn das Thema *Weibliche Genitalverstümmelung* (FGM) in Politik und Medien bearbeitet oder in beliebiger Gesellschaft angesprochen wird, zieht sich durch alle Diskussionen der Tenor, dass es sich dabei um eine schreckliche Menschenrechtsverletzung handle, und deshalb alle alles tun müssen, um diese Praktiken global abzuschaffen. Die Lösung sei das Schaffen von Hilfsangeboten wie Informationsmaterial und Beratungsstellen, die Schulung von Ärzt*innen, Jugendämtern und Polizei und schließlich die strafrechtliche Verfolgung und die Drohung mit Gefängnisstrafen. Juristisch gesehen steht FGM in Deutschland unter Strafe seitdem Körperverletzung unter Strafe steht – vorausgesetzt es handelt sich nicht um eine von einer volljährigen Frau selbst gewünschte Operation. Jedoch wurde (bis heute) weder vor noch nach der Gesetzgebung des § 226a StGB ein Fall vor Gericht gebracht, geschweige denn jemand verurteilt. Info-Broschüren und Beratungsstellen werden fast nie von betroffenen Mädchen und Frauen aus den entsprechenden Communities konsultiert, sondern überwiegend von Lehrer*innen, Ärzt*innen oder dem Bekanntenkreis mutmaßlich betroffener oder gefährdeter Personen. Eines der wenigen Beispiele effektiven Vorgehens gegen FGM-Praktiken ist das CHANGE-Projekt von TERRE DES FEMMES e.V.: Hier nehmen sog. *Change Agents* Kontakt mit Communities auf, in denen mutmaßlich FGM praktiziert wird. Sie schaffen über viele Ebenen eine Vertrauensbasis und können dadurch irgendwann

FGM ansprechen und bei einzelnen Menschen ein Bewusstsein dafür schaffen, welche schädlichen Auswirkungen damit einhergehen. Dieses Vorgehen ist mühevoll und aufwendig und kann nur lokal an Einzelfällen wirken. Großflächiger reduziert sich FGM automatisch dadurch, dass die Frauen in der zweiten oder dritten Generation in einem Land leben, in dem FGM unüblich ist – dies zumindest ist das Ergebnis mehrerer Studien. Fest steht in jedem Fall, dass es noch immer und trotz aller Aufklärungsarbeit in der Vergangenheit einen langen Atem brauchen wird, FGM abzuschaffen.

Bei der Genitalverstümmelung von Jungen (MGM) stellt sich die Situation etwas anders dar. Jungen werden in Deutschland am helllichten Tag ganz offiziell und unter dem Schutzmantel der Legislative beschnitten. Bei Jungen gilt es nicht als Menschenrechtsverletzung; Politik und Medien fordern keine Hilfsangebote für Betroffene und Gefährdete. Aber noch etwas ist hier anders: Betroffene melden sich zu Wort. Einerseits ganz offen in Form von Protesten und öffentlichen Statements, andererseits im geschützten Raum von Betroffenengruppen und Internetforen, wo sie miteinander in Kontakt treten und wiederum andere beraten, die sich fragend an sie wenden. Dort tauchen Jugendliche auf, die unter dem Trauma ihrer Verstümmelung leiden und den Austausch mit anderen Betroffenen suchen, unter anderem über Restaurationsmethoden, bei sexuellen und partnerschaftlichen Problemen, oder sie erkundigen sich, was sie konkret tun können, um von MGM bedrohten Jungen in ihrem Umfeld zu helfen. Es melden sich dort auch Mütter und Väter, die mit dem jeweils anderen Elternteil in

Streit darüber geraten sind, ob der Sohn einer Vorhaut-amputation unterzogen werden soll oder nicht.

Gäbe es zum Thema „Jungenbeschneidung" Beratungs-stellen – sie würden (im Gegensatz zu FGM) von direkt betroffen Jungen und deren Eltern in Anspruch genom-men. Es darf sie aber nicht geben, da es in Deutschland ein Gesetz gibt, das Eltern ausdrücklich erlaubt, eine Genitalverstümmelung an ihren Söhnen zu verlangen - ohne Angabe von Gründen, ohne Altersbeschränkung, ohne Vorschrift, was und wie viel entfernt werden darf und ohne, dass dazu irgendeine strafrechtliche Konse-quenz erfolgt. Einzige Auflage ist: Der Eingriff muss von ärztlichem Personal durchgeführt werden, außer das Kind ist jünger als sechs Monate, dann darf jeder von einer Religionsgemeinschaft dafür vorgesehene Mensch mit einem Kinderpenis tun was immer die Eltern wünschen oder er/sie für geboten hält. Solange diese Vorgaben eingehalten werden, kann der Betroffene nicht klagen, kann sich nicht wehren. Selbst wenn er alt genug ist zu sprechen, gibt es keine Beratungsstelle, an die er sich wenden könnte und es wird auch auf lange Sicht in diesem Land keine geben.

Das vorliegende Buch ist eine wissenschaftliche Beschäf-tigung mit dem Thema Genitalverstümmelung aus Pers-pektive der Sozialen Arbeit. Neu ist an diesem Ansatz, dass keine Selektion mehr nach Geschlechtern geschieht. Auf diese Weise findet eine umfassende und ehrliche Auseinandersetzung mit den gesellschaftlichen Realitä-ten statt.

Der Titel stellt zunächst die Frage in den Raum, ob männliche und weibliche Beschneidung verglichen werden kann und darf. Die umfassende Darstellung von Beschneidungsriten und -praktiken in Geschichte und Gegenwart kommt jedoch am Ende zu einer noch viel wichtigeren Erkenntnis: Nämlich, dass es eine Aufgabe auch und vor allem der Sozialen Arbeit ist, diejenigen anzuhören, die keiner hören will. Menschen, die sich an sozialpädagogische Institutionen wenden, haben in der Regel mit Problematiken zu tun, die auf einem üblichen und regelkonformen Weg durch die Ämter nicht (mehr) zu bewerkstelligen sind. Wer durch Krankheit aus dem Arbeitsmarkt ausscheidet, vor einer Abschiebung flieht, aus der Prostitution aussteigen möchte, eine Konfliktberatung benötigt oder wegen einer Sozialphobie das Haus nicht mehr verlassen kann, der landet, wenn er Glück hat, bei einer sozialpädagogischen Fachkraft, die ihm Möglichkeiten und Wege aufzeigt, aus seiner scheinbar aussichtslosen Situation herauszukommen bzw. ihn an weiterführende spezialisierte Fachkräfte oder Stellen vermittelt. Was wird ein Sozialarbeiter* jedoch tun, wenn sich Jungen und Männer aufgrund von Genitalverstümmelung entstandener Problemsituationen an ihn wenden? Er ist in erster Linie dem eigenen Gewissen unterstellt und mit der Aufgabe betraut, die Person, die zu ihm kommt, als rat- und hilfesuchendes Individuum zu erkennen. In einer Realität, in der Politik und Medien das Phänomen der Traumatisierung von Jungen und Männern von der Bildfläche verschwinden lassen, kann dieses Buch eine erste Hilfestellung für die Soziale Arbeit sein und Mut machen, sich diesen Realitäten zu stellen.

Institutionen und Beratungsstellen, die von Kirchen ge-
tragen werden, wird hier sicherlich noch sehr lange im
Wege stehen, dass sie sich bei Angriffen auf andere
monotheistische Buchreligionen als kirchennahe Vereini-
gungen schützend vor deren Weltbild stellen werden.
Dem einzelnen in der Sozialen Arbeit tätigen Menschen
aber steht es frei, seiner Intuition zu folgen und eine
betriebliche Übung daraus zu machen, auch männlichen
Hilfesuchenden zur Seite zu stehen.

Spannend bleibt in jedem Fall, welche Rolle dabei das
sich langsam ausbreitende Wissen um die zahlreichen
intergeschlechtlich geborenen Kinder spielen wird. Denn
klar ist: Die Unterscheidung zwischen Opfern des einen
und Nicht-Opfern des anderen Geschlechts bröckelt, je
mehr ins gesellschaftliche Bewusstsein gerät, dass die
radikal-binäre Einteilung der Menschheit in Mann und
Frau mit der Realität so noch niemals übereingestimmt
hat.

Gislinde Nauy, M.A.

Theater- und
Religionswissenschaftlerin
Mitglied bei
TERRE DES FEMMES e.V.
und MOGiS e.V.

Einleitung

Genitalverändernde Praktiken bei Kindern und Jugendlichen werden seit Jahrtausenden weltweit praktiziert. Die Gründe dafür unterscheiden sich je nach Kultur, Ethnie und Religionszugehörigkeit. Ursprünglich sollte mit der Beschneidung der Genitalien in erster Linie die sexuelle Triebkraft beschnitten werden. Dieses zugrunde liegende Motiv ist im Laufe der Zeit in den Hintergrund getreten und wurde weitestgehend durch traditionelle, religiöse und medizinische Beweggründe abgelöst. Bemerkenswerterweise wird die Beurteilung solcher Operationen weniger am Schweregrad, sondern vorrangig an Geschlechterverhältnissen festgemacht. Während jegliche Form der Beschneidung bei Mädchen und Frauen im Allgemeinen als unnötiger, traumatischer und schmerzhafter Eingriff gewertet wird, werden Vorhautamputationen bei Jungen und Männern sowie „korrigierende" genitalchirurgische Maßnahmen bei intersexuellen Kindern für gewöhnlich verharmlost und zum Teil sogar forciert. Begünstigt wird diese einseitige Vorstellung auch durch eine Überrepräsentation der besonders dramatischen Formen der weiblichen Genitalverstümmelung in den Medien. Der zunehmende (besorgniserregende) Trend der Labienplastik in der Schönheitschirurgie, bei der sich erwachsene Frauen freiwillig für eine Genitaloperation entscheiden, wird in diesem Kontext oftmals ignoriert.

Mit einem Urteil des Kölner Landgerichts im Mai 2012, welches die Beschneidung von Jungen erstmalig als Körperverletzung einstufte, kam es zum ersten Mal zu einem öffentlichen Diskurs der Thematik in Deutschland. Dieser kam jedoch durch das überhastet geschaffene „Beschneidungsgesetz" bereits im Dezember des gleichen Jahres zu einem schnellen Ende. Begründet wurde das Gesetz, welches die Knabenbeschneidung ausdrücklich erlaubt, damit, dass die „harmlose Beschneidung" von Jungen nicht mit der „grausamen weiblichen Genitalverstümmelung" gleichzusetzen sei. Nach den Worten von Angela Merkel würde sich Deutschland ja zur „Komiker-Nation" machen, würde ein Beschneidungsverbot ernsthaft diskutiert. Im Gegenzug dazu wurde nur ein halbes Jahr später ein Gesetz eingeführt, welches sämtliche Formen der weiblichen Genitalverstümmelung unter Strafe stellt.

Das vorliegende Buch setzt sich mit den vielfältigen Aspekten und Hintergründen genitalverändernder Eingriffe auseinander. Der Schwerpunkt liegt dabei auf der Fragestellung, ob und inwieweit die Beschneidung weiblicher und männlicher Genitalien miteinander vergleichbar ist und welche Gemeinsamkeiten und Unterschiede zwischen den Praktiken bestehen.

1 Anatomie und Physiologie der Genitalien

Embryonale Entwicklung

Die männlichen und weiblichen Genitalien entwickeln sich aus demselben embryonischen Gewebe. In den ersten sieben Schwangerschaftswochen, dem sog. *sexuell indifferenten Stadium*, verläuft die Entwicklung noch bei beiden Geschlechtern gleich. Erst gegen Ende der 7. Schwangerschaftswoche beginnen sich die Geschlechtsorgane zu differenzieren.[1] Beim männlichen Embryo entwickelt sich die Keimdrüse (Gonade) zum Hoden (Testis). Dort wird das männliche Geschlechtshormon Testosteron gebildet. Unter dessen Einfluss entwickelt sich aus den Geschlechtswülsten der Hodensack (Skrotum) und der Genitalhöcker wird zum Penisschaft. Die Genitalfalten schließen sich und bilden die Eichel (Glans penis). Aus einer Gewebefalte der Eichelfurche entsteht die Vorhaut (Präputium penis), welche durch das Vorhautbändchen (Frenulum) mit der Eichel verbunden ist.[2] Der Hoden behält während der Schwangerschaft seine intraperitoneale Lage und wandert erst kurz vor der Geburt von der Bauchhöhle in den Hodensack.[3]

Beim weiblichen Embryo entwickelt sich die Keimdrüse zum Eierstock (Ovar), in welchem das weibliche Geschlechtshormon Östrogen produziert wird. Die Geschlechtswülste bilden sich zu den großen Schamlippen (Labia majora) und die Genitalfalten zu den kleinen Schamlippen (Labia minora) aus. Der Genitalhöcker entwickelt sich zur Klitoris als weibliches Äquivalent zum Penis, mit dem Unterschied, dass sich diese im Inneren des Körpers befindet und nur die Eichel (Glans clitoridis) sowie die Vorhaut (Präputium clitoridis) von außen sichtbar sind. Anders als beim männlichen Embryo schließt sich der Urogenitalspalt nicht, wodurch die Vaginalöffnung zu Stande kommt.[4]

Diese Beschreibung stellt dabei – etwas vereinfacht – den normaltypischen Ablauf der Differenzierung beider Geschlechter dar. Durch die vielen komplexen Einzelschritte gibt es in der Realität jedoch eine Vielzahl an möglichen und von der Norm abweichenden Entwicklungen. Rund 2% der in Deutschland geborenen Kinder sind intersexuell, d.h. sie kommen mit nicht eindeutig zuweisbaren Geschlechtsmerkmalen auf die Welt. Die Erscheinungsformen sind dabei sehr vielfältig und es gibt ein breites Feld an Zwischenstufen.[5]

Die Klitoris – Eine Unbekannte

Obwohl die wissenschaftliche Erforschung der Genitalien weit in die Vergangenheit zurückreicht, wurden sowohl das klitorale System, als auch die spezialisierte Struktur der männlichen Vorhaut erst in den 1990er Jahren detailgenau beschrieben. Die ersten bedeutsamen Darstellungen zur Anatomie der Klitoris erschienen in der Renaissance Mitte des 16. Jahrhunderts durch die Anatomen Charles Estienne, Realdo Colombo und Gabriele Falloppio.[6] Seitdem wurde die Klitoris in verschiedenen wissenschaftlichen Schriften thematisiert. Als besonders einflussreich gelten diesbezüglich die Untersuchungen des Anatomen Georg L. Kobelt Mitte des 19. Jahrhunderts.

In seinem 1844 veröffentlichten Aufsatz *Die männlichen und weiblichen Wolllust-Organe des Menschen und einiger Säugetiere in anatomisch-physiologischer Beziehung* präsentierte er eine umfassende Beschreibung der tieferliegenden Strukturen der Klitoris sowie ihrer sexuellen Funktion.[7]

In der nachfolgenden Zeit wurde die Erforschung der Klitoris jedoch weitestgehend vernachlässigt und ihre verborgenen Strukturen gerieten zunehmend in Vergessenheit. Bis heute wird die Klitoris häufig auf die sichtbare Eichel reduziert. So wird die Klitoris beispielsweise im Duden 2019 immer noch als ein *„am oberen Ende der kleinen Schamlippen gelegenes weibliches Geschlechtsorgan"* definiert.[8]

In den 1990er Jahren begann sich die australische Urologin Helen O'Connell mit ihrem Forschungsteam eingehender mit der Anatomie der Klitoris und deren Beziehung zu den umliegenden Organen zu befassen. Dabei stellte sie fest, dass die klitoralen Strukturen weitreichender sind, als bislang angenommen wurde. Nach dem bisherigen Verständnis setzte sich die Gestalt der Klitoris aus einem Körper (Corpus clitoridis), zwei Schenkeln (Crura clitoridis) und der Eichel (Glans clitoridis) zusammen. In den gängigen Beschreibungen der Anatomielehrbücher erstreckte sie sich lediglich auf einer Ebene, ohne direkten Bezug zur Harnröhre (Urethra) und den beiden Schwellkörpern (Bulbi vestibuli) des Scheidenvorhofs (Vestibulum vaginae).[9] Die Untersuchungen von O'Connell zeigen jedoch, dass die Schwellkörper in direktem Zusammenhang zur Klitoris und zur Harnröhre stehen und weniger dem Scheidenvorhof zuzuordnen sind.

Demnach ist die Bezeichnung *Vorhofschwellkörper (Bulbi vestibuli)* ihrer Ansicht nach nicht ganz zutreffend, weshalb sie eine Umbenennung in *Klitorisschwellkörper (Bulbi clitoridis)* vorschlägt.[10] Durch diese zusätzlichen Elemente ergibt sich eine veränderte Gestalt der Klitoris. Mit den Schwellkörpern dehnt sie sich auf eine weitere Ebene aus und stellt somit einen bis zu 9 cm großen dreidimensionalen erektilen Komplex dar, welcher gemeinsam mit Harnröhre und Vagina eine funktionelle Einheit bildet.[11] Das gesamte klitorale System weist zudem eine hohe neurovaskuläre Versorgung auf. Vor allem die Klitoriseichel ist besonders dicht innerviert, da die Stränge des Nervus dorsalis clitoridis dort fast vollständig, mit nur minimaler Verzweigung, ankommen.[12]

Ihr Vorschlag, die Schwellkörper umzubenennen, wurde zwar nicht umgesetzt, ihre Untersuchungsergebnisse wurden jedoch zum Teil aufgegriffen und entsprechende Veränderungen in Anatomielehrbüchern vorgenommen. So werden die Schwellkörper im *Lehrbuch Anatomie* 2011 nicht mehr dem Scheidenvorhof zugeordnet, sondern der Klitoris.[13]

Auch in der Öffentlichkeit erzielte die Arbeit von Helen O'Connell große Wirkung. Die 2002 produzierte Arte Dokumentation *Klitoris, die schöne Unbekannte* stieß auf große Resonanz und in der Folge entstanden diverse Kunstprojekte wie *Cliteracy* von Sophia Wallace und *After Dinner Party* von Lynn Schirmer.[14,15] Im Jahr 2016 entwickelte die französische Sozialmedizinerin Odile Fillod das erste originalgetreue Klitorismodell in 3D, um es im Sexualkundeunterricht an Schulen einzusetzen.[16]

3D-Modell einer Klitoris

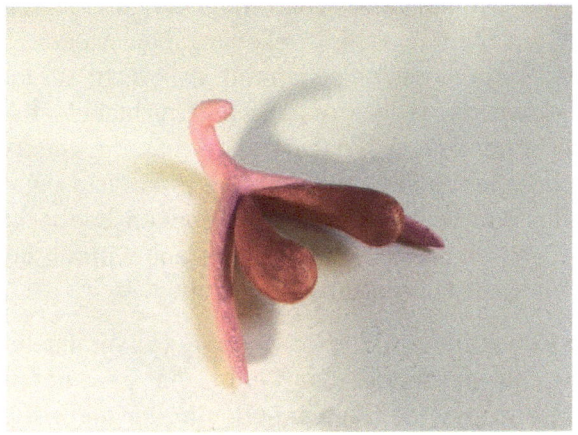

(Foto: Vimeo/Marie Docher)

Die Verteilung der Nervenenden

Ziel dieser Aufklärungskampagnen war es in erster Linie, ein Bewusstsein für die tatsächliche Größe der Klitoris sowie deren sexuelle Funktion zu schaffen. So erklärt die Wissenschaftsjournalistin Natalie Angier sowohl in der Arte Dokumentation als auch in ihrem Buch *„Frau – eine intime Geographie des weiblichen Körpers"*, die Klitoris-eichel sei die empfindlichste Stelle des menschlichen Körpers. Sie sei wesentlich sensibler als der Penis, da die Klitoriseichel etwa 8000 Nervenenden enthalte, während der Penis insgesamt mit nur etwa 4000-6000 Nerven-enden ausgestattet sei. [17,18]

Diese Aussage wurde seither im Netz stetig wiederholt und findet sich auf zahlreichen Ratgeber- und Unterhaltungsseiten ohne jegliche Quellenangaben wieder.[19,20,21] Wie Angier auf diese Zahlen kommt, geht nicht aus ihrem Buch hervor, da sie ihre Angabe dort nicht belegt. Vermutlich bezieht sie sich dabei auf eine Studie von 1955, in welcher diese Zahlen erstmalig veröffentlicht wurden. Allerdings wurden die dort beschriebenen Beobachtungen an Schafen und Kühen angestellt und wurden bisher nie an der menschlichen Spezies bestätigt.[22]

Bereits Kobelt hatte schon eine höhere Nervendichte der Klitoriseichel gegenüber der Peniseichel beschrieben.[23] Die Konzentration der Nervenenden in der Klitoriseichel führte ihn zu der Annahme, *„dass in denjenigen Fällen, wo man wegen Nymphomanie oder wegen, bis zum Blödsinne getriebener Onanie die clitoris exstirpierte, die weniger eingreifende Abtragung der kleinen Eichel der clitoris zu denselben Resultaten geführt haben würde".*[24]

Die Nervenendigungen der Haut können grob in zwei Gruppen eingeteilt werden: Die freien Nervenendigungen, die für die protopathische Sensibilität, d.h. Schmerz- und Temperaturwahrnehmung verantwortlich sind, sowie die spezialisierten Nervenendigungen (korpuskuläre Rezeptoren) für die Übertragung feiner Berührungen.[25] Wie die Studie von Halata & Munger zeigt, befinden sich in der Peniseichel überwiegend freie und weniger spezialisierte Nervenendigungen, ähnlich wie in der Hornhaut des Auges.[26] In einer Vergleichsstudie untersuchten Cheryl Shih et al. das Vorkommen spezialisierter Nervenendigungen in Glans penis und Glans clitoridis.

Sie stellten fest, dass in der Klitoriseichel deutlich mehr korpuskuläre Rezeptoren vorhanden sind, als in der Peniseichel.[27] Daraus lässt sich schließen, dass die Glans clitoridis hochempfindlich auf feine Berührungen reagiert, während die Glans penis in erster Linie Schmerz- und Temperaturreize wahrnimmt und unempfindlicher gegenüber leichten Berührungen ist. Doch lässt sich daraus ableiten, dass die Klitoris insgesamt berührungsempfindlicher ist als der Penis? Bei dieser Betrachtung fehlt ein entscheidendes Detail – die männliche Vorhaut.

Die Penisvorhaut – Eine weitere Unbekannte

Helen O'Connell konstatiert, die Klitoris würde in medizinischen Lehrbüchern entweder kaum vorkommen oder ungenügend bzw. fehlerhaft beschrieben werden, während die Anatomie des Penis hingegen in aller Ausführlichkeit behandelt würde.[28] Ihre Einschätzung trifft jedoch nur zum Teil zu, da die männliche Vorhaut ähnlich nachlässig behandelt wird wie die Klitoris. Bis heute fehlt in Anatomiebüchern eine detaillierte Beschreibung der anatomischen Struktur und Funktion der Vorhaut. Im Allgemeinen kommt es zu einer Überbetonung der Peniseichel, während die Vorhaut lediglich in einem knappen Satz erwähnt wird.[29,30,31] In aktuellen amerikanischen Lehrbüchern wird der Penis zum Teil nach wie vor ausschließlich ohne Vorhaut abgebildet, so, als wäre dies der Normalzustand.[32] Häufig ist das Einzige, was Medizinstudent*innen in den USA über die Vorhaut lernen, die Art und Weise, wie diese entfernt wird, wie Steve Scott es etwas zugespitzt formuliert.[33]

Während der Vorhaut einerseits eine Schutzfunktion gegenüber der Eichel zugesprochen wird, gilt sie in vielen medizinischen Lehrbüchern als potentielle Gefahrenquelle für die Entstehung verschiedener Krankheiten wie Krebs oder HIV.[34,35,36] Als häufiges Krankheitsbild gilt vor allen Dingen die Vorhautverengung (Phimose), welche dann bestünde, wenn sich die Vorhaut bei Jungen über drei Jahren nicht über die Eichel zurückziehen ließe.[37,38,39] Im *Lehrbuch Anatomie* wird die Beschneidung als minimaler krankheitsvorbeugender Eingriff beschrieben, während paradoxerweise wenige Seiten zuvor auf das Problem der weiblichen Genitalverstümmelung hingewiesen wird, mit welchem durch Migrationsbewegungen zunehmend auch Ärzt*innen in Deutschland konfrontiert wären.[40]

Die Vorhaut besteht aus einem doppellagigen Hautsystem von äußerer Schafthaut und innerer Schleimhaut. Die Gesamtoberfläche der Vorhaut beträgt im Durschnitt ca. 80cm², was etwa der Größe eines Fünf-Euro-Scheins entspricht.[41] In den 1990er Jahren untersuchte der Pathologe John Taylor die Vorhaut genauer. Er stellte fest, dass die bisherige Unterscheidung in äußere Schafthaut und innere Schleimhaut nicht ausreicht, um die komplexe Struktur der Vorhaut vollständig zu beschreiben. So lässt sich die Schleimhaut nochmals in einen glatten und einen gefurchten Bereich unterteilen. Der 10-15 mm breite gefurchte Teil der Schleimhaut, das sogenannte *gefurchte Band*, befindet sich an der Vorhautspitze in der Nähe der mukokutanen Grenze und geht fließend in das Frenulum über. Im Ruhezustand bedeckt das gefurchte Band die Eichel, während es bei zurückgezogener Vorhaut umgestülpt wird und dadurch auf der Schafthaut aufliegt.[42] In der histologischen Untersuchung stellten Taylor et al. fest, dass vor allem das Frenulum sowie die Bereiche der gefurchten Schleimhaut und der Übergangsregion zur normalen Haut stark durchblutet sind und besonders viele spezialisierte Nervenendigungen enthalten.[43] Damit verhält sich die Verteilung der spezialisierten Nervenendigungen der Eichel und Vorhaut des Penis bzw. der Klitoris genau entgegengesetzt, da die Klitorisvorhaut im Vergleich kaum korpuskuläre Rezeptoren enthält.[44]

Der Mythos der 20.000 Nervenenden

Hinsichtlich der Anzahl der Nervenendigungen auf der Penisvorhaut entwickelte sich ein ähnlicher Mythos wie schon bei der Glans clitoridis / penis. So kursiert im Netz sowie in der (Fach-) Literatur die Aussage, die männliche Vorhaut würde etwa 20.000 Nervenendigungen enthalten.[45,46] Diese Angabe geht vermutlich auf einen Artikel in der Zeitschrift *„Mothering"* des Kinderarztes Paul Fleiss aus dem Jahr 1997 zurück.[47] Dessen Berechnungen der Nervenendigungen ergeben sich aus einer Studie von 1932, in welcher Bazett et al. in 1 cm^2 Vorhautgewebe 212 korpuskuläre Rezeptoren gezählt hatten.[48] Ausgehend von einer gesamten Vorhautgröße (Innen- und Außenhaut) von ca. 100 cm^2, rechnete Fleiss die Nervenendigungen entsprechend hoch.[49,50] Wie die Studie von Taylor et al. zeigt, sind die korpuskulären Rezeptoren jedoch sehr unterschiedlich verteilt, weshalb die Nervendichte in 1 cm^2 Gewebe nicht auf die gesamte Vorhaut übertragen werden kann.

Die physiologische Entwicklung der Vorhaut

Die Entwicklung der Vorhaut ist bei der Geburt noch nicht vollständig abgeschlossen.[51] Zum einen besteht bei neugeborenen Jungen eine natürliche Enge der Vorhautspitze und zum anderen sind Vorhaut und Eichel zu diesem Zeitpunkt noch durch ein gemeinsames Schleimhautepithel, die sog. *balanpräputiale Membran*, fest miteinander verbunden, ähnlich wie Fingernägel mit dem Nagelbett oder die Augenlider von Katzenbabys.[52] Durch diese Schutzmechanismen lässt sich die Vorhaut nicht über die Eichel zurückziehen, so dass das Eindringen von Krankheitserregern und Verschmutzungen wie Urin und Kot verhindert wird.[53] Die Auflösung dieser natürlichen „Verklebung" (Konglutination) und Enge der Vorhaut vollzieht sich in einem sehr individuellen Reifungsprozess, der bei einigen Jungen erst mit dem Eintritt ins Erwachsenenalter abgeschlossen ist.[54]

Der Ablöseprozess der Vorhaut verläuft dabei in Schüben und geht teilweise mit verschiedenen Symptomen einher, die bei Eltern und Ärzt*innen oftmals zu Verunsicherungen führen. So kommt es beispielsweise in der Übergangsphase häufig zu Aufblähungen beim Urinieren, wenn sich die Vorhautoberfläche bereits von der Eichel gelöst hat, die Vorhautöffnung jedoch noch zu eng ist, so dass sich der Urin vorübergehend unter der Vorhaut staut.[55] Solange dieses „Ballonieren" schmerzfrei ist und der Urin von selbst abfließen kann, ist hier jedoch keinerlei Behandlung notwendig.[56]

Smegma

Der weibliche und männliche Präputialsack enthält flüssige Transsudate und abgeschilferte Epithelzellen, die sich als weißlicher Belag, dem sog. *Smegma* (griechisch für Seife) unter der Vorhaut des Penis (Smegma preputii) bzw. der Klitoris (Smegma clitoridis) und zwischen den großen und kleinen Schamlippen ansammeln können.[57]

Das Smegma ist Teil des natürlichen Selbstreinigungssystems des Körpers. Zudem hält es die Schleimhäute feucht und geschmeidig und fungiert damit als natürliches Gleitmittel beim Geschlechtsverkehr bzw. bei der Masturbation.[58]

Darüber hinaus spielt Smegma ebenfalls eine Rolle beim Ablösungsprozess der Vorhaut von der Eichel. So führt die Akkumulation von Smegma in Verbindung mit Peniswachstum und auftretenden Erektionen zu der graduellen Separation von Glans und innerem Vorhautblatt.[59] Dabei können sich durch retiniertes Smegma gelbweißliche linsengroße Zysten unter der Vorhaut ausbilden. Diese sog. *„Smegmaretentionszysten"* entleeren sich spontan und erfordern keine Behandlung.[60]

Im Normalfall ist Smegma geruchlos. Bei langanhaltender mangelnder Intimhygiene kann es jedoch zu einem Ungleichgewicht der physiologischen Bakterienflora und infolgedessen zu Geruchsbildung und Infektionen kommen.[61]

Fazit

Zusammenfassend lässt sich feststellen, dass zwischen Penis und Klitoris grundlegende Gemeinsamkeiten bestehen. Beide Organe sind mit einem Schwellkörpersystem ausgestattet und verfügen über ausgeprägte neuronale und vaskuläre Netzwerke. Sowohl die Klitoris als auch der Penis stellen komplexe Systeme dar, deren einzelne Komponenten auf unterschiedliche Art und Weise zusammenwirken. Sie sollten daher als zusammenhängende funktionelle Einheiten angesehen werden, deren einzelne Elemente jeweils eine spezifische Aufgabe erfüllen.

Die wesentlichen Unterschiede bestehen vor allem in der unterschiedlichen Anordnung der Nervenendigungen sowie der komplexen Struktur der männlichen Vorhaut. Die Tatsache, dass sich die Vorhaut im Lauf der Evolution derartig spezialisiert entwickelt hat, spricht deutlich gegen die Bewertung als überflüssiges Stück Haut. Tatsächlich ist das doppellagige Hautsystem des Penis in seiner Spezialisierung und der Fähigkeit, sich komplett umzustülpen, einzigartig. Das Wissen um Funktion und Physiologie der männlichen Vorhaut hat sich innerhalb der Ärzteschaft leider immer noch äußerst unzureichend durchgesetzt. Aus diesem Grund kommt es infolge von Missinterpretationen physiologischer Phänomene nach wie vor zu der Fehldiagnose der pathologischen Phimose und daraufhin zum vermeintlich medizinisch notwendigen Heileingriff der Beschneidung.

(Näheres hierzu auch im Kapitel „Beschneidungspraxis und Phimose")

2 Die Praxis der Genitalverstümmelung

Einführung

Allgemein wird unter dem Begriff *Verstümmelung* eine funktionsbeeinträchtigende Veränderung der Gestalt durch irreversible Schädigung oder Entfernung wesentlicher Teile des Körpers verstanden.[1] Gemäß dieser Definition lassen sich alle medizinisch nicht indizierten Eingriffe der Genitalien ohne Zustimmung der betroffenen Person unter den Begriff *Genitalverstümmelung* zusammenfassen. Üblicherweise wird in diesem Zusammenhang jedoch ausschließlich von *weiblicher Genitalverstümmelung* gesprochen, während die männliche Form einfach „wegdefiniert" wird, wie es der Geschlechterforscher Willi Walter ausdrückt.[2] So gibt es bei Wikipedia lediglich einen Eintrag zu weiblicher Genitalverstümmelung. Im Falle betroffener Jungen und Männer wird die Thematik dagegen unter dem euphemistischen Begriff *Beschneidung* (Zirkumzision) diskutiert. Nach vorherrschender Auffassung handelt es sich dabei um zwei komplett unterschiedliche Praktiken. So erklärt die Weltgesundheitsorganisation (WHO) in einem Positionspapier, dass es sich bei *Female Genital Mutilation (FGM)* um einen schwerwiegenden Eingriff mit lebenslangen Folgen und zudem um ein extremes Beispiel an Geschlechterdiskriminierung handele, während die Beschneidung der männlichen Genitalien demgegenüber einen vergleichsweise harmlosen Eingriff darstelle, welcher im Gegensatz zu FGM außerdem signifikante gesundheitliche Vorteile bieten würde.[3]

Besonders paradox erscheint diese unterschiedliche Beurteilung auch bei Waris Dirie, der es in den 1990er Jahren mit ihrer Autobiographie *Wüstenblume* gelungen war, internationale Aufmerksamkeit auf die Thematik zu lenken. Die gebürtige Somalierin zählt seitdem zu den bekanntesten Gegnerinnen der weiblichen Genitalverstümmelung und hat bereits zahlreiche Auszeichnungen für ihr Engagement im Kampf gegen FGM erhalten. Konträr zu ihrer eigenen traumatischen Erfahrung bewertet sie die Beschneidung ihres Sohnes dagegen als besonders positiven Eingriff: *„We had Aleeke circumcised in the hospital a day after he was born. This is very different from female genital mutilation; that should never even be called circumcision – it's not. In males it's done for medical reasons – to ensure cleanliness. Despite my strong feelings about FGM, I knew it was the right thing to do. His little penis was sticking up straight and clean. It was lovely to look at!"*[4]

Im Gegensatz dazu setzt sich die ebenfalls aus Somalia stammende Politikwissenschaftlerin und Feministin Ayaan Hirsi Ali, die selbst von FGM betroffen ist, gegen die Praxis sowohl bei Mädchen als auch bei Jungen ein. In ihrer Zeit als parlamentarische Abgeordnete in den Niederlanden initiierte sie nicht nur mehrere Gesetze zum Schutz der Mädchen vor Beschneidung, sie brachte 2004 auch einen Gesetzentwurf ein, der die Beschneidung von Jungen verbieten sollte.[5,6]

Female Genital Mutilation/Cutting (FGM/C)

Terminologie

Der Begriff *Female Genital Mutilation (FGM)* entstand Mitte der 1970er Jahre vor dem Hintergrund der damals aufkommenden Menschenrechtsbewegungen. Bis zu dieser Zeit wurde die Thematik in der westlichen Welt hauptsächlich in der Medizin bzw. Anthropologie unter eher neutralen Begriffen wie *Zirkumzision, Klitoridektomie* oder *Infibulation* diskutiert.[7] Um das öffentliche Interesse auf die Problematik zu lenken, entstanden 1974 auf Initiative einiger Frauen- und Menschenrechtsbewegungen diverse Kampagnen gegen die Praxis der weiblichen Beschneidung. Dabei wurde die Thematik in erster Linie als geschlechtsspezifische Diskriminierung und Gewalt gegenüber Mädchen und Frauen verstanden. Aus diesem Grund forderten viele Aktivist*innen, den bisherigen Begriff *Beschneidung* durch *Verstümmelung* zu ersetzen, um eine klare Abgrenzung zur männlichen Beschneidung zu erreichen und die besondere Schwere des Eingriffs bei Mädchen und Frauen zu betonen.[8] Durch die Einführung dieser Terminologie entstand somit eine Entkoppelung von weiblicher und männlicher Beschneidung, infolgedessen sich zwei komplett unterschiedliche Diskurse entwickelt haben.

Der Begriff Female Genital Mutilation verbreitete sich im Lauf der Zeit zunehmend und wurde schließlich 1990 bei der Dritten Konferenz des *Inter-African Committee on Traditional Practices Affecting the Health of Women and Children* in Äthiopien offiziell aufgenommen, sowie im Folgejahr von der WHO.[9]

Des Weiteren wurde die Praxis als geschlechtsspezifische Menschenrechtsverletzung bei der Menschenrechtskonferenz in Wien 1993 anerkannt.[10] In der Folge wurde die weibliche Genitalverstümmelung nach und nach in vielen Staaten weltweit gesetzlich verboten.[11] Im weiteren Verlauf entwickelte sich allerdings eine kontroverse Debatte hinsichtlich der negativen Konnotation des Begriffs. Viele Organisationen, die sich für eine Beendigung von FGM einsetzen, haben die Erfahrung gemacht, dass eine derartige sprachliche Abwertung dieser Praxis in den betreffenden ethnischen und kulturellen Gemeinschaften auf Ablehnung stößt. Zum einen empfinden betroffene Frauen die Zuschreibung, „verstümmelt" zu sein, oftmals als stigmatisierend und beleidigend, zum anderen verhindert die implizite Anklage des Begriffs eine vertrauensvolle Zusammenarbeit auf Augenhöhe zwischen Helfer*innen und „Täter*innen". Aus diesem Grund sprechen sich einige Organisationen für die ergänzende Verwendung des neutraleren Begriffs *Female Genital Mutilation/Cutting (FGM/C)* aus.[12,13]

Verbreitung

Schätzungen zufolge sind weltweit ca. 230 Mio. Mädchen und Frauen von Genitalverstümmelung betroffen.[14] Die Praxis ist hauptsächlich in Afrika (ca. 144 Mio.) und Asien (ca. 80 Mio.) sowie im Mittleren Osten (ca. 6 Mio.) verbreitet. Vereinzelt wird FGM/C auch in bestimmten indigenen Bevölkerungsgruppen in Südamerika und Australien praktiziert. Durch Migrationsbewegungen sind zunehmend auch Mädchen und Frauen in Europa und Nordamerika betroffen (ca. 1-2 Mio.).[15,16]

Nicht für alle Verbreitungsgebiete sind detaillierte Daten verfügbar. Aus dem Grund ist eine zuverlässige Darstellung der globalen Verteilung nur sehr eingeschränkt möglich. Für Afrika ist die Datenlage relativ umfassend. Die Häufigkeit von FGM/C in der Altersgruppe 15-49 ist hier unter den einzelnen Ländern sehr unterschiedlich ausgeprägt. So weisen beispielsweise Staaten wie Mali, Somalia, Guinea, Djibouti, Ägypten, Sudan, Sierra Leone und Eritrea mit 80-99% eine sehr hohe FGM-Rate auf, während die Praxis in Ländern wie Ghana, Niger, Togo, Kamerun und Uganda mit 0,3-3% kaum verbreitet ist.[17] Aber auch innerhalb eines Staates gibt es teilweise gravierende Unterschiede je nach Region. In Tansania bspw. beträgt die Spannweite zwischen Gegenden mit niedriger und hoher Prävalenz bis zu 70%, im Senegal sogar bis zu 90%.[18] Bemerkenswert in dem Zusammenhang ist auch die Entwicklung in Kenia. Ende der 1970er Jahre war FGM/C dort noch weit verbreitet. In den vergangenen 40 Jahren wurde die Praxis dank intensiver Aufklärungskampagnen im Großteil des Landes aufgegeben es kam zu einem enormen Rückgang der Beschneidungsrate auf zuletzt insgesamt 7% im Jahr 2024. Innerhalb der somalischen Community im Nordosten des Landes gab es jedoch keine nennenswerte Veränderung hinsichtlich der Prävalenz und FGM/C wird hier nach wie vor bei einer Rate von knapp 100% nahezu universal praktiziert.[19]

Im Irak und Iran konzentriert sich die Praxis vor allem in kurdischen Gebieten, sowie in ländlichen Provinzen im Südiran, wo FGM/C zu etwa 70% praktiziert wird.[20,21]

Für die Asien Pazifik Region ist die Datenlage hingegen äußerst dürftig. FGM/C wird hier u.a. in Brunei, Sri Lanka, Bangladesch, Thailand, Malaysia, Singapur, Indonesien und den Philippinen praktiziert. Allerdings erhält das Vorkommen der Praxis in diesem Gebiet vergleichsweise wenig internationale Aufmerksamkeit und die betreffenden Länder sind weitestgehend von flächendeckenden Studien und Präventionsprogrammen der Vereinten Nationen ausgenommen.[22] In Indonesien wurden erstmalig im Jahr 2013 offizielle statistische Daten bzgl. FGM/C vom Gesundheitsministerium erhoben. Dort wird eine Prävalenz von ca. 51% angegeben.[23] Eine nicht-repräsentative Studie war 10 Jahre zuvor auf eine Rate von 86-100% gekommen.[24] In Malaysia beschränken sich die Daten auf wenige nicht-repräsentative Studien in den ländlichen Gebieten des Landes. Darin wird von einer Prävalenz von ca. 99% ausgegangen.[25] In Thailand konzentriert sich die Praxis im Wesentlichen auf die muslimischen Gemeinschaften im Süden des Landes, welche einen Anteil von etwa 5-8% der Gesamtbevölkerung ausmachen.[26]

Methodik und Durchführungsbedingungen

In der Regel erfolgt der Eingriff noch vor dem 15. Lebensjahr. Die meisten Mädchen werden durchschnittlich im Alter von vier bis neun Jahren beschnitten.[27,28,29,30] In Indonesien und Thailand wird die Beschneidung für gewöhnlich im ersten Lebensjahr durchgeführt.[31,32] In der großen Mehrheit der Länder findet der Eingriff zuhause statt und wird von traditionellen Beschneiderinnen vorgenommen. Typischerweise wird dabei eine unsterile Klinge oder ein Rasierer verwendet.[33,34] In einigen Ländern, wie zum Beispiel Ägypten und im Sudan, wird FGM/C überwiegend von medizinischem Personal durchgeführt.[35] Auch in den asiatischen Ländern findet die Praxis zunehmend im medizinischen Kontext statt.[36,37] Teilweise werden die Mädchen heimlich auf Veranlassung der Großmütter ohne die Zustimmung ihrer Eltern beschnitten, so wie es auch bei Ayaan Hirsi Ali der Fall gewesen ist.[38]

Klassifikation

Die WHO entwickelte 1995 erstmalig eine Klassifikation der unterschiedlichen Formen von FGM/C, welche 2007 aktualisiert wurde.[39] Danach lassen sich vier Haupttypen mit jeweiligen Unterformen unterscheiden:

WHO Typologie 1995	WHO Typologie 2007
Typ I: Entfernung der Vorhaut mit oder ohne teilweiser oder vollständiger Entfernung der Klitoris	**Typ I**: (Klitoridektomie) Teilweise oder vollständige Entfernung der Klitoris und/oder der Vorhaut **Typ Ia**: Entfernung der Vorhaut **Typ Ib**: Entfernung der Klitoris mit der Vorhaut
Typ II: Entfernung der Klitoris mit teilweiser oder vollständiger Entfernung der Labia minora	**Typ II**: (Exzision) Teilweise / vollständige Entfernung der Klitoris und Labia minora mit/ohne Labia majora **Typ IIa**: Entfernung der Labia minora **Typ IIb**: Teilweise / vollständige Entfernung der Klitoris und Labia minora **Typ IIc**: Teilweise / vollständige Entfernung der Klitoris und Labia minora und majora

Typ III:	Typ III: (Infibulation)
Teilweise oder vollständige Entfernung der äußeren Genitalien und Verengen / Vernähen der Vaginalöffnung	Verengung der Vaginalöffnung durch Vernähen der Labia minora und/oder majora mit/ohne Entfernung der Klitoris **Typ IIIa**: Entfernung und Vernähen der Labia minora **Typ IIIb**: Entfernung und Vernähen der Labia majora
Typ IV:	Typ IV: (Sonstige Formen)
Sonstige Formen wie Dehnen, Einstechen, Einschneiden, Piercing, Verbrennen, Verätzen, Ausschaben, etc.	Alle sonstigen schmerzhaften medizinisch nicht indizierten Eingriffe an den weiblichen Genitalien wie Einstechen, Einschneiden, Ausschaben, Verätzen, Piercing, Dehnen etc.

Auffallend an dieser Klassifikation ist die in beiden Versionen durchgängige Bezeichnung *Klitoris*, während tatsächlich die Klitoriseichel gemeint ist. In diesem Sinne ist auch der Begriff *Klitoridektomie* irreführend, da die Klitoris nicht komplett entfernt wird, sondern „lediglich" die Eichel.[40] Diese fehlerhafte Darstellung wurde auch in späteren Veröffentlichungen weiterhin so übernommen und erst im letzten Positionspapier 2025 korrigiert.[41,42]

Neben der genaueren Aufsplittung der einzelnen Typen in der weiterentwickelten Version, wurde außerdem noch eine entscheidende Veränderung bei Typ I vorgenommen: Während in der früheren Fassung die Entfernung der Vorhaut im Vordergrund steht, wird sie in der aktualisierten Version in den Hintergrund gestellt. Die WHO begründet diese Veränderung damit, dass in fast allen Fällen die Klitoriseichel zum Teil oder komplett entfernt werden würde, während die Praxis, lediglich die Vorhaut zu exzidieren, nur selten vorkäme.[43] Als Beleg für diese Aussage gibt sie eine Studie über die Prävalenz von FGM/C im Sudan an.[44] Tatsächlich werden im Sudan hauptsächlich schwere Formen praktiziert, während die Vorhautentfernung so gut wie gar nicht auftritt.[45] Allerdings variiert der Typ von FGM/C je nach Region und unterscheidet sich teilweise erheblich von Land zu Land. In einer Studie von 2005 gibt UNICEF die Entfernung der Vorhaut als die häufigste Form in der Mehrheit der Länder an. Die Entfernung der Klitoris [-eichel] wurde lediglich in Burkina Faso als die am verbreitetsten durchgeführte Praxis beobachtet.[46]

In jüngeren Studien wurde das Studiendesign dahingehend verändert, dass nur noch die Kategorien Einschneiden, Entfernen von Gewebe und Infibulation unterschieden werden, wodurch die einzelnen Typen sowie deren Unterformen nicht mehr erfasst werden.[47,48] Tatsächlich ist es in der Praxis zum Teil sehr schwierig, die exakten Typen zu differenzieren, da die Grenzen oftmals fließend sind.[49] So wird bei der Entfernung der Vorhaut in vielen Fällen auch die Eichel mitverletzt, da der Eingriff zum einen häufig von älteren Beschneiderinnen mit nachlassender Sehkraft und unter schlechten Lichtverhältnissen vorgenommen wird, zum anderen führen plötzliche, durch den Schmerz verursachte Bewegungen, nicht selten zu unkontrollierten Schnitten.[50,51] Zudem wissen die betroffenen Frauen teilweise selbst nicht so genau, ob bzw. wieviel Gewebe entfernt wurde, da sie zum Zeitpunkt des Eingriffs meistens noch sehr jung waren.[52]

Verbreitung der unterschiedlichen Formen

Wie bereits angemerkt, sind detaillierte und aktuelle Untersuchungen zu der Thematik im asiatischen Raum äußerst rar. Üblicherweise sind hier vor allem die Typen I und IV verbreitet, während die Typen II und III in der Regel nicht praktiziert werden.[53] In Malaysia wird traditionell die Klitorisvorhaut oder -eichel mit einer Rasierklinge eingeritzt, ohne dabei Gewebe zu entfernen.[54,55] In Indonesien stellten laut einer Studie von 2003 unklassifizierte Formen wie Reiben, Dehnen, Stechen, Einritzen oder Einschneiden mit ca. 70% den größten Teil der Eingriffe dar, während die Entfernung der Klitoris-vorhaut bzw. -eichel etwa 30% der Fälle ausmachte.[56]

Im Gegensatz dazu kommen in arabischen und afrikanischen Ländern grundsätzlich alle Formen von FGM/C vor, wobei die verschiedenen Typen in den jeweiligen Ländern sehr unterschiedlich ausgeprägt sind. Insgesamt nehmen die Typen I und II den größten Anteil (ca. 70%) der Eingriffe ein, während die weniger invasiven Formen ohne Gewebeentnahme vergleichsweise selten (ca. 15%) vorkommen. Bei ca. 5% der Fälle ist der genaue Typ nicht bekannt.[57]

Infibulation

Die schwerste Form von FGM ist die Infibulation (Typ III). Bei dieser sog. *Pharaonischen Beschneidung* werden die äußeren Genitalien teilweise oder vollständig entfernt und die inneren oder äußeren Schamlippen miteinander vernäht. Die Klitoriseichel wird in einigen Fällen mit entfernt, in anderen Fällen wird sie belassen. So hatten in einer Studie von 2006 etwa die Hälfte der infibulierten, überwiegend aus Somalia stammenden Frauen, eine intakte Klitoriseichel.[58] Im Anschluss an das Vernähen der Vagina wird durch die Einführung eines Fremdkörpers eine kleine Öffnung geschaffen, um den Abfluss von Urin und Menstruationsblut zu gewährleisten.[59] Diese Öffnung wird nach der Heirat etwas geweitet, um die Penetration beim Geschlechtsverkehr zu erleichtern. Für gynäkologische Untersuchungen oder bei einer bevorstehenden Geburt erfolgt eine Defibulation, dh. eine vollständige Öffnung.[60]

In einigen Fällen kommt es im Anschluss wieder zu einer Re-Infibulation, so dass die Frauen einem endlosen Kreislauf des Öffnens und Wiederverschließens ausgesetzt sind. Genaue Zahlen dazu sind nur schwer zu ermitteln, es wird jedoch davon ausgegangen, dass eine Re-Infibulation vor allem in den Ländern mit einer hohen Infibulationsrate durchgeführt wird und seltener in den Ländern, in denen die Infibulation wenig verbreitet ist.[61] Im Sudan ist ca. ein Drittel der Frauen mit Infibulation von einer Re-Infibulation betroffen.[62] Hier wird der Eingriff hauptsächlich von Hebammen durchgeführt.[63]

Diese schwere Form der Genitalbeschneidung steht häufig im Zentrum der öffentlichen Wahrnehmung. Dadurch entsteht zum Teil der Eindruck, weibliche Genitalverstümmelung sei gleichbedeutend mit Infibulation. Der Anteil dieser extremen Form fällt mit insgesamt ca. 10% allerdings vergleichsweise gering aus.[64] In den meisten Ländern weist die Praxis der Infibulation eine relativ niedrige Rate auf und konzentriert sich auf einige wenige Staaten wie Sudan (71%), Somalia (46%), Eritrea (34%) und Ghana (21%).[65]

Einstellungen und Entwicklungstrends

Studien zu Entwicklungstendenzen von FGM/C zeigen in den meisten Ländern einen Abwärtstrend der Praxis in den letzten Jahrzehnten.[66,67] Während die Rate in der Altersgruppe 15-49 in Somalia, Gambia, Djibouti, Mali oder Sudan kaum abgenommen hat und sich nach wie vor auf einem hohen Niveau bewegt, haben sich u.a. in Burkina Faso, Liberia, Kenia, Nigeria und Tansania besonders drastische Veränderungen mit Rückgängen um teilweise fast die Hälfte ergeben.[68] Diese Tendenz spiegelt sich auch in der deutlich rückläufigen Beschneidungsrate bei Mädchen im Alter von 0-14 Jahren wieder. Der signifikanteste Rückgang ist dabei in Ostafrika zu sehen. Hier ist die Prävalenz von ca. 70% im Jahr 1995 auf 8% im Jahr 2016 zurückgegangen. In Nordafrika reduzierte sich die Rate von knapp 60% im Jahr 1990 auf ca. 14% im Jahr 2015. Auch in Westafrika ergab sich ein Rückgang um fast die Hälfte von ca. 74% im Jahr 1996 auf ca. 25% im Jahr 2017.[69] Auch in Ländern mit sehr hoher Prävalenz zeigt sich diesbezüglich ein Abwärtstrend. So lag im Jahr 2014 die Rate im Sudan bei Mädchen unter 14 Jahren nur noch bei 66% im Vergleich zu 87% bei den über 15-Jährigen.[70] In Somalia fällt der Unterschied zwischen den Altersgruppen noch deutlicher aus. Während die Rate bei den über 15-Jährigen zuletzt bei knapp 100% gelegen hat, lag sie bei den Mädchen unter 14 Jahren im Jahr 2020 nur noch bei 24%.[71]

Trotz der sinkenden Prävalenz ist die Anzahl der weltweit Betroffenen in den letzten zehn Jahren um 30 Millionen angestiegen, was sich durch das starke Bevölkerungswachstum in den betroffenen Ländern erklären lässt.[72]

Was die Einstellung gegenüber FGM/C angeht, wird der Eingriff Studien zufolge mehrheitlich abgelehnt.[73] Dabei zeigt sich ein leichter Unterschied zwischen den Geschlechtern. So sehen im Vergleich etwas mehr Frauen als Männer Vorteile in der Praxis und fordern die Beibehaltung des Rituals, während sich Jungen und Männer in der großen Mehrheit der Länder überwiegend für eine Abschaffung aussprechen.[74,75]

Medikalisierung

Einen weiteren Trend stellt die zunehmende Medikalisierung der Praxis dar. Diese Entwicklung lässt sich hauptsächlich in Ägypten, Sudan, Guinea, Kenia, Nigeria, Malaysia und Indonesien beobachten. In diesen Ländern wird der Eingriff - trotz gesetzlicher Verbote - vermehrt von medizinischem Personal durchgeführt.[76,77,78,79]

In Singapur wird FGM/C in einigen Kliniken als Sonderangebot zusammen mit Ohrlochstechen offeriert.[80] Auch in Indonesien bieten Geburtskliniken das Ritual als Teil eines Servicepakets zur Geburt an.[81] Während 2003 nur etwa ein Drittel der Eingriffe von medizinischem Personal vorgenommen wurden, beträgt der Anteil mittlerweile mehr als die Hälfte.[82,83]

In Bezug auf den Schweregrad wirkt sich die Medikalisierung in den verschiedenen Ländern sehr unterschiedlich aus. In Kenia und Nigeria praktizieren die medizinischen Fachkräfte hauptsächlich einen Einschnitt ohne Gewebeentnahme, so dass es hier zu einer Verschiebung zu weniger invasiven Formen gekommen ist.[84]

Im Gegensatz dazu hat diese Entwicklung in Indonesien das genaue Gegenteil bewirkt: Während traditionelle Beschneiderinnen vor allem unklassifizierte Formen praktizieren, führen medizinische Fachkräfte häufiger Exzisionen durch.[85]

Im Jahr 2010 hatte der amerikanische Kinderärzteverband AAP (American Academy of Pediatrics) in einem offiziellen Statement empfohlen, „leichte Formen" von FGC zu erlauben, da diese keine physischen Schäden zur Folge hätten und zudem weit weniger extensiv seien als die männliche Beschneidung.[86] Aufgrund massiver Kritik verschiedenster Organisationen wurde die Empfehlung später jedoch wieder zurückgenommen.[87] Auch die WHO betont in ihren Statements, FGM/C dürfe unter keinen Umständen von medizinischem Personal durchgeführt werden.[88,89]

Male Genital Mutilation (MGM) / Circumcision

Die männliche Genitalverstümmelung (MGM) wird im Allgemeinen auf die Beschneidung der Vorhaut reduziert, während andere Praktiken weitestgehend unbeachtet bleiben. Da die Vorhautamputation tatsächlich die häufigste Form von MGM darstellt, liegt auch in diesem Buch der Fokus auf der Zirkumzision. Daneben gibt es innerhalb der verschiedenen Bevölkerungsgruppen noch weitere Beschneidungsrituale. Hierzu zählen unter anderem verschiedene Piercings oder das Einsetzen diverser Gegenstände unter die Penishaut.[90] In Papua-Neuguinea ist beispielsweise die sog. *Superinzision* üblich, bei der die Vorhaut lediglich eingeschnitten wird, ohne Gewebe zu entfernen.[91] Eine wesentlich invasivere Form stellt demgegenüber die sog. *Subinzision* dar. Hier wird die Unterseite des Penis von der Wurzel bis zur Eichel aufgeschnitten und dabei die Harnröhre gespalten. Diese Praxis ist vor allem in traditionellen Aborigine-Communities in Australien verbreitet.[92] Weitere schwerwiegende Formen von MGM wie das Abtrennen der Eichel, die Entfernung bzw. Zerstörung der Hoden (Orchiektomie/Kastration) oder die Amputation des Penis (Penektomie) kommen vereinzelt in Südostafrika vor.[93]

Beschneidungstypen

Bei der Zirkumzision können nochmals mehrere Unterformen unterschieden werden. Zum einen lässt sich der Beschneidungstyp unterteilen nach Lokalität der Schnittnarbe (High/Low) und zum anderen nach der Menge der entfernten Haut (Tight/Loose).

Daraus ergeben sich insgesamt vier Kombinationen: High&Tight, Low&Tight, High&Loose und Low&Loose.[94] Dabei kommen vor allem die beiden Tight-Formen am häufigsten vor. Bei diesen Typen wird am meisten Haut entfernt, so dass die verbliebene Resthaut im schlaffen Zustand in ihrer Beweglichkeit stark eingeschränkt ist und im erigierten Zustand komplett unter Spannung steht. Zudem wird in der Regel auch das Frenulum mit entfernt.[95] Bei der High&Tight-Form wird weniger von der inneren und mehr von der äußeren Vorhaut sowie Teile der Schafthaut entfernt. Die restliche innere Vorhaut wird zurückgezogen und mit der Schafthaut vernäht, so dass sich die Beschneidungsnarbe weiter oben am Penis befindet. Demgegenüber wird bei der Low&Tight-Form die komplette innere und äußere Vorhaut entfernt und die Schafthaut unterhalb des Eichelkranzes vernäht. Damit liegt die Narbe weiter unten direkt an der Eichel.[96] Dieser Typ stellt die radikalste Form der Beschneidung dar, da hier die sensibelsten Bereiche der Vorhaut vollständig entfernt werden.

Verbreitung

Die Vorhautamputation stellt einen der häufigsten chirurgischen Eingriffe weltweit dar. Insgesamt sind etwa 1,5 Milliarden Jungen und Männer, d.h. ca. 37% der männlichen Gesamtbevölkerung betroffen.[97] Mehr als die Hälfte der Eingriffe werden dabei innerhalb muslimischer Religionsgemeinschaften durchgeführt.[98] In der großen Mehrheit der Länder der Middle-East-Region sowie der nord- und zentralafrikanischen Staaten, ist die Zirkumzision mit einer Rate von über 90% nahezu universal.[99]

Im südlichen Teil Afrikas fällt die Prävalenz mit etwa 60% signifikant niedriger aus.[100] Während die Beschneidungsrate in den europäischen Ländern relativ gering ausgeprägt ist (Deutschland 11%, Frankreich 14%, Spanien 6%, Schweden 5%, Dänemark 5%, Norwegen 3%, Italien 2%, Finnland, Tschechien, Polen, Ungarn, Portugal <1%), liegt der Anteil der beschnittenen Jungen und Männer in den USA bei ca. 70%.[101] Hier zeigt sich allerdings ein Abwärtstrend. Laut dem Bericht des National Center for Health Statistics (NCHS) sank die Rate der Neugeborenbeschneidung im Zeitraum von 1979-2010 kontinuierlich auf knapp 60%.[102] Statistiken zufolge lag die Rate zuletzt bei knapp 50% im Jahr 2022.[103]

Methodik und Durchführungsbedingungen

Die einzelnen Bedingungen, unter denen der Eingriff durchgeführt wird, hängen stark von den unterschiedlichen Regionen und den jeweiligen gesellschaftlichen Zusammenhängen ab. In Deutschland wird die Beschneidung in den meisten Fällen im Grundschulalter aufgrund einer diagnostizierten Phimose in der Klinik vorgenommen. In den meisten Fällen wird dabei die sogenannte „Freihand-Technik" angewendet, bei der nur wenige Hilfsmittel zum Einsatz kommen.[104] Die Menge an entfernter Haut wird dabei in erster Linie von den Fähigkeiten und persönlichen Präferenzen des Operateurs bestimmt.[105] In der Regel wird hier die radikale Zirkumzision durchgeführt, bei der sowohl die äußere als auch die innere Vorhaut komplett entfernt wird.[106]

In den USA werden die Jungen für gewöhnlich wenige Tage nach der Geburt in der Klinik beschnitten.[107] In der Regel werden dazu diverse Klemmen oder sonstige Hilfsmittel eingesetzt. Zu den verbreitetsten Techniken zählen hier die Gomco- und Mogen-Klemme, sowie die Plastikbell-Methode.[108]

Die Gomco Klemme wurde 1934 von dem Gynäkologen Hiram Yellen und dem Erfinder Aaron Goldstein entwickelt. Dabei wird die Vorhaut zunächst eingeschnitten und gespreizt, um die Verklebung mit der Eichel zu lösen. Nachdem die Vorhaut über die Metallglocke gestülpt wurde, wird die Klemme festgezogen, so dass ein kreisförmiger Streifen abgequetscht wird. Anschließend wird die restliche Vorhaut oberhalb des abgequetschten Bereichs abgeschnitten.[109] Diese Standardisierung der Operationstechnik ermöglichte nicht nur die Institutionalisierung der Routineneugeborenenbescheidung, der mit der Technik einhergehende High&Tight-Stil prägt zudem das normaltypische Erscheinungsbild des amerikanischen Penis bis heute.[110]

Auch die Plastikbell-Methode ist sehr verbreitet. Dabei wird ein Plastikring auf die Eichel angebracht und die Vorhaut darüber gezogen. Anschließend wird die Vorhaut mit einem Faden abgeklemmt und an dem Ring befestigt. Danach wird der vordere Teil der Vorhaut abgeschnitten, während das abgeklemmte Gewebe nach einigen Tagen nekrotisiert und mit dem Ring von selbst abfällt.[111] Für die Jungen ist diese Methode oft besonders traumatisierend, da sie zusehen müssen, wie ein Teil ihres Körpers langsam abstirbt.

Abbildung 1: Gomco-Klemme

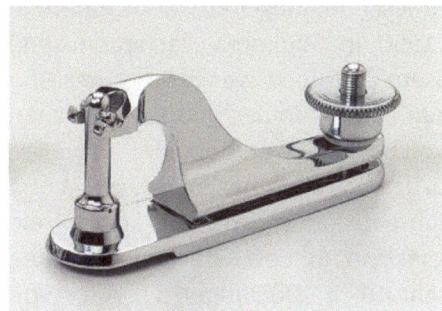

(Foto: IntaktiWiki)

Für die Beschneidung wurde eine spezielle Plastikwanne, das sogenannte *Circumstraint Board* entwickelt, in welcher der Säugling mittels einer Vier-Punkt-Fixierung bewegungsunfähig gemacht wird (siehe Abbildung 2).

Abbildung 2: Circumstraint Board

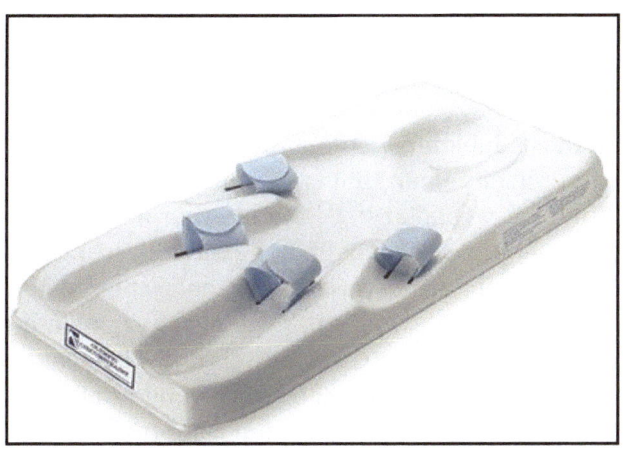

(Foto: Medline)

Im Zuge des Militäreinsatzes der USA im Koreakrieg wurde die Neugeborenenbeschneidung nach dem amerikanischen Modell ab 1950 in Südkorea flächendeckend eingeführt. Bis zu diesem Zeitpunkt war die Zirkumzision in Korea traditionell unüblich.[112] In den südostasiatischen Ländern hingegen reicht die Tradition der rituellen Beschneidung weit zurück.[113] In Indonesien, Malaysia und Thailand findet jährlich eine öffentliche und kostenfreie Massenbeschneidungsaktion in der örtlichen Moschee statt, bei der durchschnittlich 100 Jungen im Alter von ca. 6-12 Jahren an einem Tag beschnitten werden.[114] Die Kosten hierfür werden von den muslimischen Gemeinden übernommen, weshalb diese Aktionen vor allem von Familien aus ärmeren Verhältnissen in Anspruch genommen werden.[115,116] Auch auf den Philippinen sind Massenbeschneidungen während der Beschneidungssaison in den Schulferien üblich. Diese werden in der Regel in Kliniken oder Schulen durchgeführt.[117,118] Im Rahmen einer traditionellen Beschneidungszeremonie findet die Prozedur im Freien, meistens in der Nähe eines Flusses statt.[119]

In den Nahost-Gebieten werden Massenbeschneidungen dagegen nur in einzelnen Ländern wie bspw. im Irak oder in der Türkei veranstaltet.[120,121] Die meisten Jungen werden dort im Alter zwischen 2 und 12 Jahren beschnitten, während der Eingriff bei Neugeborenen eher selten durchgeführt wird.[122,123,124] Im Allgemeinen tendieren Familien in den Städten aus der Mittel- und Oberschicht eher dazu, den Eingriff in der Klinik vornehmen zu lassen, während in den ländlichen Gebieten hauptsächlich die traditionelle Praxis verbreitet ist.[125,126]

In der Türkei wird häufig ein aufwendiges und kosten-intensives Beschneidungsfest veranstaltet, zu dem sämtliche Verwandte und Bekannte eingeladen werden. Die Jungen tragen zu diesem Anlass ein besonderes Beschneidungskostüm und werden reich beschenkt. In Deutschland lebende türkische Familien nutzen häufig den Sommerurlaub in der Türkei, um ihre Söhne dort beschneiden zu lassen.[127]

Das traditionelle jüdische Beschneidungsritual wird am 8. Tag nach der Geburt in der Synagoge oder zuhause von einem religiösen Beschneider, dem Mohel, vorgenommen.[128] Mithilfe eines Metallschildes wird dabei zunächst die mit der Eichel verwachsene Vorhaut separiert und anschließend abgeschnitten. Danach wird die restliche Haut mit dem für diesen Zweck geschärften Fingernagel geteilt und aufgerollt. Im Anschluss saugt der Mohel das Blut mithilfe eines Glasrohrs, bzw. in orthodoxen Gemeinden direkt mit dem Mund (Metzitzah Peh), vom Penis des Säuglings ab.[129]

In Afrika wird MGM je nach Region sehr unterschiedlich praktiziert. Während in den nordwestlichen Staaten vor allem die Neugeborenenbeschneidung in der Klinik verbreitet ist, findet der Eingriff in Süd- und Ostafrika häufig während der Adoleszenz im Rahmen eines Initiationsrituals durch einen traditionellen Beschneider statt. Innerhalb der unterschiedlichen Bevölkerungsgruppen gibt es dabei eine große Spannbreite, wie das Ritual abgehalten wird.[130] In jüngerer Zeit lehnen jedoch immer mehr Eltern die traditionelle Form ab und die Praxis findet zunehmend im medizinischen Kontext statt.[131]

Vor allem in ländlichen Gebieten ist allerdings die traditionelle Praxis nach wie vor stark verbreitet. In manchen Dörfern wird während der jährlichen Beschneidungssaison eine öffentliche Zeremonie für die betreffenden Jungen abgehalten.[132] Bei einigen Ethnien wie den Xhosa verbringen die Jugendlichen im Alter von ca. 15-25 Jahren im Zuge des Beschneidungsrituals einige Wochen in abgeschiedenen Initiationscamps in den Bergen oder Wäldern.[133,134] Zum Teil wird in diesen Settings eine einzige Klinge für alle Teilnehmer verwendet. In der Annahme, durch eine geringe Flüssigkeitszufuhr das Risiko von Blutungen zu reduzieren, dürfen die Jugendlichen zudem kaum Flüssigkeit zu sich nehmen.[135]

Human Genital Alterations (HGA)

Zusammenfassend lässt sich feststellen, dass es sich weder bei FGM/C noch bei MGM jeweils um einen einzigen konkret bestimmbaren Sachverhalt handelt. Vielmehr lassen sich vielfältige Varianten und Bedingungen unterscheiden, die unabhängig vom Geschlecht mehr oder weniger schwerwiegend ausfallen. Aus dem Grund hat sich in medizinethischen Kreisen die neutrale Terminologie *Genitale Änderungen (Genital Alterations)* etabliert.[136] Im Jahr 2000 hat die Internationale Koalition für Genitale Integrität (ICGI) eine etwas umfassendere Klassifikation der Genitalverstümmelung vorgeschlagen.[137] Diese Typologie enthält neben der weiblichen und männlichen auch die übergeordnete *menschliche* Genitalverstümmelung (Human Genital Mutilation), welche beispielsweise auch geschlechtsangleichende Operationen intersexueller Kinder beinhaltet.

Die folgende Darstellung beruht auf der Grundlage dieser Klassifikation in Verbindung mit der Terminologie *Genital Alterations*:

Klassifikation

	Female Genital Alterations (FGA)	Male Genital Alterations (MGA)	Human Genital Alterations (HGA)
Typ 1	Teilweise oder vollständige Entfernung / Verletzung der Vorhaut und/oder der Klitoriseichel	Teilweise oder vollständige Entfernung / Verletzung der Vorhaut und/oder des Frenulums	Entfernung / Verletzung von Genitalgewebe inkl. Vorhaut, Klitoriseichel oder Frenulum
Typ 2	Teilweise oder vollständige Entfernung der Klitoriseichel und der Labia minora mit/ohne Entfernung der Labia majora	Entfernung / Verletzung der Eichel und/oder des Penisschafts	Entfernung /Verletzung der Peniseichel, des Penisschafts oder der Labia minora und/oder majora

T y p 3	Teilweise oder vollständige Entfernung der äußeren Genitalien und Vernähen der Vaginalöffnung (Infibulation)	Entfernung / Zerstörung der Hoden (Orchiektomie /Kastration) Vernähen der Vorhaut über der Eichel (Infibulation)	Entfernung / Verletzung der äußeren Genitalien inkl. Infibulation, Kastration, Orchiektomie, geschlechts-angleichende Operationen bei intersexuellen Kindern
T y p 4	Unklassifiziert inkl. Piercing, Dehnen, Einritzen, Einstechen, Einschneiden, Einführen von ätzenden Substanzen	Unklassifiziert inkl. Piercing, Dehnen, Einritzen, Einstechen, Einschneiden, Einführen von ätzenden Substanzen	Unklassifiziert inkl. Piercing, Dehnen Einritzen, Einstechen, Einschneiden, Einführen von ätzenden Substanzen

3 Auswirkungen von Genitalbeschneidung

Es beginnt mit einem Teil

Die meisten Leute, denen ich begegnet bin, denken nicht, dass die Beschneidung so gravierend ist. Um sich zu rechtfertigen, sagen sie: ‚Es ist nur ein Stück Haut.' Aus meiner Erfahrung jedoch erzeugt die Auswirkung der Beschneidung viel mehr. Letztendlich erzeugen die Folgen des Beschnittenseins ein Mosaik, weil sie nicht ein Teil, sondern tausend Teile erzeugen. Wenn man es nüchtern betrachtet, ist Beschneidung die Entfernung eines Teils. Alles beginnt mit einem Teil, einem Stück Haut. Mit dem Abschneiden der Haut kommt ein Teil Blut. Mit dem Blut kommt ein Teil Schmerzen. Mit dem Teil Schmerzen kommen die Teile von Schreien um Hilfe. Ohne Antwort auf den Hilfeschrei kommt ein Teil Hilflosigkeit. Mit der Hilflosigkeit wird dieser Schmerz zur Folter. Mit der Folter wird der Geisteszustand verändert, und am Ende wird ein Teil von der Seele genommen.

Kohiro Hakuya

in *Unaussprechliche Verstümmelungen*

Einführung

Diese Bemühungen um einen geschlechterneutralen Diskurs sind bislang jedoch auf wenig Resonanz gestossen. Nach wie vor werden genitalverändernde Praktiken im Allgemeinen je nach Geschlecht unterschiedlich bewertet und eingeordnet. Als Begründung dafür werden hauptsächlich ungleiche Motive und Auswirkungen der Eingriffe angeführt. Inwieweit diese Ungleichheiten bezüglich der Auswirkungen tatsächlich zutreffen, soll im folgenden Kapitel analysiert werden.

Nach vorherrschender Auffassung ist die männliche Beschneidung ein kleiner Schnitt, vergleichbar mit dem Stechen von Ohrlöchern, welcher - abgesehen von extrem seltenen Komplikationen - keinerlei negative Folgen hätte. Häufig sind die einzigen Eingriffe, die als vergleichbar mit FGM/C angesehen werden, die Kastration oder die komplette Amputation der Eichel, wenn nicht sogar des gesamten Penis. Solange die Fähigkeit zur Ejakulation gegeben ist, liegt nach allgemeiner Ansicht keine Beeinträchtigung der Sexualität vor.[1,2,3]

Zur Bestätigung dieser These wird meistens argumentiert, dass sich die Männer ja nicht beklagen würden. In der Tat sprechen nur sehr wenige Männer über ihre negativen Erfahrungen, was mit vielfältigen und sich gegenseitig bedingenden Faktoren zusammenhängt. Zum einen findet die Beschneidung meist in der Kindheit statt, so dass der Verlust durch die mangelnde Vergleichsmöglichkeit oft nicht bekannt ist. Zum anderen betrifft das Thema einen sehr intimen Bereich und ist daher extrem schambesetzt.

Zudem wird die Hemmschwelle, sich mitzuteilen, durch den Eindruck, es gäbe keine Männer, die sich beschweren, noch zusätzlich erhöht, wodurch dieses Argument zu einer sich selbsterfüllenden Prophezeiung wird. Daraus ergibt sich ein Teufelskreis des Schweigens, der nur sehr schwer zu durchbrechen ist.[4] Einen entscheidenden Beitrag, diese Stimmen öffentlich zu machen, haben dabei die Bücher *Unaussprechliche Verstümmelungen* von Lindsay Watson und *Ent-hüllt!* von Clemens Bergner geleistet, in denen erstmalig Betroffene über ihre negativen Erfahrungen in Bezug auf die Beschneidung berichten.[5,6]

In starkem Kontrast dazu wird die weibliche Beschneidung im Allgemeinen als barbarische und grausame Verstümmelung angesehen, die in jedem Fall mit massiven schädlichen Folgen verbunden ist.[7] Es dürfte jedoch klar sein, dass die unterschiedlichen Schweregrade und Bedingungen der Genitaländerungen zu ebenso unterschiedlichen Schweregraden der Auswirkungen führen. Diese Effekte betreffen den physischen, psychischen und sexuellen Bereich.

Physische Folgen und Komplikationen

Schmerzen

Eine der zentralsten Auswirkungen sind die Schmerzen sowohl während als auch nach dem Eingriff. In der überwiegenden Mehrheit der Fälle werden die Schmerzen gar nicht bzw. nicht ausreichend behandelt.[8,9] Insbesondere traditionelle Beschneidungspraktiken werden in der Regel ohne Betäubung vorgenommen.[10,11] Bei vielen Initiationsritualen ist das Aushalten der Schmerzen expliziter Bestandteil der Prozedur, als Zeichen dafür, dass die Heranwachsenden in Zukunft in der Lage sind, Schwierigkeiten zu bewältigen.[12] Im Sudan wird das Ertragen von Schmerzen als positive ethnische Eigenschaft angesehen. So werden sudanesische Frauen, die während der Infibulation bzw. Re-Infibulation ihren Schmerz zum Ausdruck bringen, teilweise von den Hebammen angewiesen, still zu sein, und sich wie eine richtige Sudanesin zu benehmen.[13] Gerade Frauen, die von Infibulation betroffen sind, leiden teilweise unter extrem starken Schmerzen, insbesondere beim Geschlechtsverkehr.[14]

Auch im jüdischen Beschneidungsritual ist keine Betäubung vorgesehen.[15] Traditionell wird den Säuglingen lediglich ein Tropfen Wein verabreicht, mit der Begründung, die darin enthaltene Glucose würde das Schmerzempfinden reduzieren.[16,17] Dieser Effekt ließ sich in verschiedenen Studien jedoch nicht bestätigen.[18,19] Daneben ist auch das Auftragen einer lokalen Betäubungssalbe, der sogenannten EMLA Creme üblich. Deren schmerzreduzierende Wirkung hat sich nicht nur als vollkommen unzureichend erwiesen, sie ist auch schon allein deshalb für den Eingriff ungeeignet, da sie gar nicht zur Anwendung auf der Genitalschleimhaut von Kindern im Säuglingsalter zugelassen ist.[20,21]

Besonders für Neugeborene ist die Prozedur äußerst schmerzhaft, da allein schon die gewaltsame Trennung der mit der Eichel verwachsenen Vorhaut - vergleichbar mit dem Abreißen eines Fingernagels - mit extremen Schmerzen verbunden ist. Zudem sind die schmerzunterdrückenden neuronalen Mechanismen noch nicht vollständig ausgereift, so dass Schmerzreize bei Babys nahezu ungefiltert ankommen. In der Folge kommt es häufig zu einer allgemeinen Verminderung der Schmerzschwelle.[22] Zum Teil schreien die Säuglinge so intensiv, dass es zu innerlichen Rupturen oder zum Peumothorax kommt.[23] Als eine Art Schutzmechanismus fallen die Kinder aufgrund des überwältigenden Schmerzerlebnisses häufig auch in einen Schockzustand. Nachdem sie der Situation körperlich nicht entkommen können, versuchen sie, sich der Situation psychologisch zu entziehen, indem sie in einen halbkomatösen Zustand verfallen. Dies erklärt auch, weshalb einige Kinder während des Eingriffs nicht schreien.[24,25] Oft wird dieses Verhalten so interpretiert, dass die Kinder friedlich schlafen und keine Schmerzen spüren würden. Wie aus mehreren Studien hervorgeht, deuten verschiedene Körpersignale, wie eine gesteigerte Herzfrequenz oder ein erhöhter Kortisolspiegel jedoch darauf hin, dass der Neugeborene zu jeder Zeit intensive Schmerzen während der Operation erlebt.[26,27] Wie Untersuchungen zeigen, sind die Säuglinge dabei einem Schmerzlevel ausgesetzt, welches von älteren Menschen nicht mehr toleriert werden würde.[28]

Bis Ende der 1980er Jahre war man allerdings davon ausgegangen, dass Säuglinge noch kein ausgeprägtes Schmerzempfinden hätten, weshalb sämtliche Operationen ohne Betäubung durchgeführt wurden.[29] Erst nachdem 1987 in einer Studie das Schmerzempfinden von Säuglingen nachgewiesen wurde, empfahl die AAP die Verwendung von Anästhetika bei der Beschneidung von Neugeborenen.[30,31] Trotz dieser Empfehlung wurde die betäubungslose Routinebeschneidung in den USA weiter fortgeführt. So wurde Ende der 1990er Jahre noch mehr als die Hälfte der Jungen in den USA ohne Betäubung beschnitten.[32] Aktuelle Zahlen sind dazu nicht bekannt, es ist allerdings davon auszugehen, dass die Anästhesierate mittlerweile um einiges gestiegen ist. Die betäubungslose MGA bei Neugeborenen ist jedoch aus verschiedenen Gründen nach wie vor nicht unüblich.[33,34] Für den ihrer Ansicht nach minimalen Eingriff halten viele Ärzt*innen eine Anästhesie für nicht gerechtfertigt oder sie haben Bedenken vor möglichen Nebenwirkungen.[35] Auch aus Gründen der Kostenersparnis wird häufig auf eine gewinneinschränkende Anästhesie verzichtet.[36]

Zudem werden bis heute Studien zur Schmerzwahrnehmung von Säuglingen während der Zirkumzision durchgeführt, in welchen die Jungen der Kontrollgruppe keine oder nur unzureichende Schmerzmittel erhalten, was in deutlichem Widerspruch zu den medizinethischen Grundsätzen der Helsinki Deklaration steht.[37,38,39]

Da eine Vollnarkose bei Neugeborenen nur bei dringenden und nicht aufschiebbaren Operationen indiziert ist, kommt hier nur eine Regional- oder Lokalanästhesie in Frage.[40] Dabei wird entweder ein dorsaler Peniswurzelblock (DPNB) oder ein subkutaner Penisringblock (RB) gesetzt, bzw. wird eine Mischung aus beiden Techniken angewendet.[41] Durch diese Methoden können die Schmerzen zwar reduziert werden, eine komplette Schmerzausschaltung kann aufgrund der komplexen Innervation des Penis jedoch häufig nicht erreicht werden.[42] Zudem bleiben dabei die postoperativen Schmerzen unberücksichtigt, die bis zu einigen Wochen nach dem Eingriff anhalten können und damit weit über die Wirkdauer des Penisblocks hinausgehen.[43]

Auch bei den medikalisierten Massenbeschneidungen in Asien und der Türkei wird lediglich eine lokale Betäubung vorgenommen.[44,45] Deren Ineffektivität wird vor allem durch die erschütternden Schreie der Jungen belegt, wie die Beschreibung einer Massenbeschneidung auf den Philippinen von Ramos & Boyle verdeutlicht: *„The operating room is filled with the cries of the boy's appeals for more anesthesia and their almost primordial longing for their mothers."*[46]

Wie Beschneidungsvideos im Netz zeigen, wird die Verzweiflung der Kinder von den beteiligten Erwachsenen allerdings weitestgehend ignoriert, ganz im Gegenteil – über die Schmerzensschreie der Jungen lachen sie nur.[47]

Komplikationen

Neben den Schmerzen kann es außerdem je nach Eingriff zu mehr oder weniger schwerwiegenden Komplikationen kommen. Grundsätzlich sind die Risiken von Komplikationen bei traditionellen Beschneidungsritualen deutlich höher, als bei Eingriffen, die unter sterilen Bedingungen in der Klinik stattfinden.[48,49] Eine Ausnahme bildet die Praxis der FGA in Südostasien. Während Studien zufolge die weniger invasiven traditionellen Formen relativ selten zu Komplikationen führen, kann durch die Entwicklung zu extensiveren Eingriffen im Zuge der Medikalisierung von einer steigenden Komplikationsrate ausgegangen werden.[50,51,52]

Bei der weiblichen Genitalverstümmelung steigt die Häufigkeit und Schwere der körperlichen Folgen proportional zu den Schweregraden der unterschiedlichen FGA-Typen. Insbesondere bei Frauen, die von Infibulation bzw. Re-Infibulation betroffen sind, nimmt das Risiko von schwerwiegenden Langzeitkomplikationen dramatisch zu.[53,54] Die möglichen Folgen der Beschneidung können das gesamte urogenitale System betreffen. Zu den häufigsten Komplikationen zählen dabei Infektionen und Blutungen, die in schweren Fällen zum Tod führen können, z.B. infolge eines hämorrhagischen Schocks, einer Tetanusinfektion oder der Entwicklung einer Sepsis.[55,56,57] Weitere Folgen sind Störungen des Harntrakts, wie Harnverhalt, Inkontinenz oder Schmerzen beim Wasserlassen, Narbenbildung, Fisteln, Zysten, Abszesse und Unfruchtbarkeit. Vor allem infibulierte Mädchen und Frauen leiden häufig auch unter Menstruationsstörungen.

Infolge einer zu geringen Öffnung kommt es zu einem Blutrückstau in der Vagina und die Menstruation ist mit erheblichen Schmerzen verbunden.[58] Zudem besteht ein erhöhtes Risiko für Komplikationen während der Schwangerschaft und bei der Geburt, wie extrauterine Schwangerschaften, Blutungen, Dammriss oder Fehlgeburten.[59] Durch die Entfernung der Schamlippen fehlt die natürliche labiale Elastizität, die für die Weitung des Geburtskanals von zentraler Bedeutung ist. Das spröde und unelastische Narbengewebe ist dagegen nicht in der Lage, sich auf die erforderliche Größe auszudehnen, so dass in der Regel immer ein extensiver Dammschnitt nötig ist, um die Geburt zu ermöglichen.[60] Aufgrund dieser Schwierigkeiten kommt es in vielen Fällen zu Notkaiserschnitten sowie einer erhöhten Rate der Neugeborenensterblichkeit infolge einer Sauerstoffunterversorgung während der Geburt.[61] Schätzungen gehen von ca. 44.000 Todesfällen jährlich in Verbindung mit FGM/C aus.[62]

Auch die männliche Beschneidung kann zu erheblichen gesundheitlichen Schäden bis hin zum Tod führen. Insbesondere traditionelle Beschneidungsrituale haben oftmals schwerwiegende Komplikationen zur Folge. Neben Infektionen und Blutungen kommt es häufig zu einer Dehydration infolge der verminderten Flüssigkeitszufuhr, sowie zu Verletzungen und Nekrosen der Eichel bzw. des Penis.[63,64] In Südafrika sind im Jahr 2025 insgesamt 41 junge Männer während der Beschneidungsrituale gestorben. Im Vorjahr gab es 38 Tote im Zusammenhang mit dem Ritual.[65]

Besonders gefährdet sind außerdem Jungen aus jüdisch-orthodoxen Gemeinden, die dem Ritual der Metzitzah Peh unterzogen werden. Durch den direkten Kontakt von Mund und Penis besteht ein hohes Risiko der Übertragung von Herpesviren, was bei den Säuglingen zu schweren, zum Teil tödlichen, Hirnschäden führen kann. Allein in New York wurde im Zeitraum von 2000 - 2011 bei elf Neugeborenen eine Herpesinfektion infolge des Rituals festgestellt.[66]

Eine der häufigsten Komplikationen ist außerdem die Meatusstenose (Verengung der Harnröhrenmündung). Diese entsteht durch Durchblutungsstörungen und Verhornungsprozesse der Eichel infolge der Verletzung der Frenulararterie und der fehlenden Schutzwirkung der Vorhaut. Die Inzidenz der Meatusstenose nach Zirkumzision beträgt bis zu 20%, während sie bei intakten Jungen und Männern dagegen äußerst selten auftritt.[67,68] Weitere häufige Folgen der Vorhautamputation sind außerdem Verletzungen der Eichel durch die Abtrennung der verwachsenen Vorhaut bzw. durch Anwendungsfehler der verschiedenen Instrumente, Verkrümmung oder Schiefstellung des Penis durch asymmetrisches Annähen der Haut, verborgener Penis (buried penis), Sekundäre Phimose und Paraphimose, Urethra Fisteln, Zysten, Hautbrücken und Narbenbildung. Gerade bei Eingriffen im Kindesalter kommt es häufig zu einer übermäßigen Entfernung der Penishaut, da zu diesem Zeitpunkt noch gar nicht bekannt ist, wie sich die Größe des Penis entwickelt und wieviel Haut tatsächlich im Erwachsenenalter benötigt wird. Durch die fehlende Abwehrfunktion der Vorhaut von Fremdstoffen wie

Schmutz, Urin oder Bakterien kommt es zudem vermehrt zu Entzündungen und Infekten.[69,70]

Doch obwohl das Risiko von negativen Folgen bei traditionellen Praktiken um einiges höher ist, kommt es auch im medizinischen Setting in der Klinik immer wieder zu Komplikationen. Anlässlich der Beschneidungsdebatte in Deutschland brachte die AAP 2012 ein Positionspapier heraus, worin sie zu dem Schluss kommt, die Vorteile der Beschneidung würden gegenüber den Nachteilen überwiegen, ungeachtet ihrer Feststellung nur wenige Seiten zuvor, dass die genaue Häufigkeit der Komplikationen unbekannt sei.[71] Die AAP bezieht sich mit ihrer Beurteilung auf die Ergebnisse zweier Studien, wonach die Komplikationsrate in den USA nur ca. 0,2% betragen würde.[72,73] Diese extrem niedrigen Komplikationsraten sind jedoch vor allem auf erhebliche methodische Mängel der Studien zurückzuführen. So wurden lediglich Fälle unmittelbar nach dem Eingriff untersucht, während spätere Auswirkungen unberücksichtigt blieben. Verlässliche und umfassende Daten diesbezüglich sind allerdings nur sehr begrenzt verfügbar. Eine der Hauptursachen dafür ist die mangelnde Verknüpfung zwischen dem Eingriff und den daraus resultierenden Effekten. So werden die verschiedenen Folgen der MGA in den Statistiken in der Regel nicht als Komplikation der Zirkumzision geführt, sondern dem jeweiligen Krankheitsbild zugeordnet.[74] Daher ist von wesentlich höheren Komplikationsraten auszugehen, als von der AAP angegeben. So beschreibt eine dänische Studie eine Komplikationsrate von 5,1%.[75] Schätzungen zufolge sterben in den USA jährlich etwa 100 Jungen an den Folgen der Zirkumzision.[76]

Auswirkungen auf die Sexualität

Einer weit verbreiteten Ansicht zufolge wird die Sexualität der Frauen durch FGA erheblich eingeschränkt oder sogar komplett zerstört, während bei Männern hingegen keine negativen Effekte auf die Sexualität durch die Zirkumzision zu erwarten sind.[77] Diese Sichtweise beruht vor allem auf der Fokusierung der schwerwiegendsten Formen von FGA sowie auf der fehlerhaften Annahme, die Eichel sei der sensibelste Bereich des Penis.[78]

Zum Teil wird der Sensitivitätsverlust und die damit einhergehende verlängerte Ejakulationszeit auch als Vorteil ausgelegt.[79] So bezeichnet sich der Schauspieler Elyas M'Barek in einem Interview als einen guten Liebhaber, da er beschnitten sei und die Frauen deshalb auf jeden Fall mehr als drei Minuten Spaß mit ihm hätten.[80]

Entsprechend dieser Logik betreiben Organisationen wie WHO und AAP Studien mit einem vorher festgelegten Ergebnis, wie Darby et al. schreiben:

„The result has been a double standard on genital alteration that has endured to this day. So persistent has it been that we now find the WHO conducting two quite separate research projects: one to find evidence for the harm of FGA, another to find evidence for the benefits of MGA. Naturally each comes up with the goods, because the result is guaranteed by the starting assumption."[81]

So kommen zahlreiche Studien unter der Leitung entschiedener Beschneidungsbefürworter zu dem gewünschten Ergebnis, die männliche Beschneidung hätte keine nachteiligen Folgen in Bezug auf die Sexualität, indem die Vorhaut bei den Untersuchungen schlicht und ergreifend weggelassen wurde.[82,83,84] Nachdem die Vorhaut allerdings dicht mit Nervenendigungen ausgestattet ist, bedeutet die Entfernung dieses hochsensiblen Gewebes zwangsläufig den Verlust eines elementaren Sexualorgans.[85] Der neuseeländische Pathologe Ken McGrath vermutet aufgrund der hohen Konzentration der speziellen Nervenrezeptoren in der Vorhaut und im Frenulum einen Sensitivitätsverlust von ca. 70-80% durch die Beschneidung.[86] Bestätigt wird diese Annahme durch eine Vergleichsstudie zu Druckschwellen für leichte Berührungen bei intakten und beschnittenen Penissen. Darin fanden Sorells et al. heraus, dass der beschnittene Penis bis auf die Beschneidungssnarbe höhere Druckschwellenwerte aufweist und die empfindlichsten Stellen des intakten Penis genau die Stellen sind, die durch die Zirkumzision verloren gehen.[87] (siehe Abbildung S. 69)

Bemerkenswerterweise hatten die vorangegangenen Generationen der Beschneidungsbefürworter in den USA den Eingriff noch mit genau diesem Verlust propagiert.[88]

Sensitivität intakter und beschnittener Penis im Vergleich

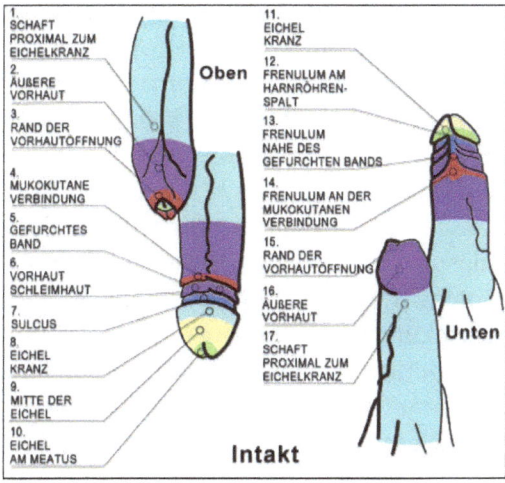

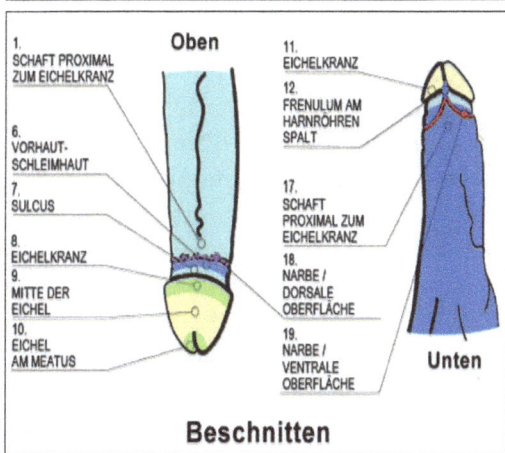

(Grafik: Marcus Azad)

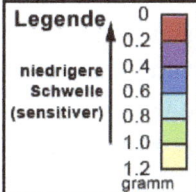

Trotz dieses objektiven Mangels an sensitivem Gewebe, ist es nicht möglich, allgemeingültige Aussagen über das Ausmaß der verschiedenen Formen von HGA zu treffen, da sexuelles Empfinden äußerst subjektiv ist und jeder Mensch ein einzigartiges Verhältnis zu seinem Körper hat. Veränderungen an den Genitalien wirken sich daher individuell sehr unterschiedlich aus.[89] Darüber hinaus entsteht die menschliche Sexualität durch einen komplexen Interaktionsprozess zwischen kognitiven Vorgängen, neurophysiologischen und biochemischen Mechanismen sowie soziokulturellen Dynamiken.[90] Die Sichtweise auf die Sexualität und den eigenen Körper wird dabei zu einem wesentlichen Teil vom gesellschaftlichen Umfeld geprägt und beeinflusst.[91] Vor dem Hintergrund dieser vielschichtigen Verflechtungen und Wechselwirkungen erscheint es nachvollziehbar, dass in Gesellschaften, in denen genitalverändernde Praktiken als normal oder sogar obligatorisch angesehen werden, vorhandene sexuelle Funktionseinschränkungen oftmals nicht von den Betroffenen als solche wahrgenommen werden. Auftretende Probleme werden stattdessen häufig als natürliche Phänomene interpretiert und entweder gar nicht mit dem Eingriff in Verbindung gebracht oder als normale und notwendige Begleiterscheinungen positiv umgedeutet.[92] Diese Tendenz zeigt sich auch in der erwähnten positiven Bewertung der verlängerten Ejakulationszeit. Viele Betroffene nehmen dieses „Länger-Können" allerdings eher als ein „Länger-Müssen" wahr. So gaben in einer Studie 65% der Teilnehmer eine längere Ejakulationszeit nach der Zirkumzision an, was jedoch von nur 10% als Verbesserung empfunden wurde.[93]

Studien zufolge haben beschnittene Männer etwa drei-
mal so häufig Schwierigkeiten zum Orgasmus zu kommen
wie intakte Männer.[94,95] Nicht selten wird so viel Haut
entfernt, dass es zu unangenehmen Spannungen und
Schmerzen bei der Erektion kommt.[96]

Masturbieren ist durch die eingeschränkte Hautbeweg-
lichkeit sehr erschwert und aufgrund der fehlenden
Feuchtigkeit in den meisten Fällen nur noch mit künst-
lichem Gleitgel möglich.[97] Da aufgrund der zusätzlich
verminderten Empfindungsfähigkeit der verhornten
Eichel jedoch häufig eine besonders starke Stimulation
benötigt wird, wirken sich Gleitmittel durch die reduzierte Reibung bei vielen Männern eher kontraproduktiv
aus.[98] Auch die Verwendung von Kondomen bedeutet
eine zusätzliche Einschränkung der sexuellen Sensibilität,
was teilweise zu einer erhöhten Risikobereitschaft
führt.[99] Doch nicht nur die Männer selbst leiden unter
diesen Problemen, auch die jeweiligen Geschlechtspart-
ner*innen sind von den negativen Folgen betroffen. So
gaben in einer Studie 35% der Männer eine Verschlech-
terung der eigenen Sexualität und 45% des Sexuallebens
ihrer Partner*innen nach dem Eingriff an.[100] Durch die
fehlende natürliche Gleitfunktion der Vorhaut und der
zusätzlichen Trockenheit der keratinisierten Eichel in
Kombination mit prolongierter Penetration mit harten
Stoßtechniken kommt es bei den Partner*innen häufig
zu Reizungen bzw. Einrissen der Haut, was den Geschlechtsverkehr oftmals sehr schmerzhaft macht.[101,102]

Wie bei männlichen Betroffenen ist auch bei Frauen das Erleben der Sexualität zu einem Großteil davon abhängig, inwieweit die sozialen Normen hinsichtlich der Praxis von FGA internalisiert wurden. So hat eine italienische Studie gezeigt, dass in den Westen immigrierte Frauen, die in ihren Herkunftsländern beschnitten worden sind, ihre Einstellung gegenüber der Praxis mit der Zeit verändert haben.[103] Für den Großteil der Frauen war der Eingriff im ursprünglichen Heimatort mit positiven Emotionen verbunden, wie z.B. das Gefühl sozial akzeptiert zu sein und dem weiblichen Schönheitsideal zu entsprechen. Die überwiegende Mehrheit der Frauen gab an, mit ihrem Sexualleben zufrieden zu sein und Orgasmen zu bekommen.[104] Vor allem bei der jüngeren Generation wandelten sich diese vormals positiven Konnotationen durch den Einfluss der westlichen Betrachtungsweise in negative Deutungen um. Das, was vorher als schön gegolten hatte, wurde nun als hässlich angesehen. Zudem führte die Zuschreibung als Opfer von Gewalt und Verstümmelung, welche eine permanent zerstörte Sexualität zur Folge hätte, zum Teil auch zu einer entsprechend negativen Erwartungshaltung in Bezug auf das eigene Sexualleben.[105]

Obwohl viele beschnittene Frauen ein erfülltes Sexualleben angeben, zeigen verschiedene Untersuchungen, dass der Eingriff bei einem Großteil der betroffenen Mädchen und Frauen eine sexuelle Funktionsstörung zur Folge hat.[106,107] Dabei kommt es nicht nur zu Einschränkungen aufgrund des Verlustes von sensorischem Gewebe, auch die anatomischen Veränderungen wie Vernarbungen oder Zysten verursachen häufig Beschwerden.[108]

Insbesondere bei infibulierten Frauen ist der erste Geschlechtsverkehr äußerst schmerzhaft und führt in der Regel immer zu vaginalen Verletzungen.[109] In vielen Fällen ist die Penetration beim ersten Mal nicht möglich und die Öffnung muss über einen Zeitraum von mehreren Tagen oder Wochen durch regelmäßige Penetrationsversuche geweitet werden. Viele Frauen reagieren auf den sexuellen Kontakt daher mit Angst und Anspannung.[110] Auch für die Ehemänner sind diese ersten sexuellen Erfahrungen oftmals traumatisierend und sie leiden darunter, ihren Frauen Schmerzen zuzufügen.[111] Gelegentlich wird eine Defibulation vorgenommen, um den Geschlechtsverkehr zu erleichtern.[112] Aus Angst vor der sozialen Ächtung aus dem Umfeld vermeiden es allerdings viele Paare, sich Hilfe zu suchen.[113]

Psychische Auswirkungen

Sowohl der Eingriff selbst, als auch die daraus resultierenden körperlichen Folgen können sich auf unterschiedliche Art und Weise auf die Psyche der Betroffenen auswirken. Insbesondere für Kinder ist der Eingriff oft stark traumatisierend, da sie den Vorgang noch nicht verstehen und einordnen können. Bei den Kindern, die von der bevorstehenden Beschneidung wissen, ist der Zeitraum, bis die Prozedur stattfindet, häufig von starken Ängsten geprägt.[114] 2019 war ein 5-jähriger Junge in Jakarta aus Angst vor der Beschneidung auf das Krankenhausdach geflohen, wo er zwei Stunden lang ausharrte, bevor *„getan wurde, was getan werden musste"*, wie es das *RedaktionsNetzwerk Deutschland* ausdrückt.[115] In vielen Fällen wird mit den Kindern im Vorfeld jedoch nicht darüber gesprochen und die Beschneidung erfolgt überfallartig ohne jegliche Vorwarnung. Ohne zu wissen, was mit ihnen passiert, werden sie von mehreren Erwachsenen festgehalten und gewaltsam ausgezogen und beschnitten. Viele Betroffene berichten später, sie fühlten sich in dieser Situation ausgeliefert, gedemütigt, erniedrigt, misshandelt und vergewaltigt.[116] Häufig werden sie von dem Erlebnis immer wieder in Form von flashbacks und Albträumen eingeholt.[117]

Besonders die Beteiligung der eigenen Eltern wird als immenser Vertrauensbruch von den Kindern wahrgenommen und führt oftmals zu einer gestörten Eltern-Kind-Beziehung.[118,119]

So beschreibt eine Betroffene:

„Ich rief meine Mutter um Hilfe an. Aber der größte Schock war, dass ich sie an meiner Seite stehend fand, als ich mich umsah. Ja, sie war es, daran gab es keinen Zweifel, dort inmitten dieser Fremden. Sie sprach mit ihnen und lächelte sie an, so als hätten sie nicht soeben an der Schlachtung ihrer Tochter teilgenommen." [120]

Nicht selten kommt es aufgrund dieser Gewalterfahrung zu einer Posttraumatischen Belastungsstörung (PTBS) mit begleitenden Angststörungen, wie Kastrationsängsten oder Angst vor Krankenhäusern. [121,122]

Durch die Fremdbestimmung anderer über den eigenen Körper sowie durch das veränderte Aussehen der Genitalien entwickeln viele Kinder zudem ein gestörtes Verhältnis zu ihrem Körper. Zum Teil nehmen die Kinder ihre Genitalien nach dem Eingriff als hässliche Fremdkörper wahr, die nicht (zu) ihnen gehören. Hinzu kommt das Gefühl, verstümmelt und unvollständig zu sein, sowie sich nicht „richtig als Mädchen beziehungsweise Junge" zu erleben. [123,124]

So schildern Betroffene ihr Erleben:

„Das Schlimmste daran, beschnitten zu sein, ist für mich, dass ich einen Teil meines Körpers vermisse und mich nicht ganz fühle." [125]

„So erlebte ich als Kind meinen Penis insgesamt permanent als ein problematisches und schmerzbehaftetes Körperteil, das nicht mir, sondern der Obrigkeit gehört." [126]

In Kombination mit weiteren nachteiligen Folgen der Genitalbeschneidung wie Unfruchtbarkeit, Fehlgeburten, Inkontinenz oder einem eingeschränkten bzw. schmerzhaften Sexualleben ergibt sich oft eine Negativspirale aus belastenden Gedanken, Gefühlen und Verhaltensweisen wie Minderwertigkeitskomplexe, Scham, Trauer, Hilflosigkeit, Verzweiflung, Aggressionen gegen sich selbst und Andere, Suizid (-gedanken) selbstverletzende Handlungen, sowie Rückzug und Isolation.[127,128]

Bei Jungen und Männern verstärken sich diese Gefühle oft noch dadurch, dass ihr Leiden nicht ernst genommen wird und sie einer *„Mauer der Ignoranz und Verharmlosung"* gegenüberstehen, wie es ein Betroffener ausdrückt.[129] Während sich zahlreiche Organisationen gegen die weibliche Genitalverstümmelung einsetzen und Hilfsstrukturen für betroffene Mädchen und Frauen aufgebaut haben, gibt es für die betroffenen Jungen und Männer hingegen so gut wie keine Unterstützungsangebote.

Kognitive Dissonanz

In den 1990er Jahren setzte sich der jüdische Psychologe und Pädagoge Ronald Goldman eingehender mit den psychosozialen Aspekten der Beschneidung auseinander und veröffentlichte mehrere Aufsätze und Bücher zu dem Thema. In seinem 1997 erschienenem Buch *Beschneidung - Das verborgene Trauma* beschreibt er typische Abwehrmechanismen wie Verdrängung und Verleugnung von Menschen, die direkt oder indirekt von Beschneidung betroffen sind.[130]

So wird in vielen Fällen das Beschneidungstrauma durch Dissoziationsmechanismen verdrängt bzw. geleugnet und der damit assoziierte emotionale Schmerz abgespalten und dem Bewusstsein entzogen.[131,132] Um die Konsistenz des eigenen Weltbildes nicht zu gefährden und eine sogenannte *kognitive Dissonanz* zu vermeiden, werden Ansichten, die der eigenen Überzeugung widersprechen, oft abgelehnt bzw. geleugnet. Das bedeutet, eine bestehende Inkonsistenz wird dadurch ausgeglichen, dass lediglich solche Informationen wahrgenommen und akzeptiert werden, die mit der eigenen Anschauung übereinstimmen.[133]

Gesellschaftliche Glaubenssätze in einer Umgebung, in der Genitaländerungen sehr verbreitet sind, werden adaptiert und tragen zusätzlich zu diesen Verdrängungsmechanismen bei.[134] Dieser Schutzmechanismus dürfte auch eine wesentliche Erklärung dafür sein, weshalb die Beschneidungspraxis trotz der eigenen traumatischen Erfahrungen immer weiter fortgeführt wird.[135,136]

Auch das psychologische Phänomen des Zwangs zur Wiederholung von Traumata spielt in dem Zusammenhang eine Rolle.[137] In seinem Aufsatz *Tyranny of the Victims* beschreibt George Denniston die Entwicklung einiger Betroffener zu ausgesprochenen Beschneidungsbefürwortern, die die Zirkumzision geradezu zwanghaft propagieren.[138]

Südkorea sei dabei, so Denniston, ein schockierendes Beispiel für die rasante Ausbreitung der Praxis infolge der Dominanz amerikanischer Militärärzte:

„Circumcised and circumcising United States military doctors invaded South Korea with misinformation about circumcision. Within a few decades, doctors from the United States deliberately transformed a peaceful society that was just recovering from the trauma of a devastating war into a mutilating society."[139]

Das Ausmaß dieser historischen Verknüpfung findet einen traurigen Höhepunkt in dem aktuellen Trend der sogenannten *Penis facials* amerikanischer Superstars wie Cate Blanchet und Sandra Bullock, welche aus Stammzellen amputierter Vorhäute koreanischer Jungen gewonnen werden.[140] Auch die Einführung von Beschneidungsprogrammen in Südafrika zur HIV-Prävention durch amerikanische Organisationen wie WHO, UNICEF und USAID demonstriert die vehementen Versuche, die Beschneidung nach amerikanischem Vorbild nationenübergreifend durchzusetzen.

4 Historische Entwicklung und Motive

Kulturelle Riten

Die Praxis der verschiedenen Körpermodifikationen reicht weit in die Vergangenheit zurück. Die Veränderung der Genitalien stellt dabei eines der beständigsten Rituale dar. Der genaue Ursprung lässt sich nicht exakt nachweisen, es gibt jedoch verschiedene Theorien zur Entstehung und Motivation dieser Eingriffe. Ein sehr verbreiteter Erklärungsansatz ist zum Beispiel, dass die Zirkumzision als Hygienemaßnahme in wasserarmen Wüstenregionen entstanden ist.[1] Diese These kann jedoch nicht belegt werden und ist aus mehreren Gründen eher unwahrscheinlich. So sprechen unter anderem evolutionstheoretische Überlegungen gegen diesen Rationalisierungsversuch, da davon ausgegangen werden kann, dass sich die Vorhaut im Rahmen der natürlichen Selektion im Lauf der Zeit zurückgebildet hätte, wenn dies in sandigen und staubigen Gegenden von Vorteil wäre. Dass eher das Gegenteil der Fall ist, zeigt nicht nur die voluminöse Vorhaut der Dromedare, sondern auch die natürliche Funktion der Vorhaut, die Eichel und die Harnröhrenöffnung vor Fremdkörpern wie Sand und Schmutz zu schützen.[2] Zudem waren in der Zeit der aseptischen Chirurgie sämtliche invasiven Eingriffe auf das Notwendigste beschränkt, da diese mit einem hohen Infektionsrisiko verbunden waren und infolgedessen mit einer hohen Sterblichkeitsrate einhergingen.[3]

Ungeachtet dessen gilt die Verbesserung der Hygiene bis heute in nahezu allen Kulturkreisen als eines der Hauptmotive der männlichen und weiblichen Beschneidung, da die intakten Geschlechtsorgane als unrein angesehen werden.[4,5] Die Tatsache, dass die Praxis der Beschneidung insbesondere durch die Verwendung von unsterilen Instrumenten oder dem „Operieren" mit Mund und Fingernagel den elementarsten Grundregeln der Hygiene widerspricht und zudem ausgerechnet die sensibelsten Stellen der Sexualorgane entfernt werden, legt jedoch die Vermutung nahe, dass es dabei weniger um die gesundheitliche Hygiene, sondern vielmehr um eine sexualmoralische Hygiene geht.[6,7]

So vermutet die Sozialwissenschaftlerin Sirkku Hellsten in erster Linie die Unterdrückung der Sexualität als zugrundeliegendes Motiv der Beschneidung:

„All in all, mutilation of human sexual organs reflects our fears about human biological needs – and even deeper fears about sexual needs – as well as fears to do with the maintenance of established social hierarchies in a society."[8]

Nach diesem Erklärungsansatz entstand die Genitalbeschneidung als eine Form der sozialen Kontrolle, um die sexuelle Triebkraft unter archaischen Lebensbedingungen zu regeln. So sollte durch das reduzierte sexuelle Lustempfinden promiskuitives Verhalten und außerehelicher Geschlechtsverkehr vermieden werden.[9] Diese Kontrollmechanismen dienen in manchen Bevölkerungsgruppen bis heute dazu, patriarchale Machtansprüche und intergruppale Identität sicherzustellen.[10,11,12]

In den meisten Fällen werden laut Hellsten jedoch ande-re Gründe für das Ritual der Beschneidung vorgebracht, die dieses zugrundeliegende Motiv verdecken:

„Human sexuality and the attempts to control it have been a part of all known cultures and civilisations. While sometimes this fact is acknowledged openly as the main purpose for genital mutilation, in most cases other ratio-nalisations are put forward for the practice." [13]

Nach Ansicht des Psychoanalytikers Lloyd DeMause stellt das dringende Bedürfnis, die Genitalien von Kindern zu manipulieren, in erster Linie eine sexuelle Perversion der Erwachsenen dar.[14] Um diese Praxis zu legitimieren, wurden, so DeMause, im Lauf der Zeit unterschiedliche Motive und Rechtfertigungsgründe konstruiert:

„The mutilation of children's genitals is such a important need in humans that whole religions and state systems have been founded upon the practice. Yet when scholars attempt to explain why almost everyone since the begin-ning of recorded history has massively assaulted the genitals of their children, they assiduously deny that it is a sexual perversion." [15]

Die ungleichen Machtverhältnisse und die daraus resul-tierenden ungleichen Rechte zwischen Erwachsenen und Kindern sind dabei zentraler Bestandteil des Rituals, wie die jüdische Psychiaterin Jenny Goodman schreibt:

„We know that the root causes of genital mutilation are fear and hatred of sexuality, and the failure to see children as full human right beings, deserving of all human rights." [16]

Vor dem Hintergrund dieses Machtungleichgewichts stellt die Verletzung der genitalen Integrität der Kinder und Jugendlichen objektiv betrachtet eine Form der sexualisierten Gewalt dar.[17,18] Durch die Aberkennung von Kinderrechten sowie der Einbettung in gesellschaftlich anerkannte kulturelle und religiöse Systeme werden diese offensichtlichen Gewaltstrukturen jedoch in der Regel nicht als solche wahrgenommen.[19] So verurteilt Michael Glass die Zwangsbeschneidung erwachsener Männer als eine Form der sexualisierten Gewalt, während er den gleichen Sachverhalt bei Jungen in Form eines religiösen Rituals für legitim hält, da Kinder noch kein Erinnerungsvermögen hätten.[20]

(Ausführlicher zu den Aspekten der sexuellen Perversion und Gewaltstrukturen im Kapitel „Beschneidungsfetisch und Pädosexualität")

Diese Regulierung der Sexualität betrifft in der Regel beide Geschlechter. So ist in nahezu allen Bevölkerungsgruppen, in denen die weiblichen Genitalien beschnitten werden, auch die Entfernung der Penisvorhaut üblich. In den meisten Fällen ist FGM/C daher nicht als geschlechtsspezifische Gewalt gegenüber Mädchen und Frauen durch Männer zu verstehen.[21] So gilt die Praxis in einigen ethnischen Gruppen nach wie vor für beide Geschlechter als obligatorisch, um als vollwertige Mitglieder der Gemeinschaft anerkannt zu werden.[22] Die intakten Genitalien werden als abartig und unnormal angesehen und jemand, der sich dem Ritual verweigert, gilt als verdorben, feige und heiratsunfähig.[23]

Nach dort vorherrschenden Glaubenssätzen sind unbeschnittene Menschen nicht in der Lage, verantwortungsvoll zu handeln. Somit stellen sie keinen Nutzen für die Gemeinschaft dar und werden ausgeschlossen und diskriminiert.[24,25] Aufgrund dieser strengen sozialen Normen besteht ein massiver Druck, durch das Ritual den sozialen Status der Familie abzusichern und die Heiratsfähigkeit zu gewährleisten.[26]

Gesellschaften, die die Pharaonische Beschneidung praktizieren, fühlen sich häufig überlegen gegenüber den ihrer Meinung nach „minderwertigen" Völkern, deren Rituale weniger drastische Eingriffe oder gar überhaupt keine Beschneidung fordern. So rühmen sich zum Beispiel die Sudanesen damit, ihre Frauen „rein zu kratzen". Die intakten weiblichen Genitalien werden dort als abstoßend, unrein und stinkend verachtet. Die Infibulation soll unter anderem den übelriechenden Ausfluss verhindern, die Reinlichkeit fördern, die Fruchtbarkeit erhöhen und vor sämtlichen Krankheiten schützen. Außerdem sollen die Frauen damit vor sexuellen Aktivitäten vor bzw. außerhalb der Ehe abgehalten und das sexuelle Vergnügen des Mannes gesteigert werden. Eine Frau mit unverschlossener Vaginalöffnung wird als moralisch verkommen angesehen und gilt als Schlampe.[27,28,29] Doch obwohl einige Männer an dieser Vorstellung festhalten, empfinden die meisten Männer die Infibulation der Ehefrauen als belastend.[30] Insbesondere von der jüngeren Generation wird die Infibulation größtenteils abgelehnt. So sprechen sich einer Studie zufolge knapp 80% der männlichen Studenten in Khartoum gegen die Praxis aus.[31]

In Ägypten gaben medizinische Mitarbeiter*innen bzgl. der Motive von FGM/C neben religiösen Anforderungen vor allem ästhetische Beweggründe an:[32]

„Depends on how it looks, if it looks 'harmful to the eye' then the surgery needs to be performed."

"In some cases, the husband does not like the way the genitalia looks. In this case, the procedure should be performed to beautify the genitalia."

Aber auch die intakten männlichen Genitalien gelten als unästhetisch. So empfindet der Großteil der Frauen in diesen Gesellschaften einen unbeschnittenen Penis als unhygienisch und lehnt eine Partnerschaft mit einem intakten Mann ab.[33] Vor allem in Kenia kommt es immer wieder zu gewaltsamen Übergriffen auf intakte Männer, um diese einer Zwangsbeschneidung zu unterziehen.[34] Zum Teil werden die Männer in der Öffentlichkeit nackt ausgezogen und gefesselt, bevor ihnen die Vorhaut amputiert wird.[35] Besonders während der Beschneidungssaison besteht für die nicht beschnittenen Männer ein hohes Risiko, angegriffen und zwangsbeschnitten zu werden. Häufig sind es die Ehefrauen der betroffenen Männer, die den Beschneidungsstatus ihrer Partner öffentlich outen, um die Verweigerung der Beschneidung mit Zwang durchzusetzen.[36] Nicht selten führen diese Übergriffe zu weitreichenden Verletzungen der Genitalien, wie die Amputation der Eichel oder des Penis.[37] Trotz Kritik hatte es das internationale Strafgericht 2011 abgelehnt, diese Vergehen als Form sexualisierter Gewalt anzuerkennen und verhandelte sie stattdessen allgemein unter Formen unmenschlichen Handelns.[38]

Religiöse Beschneidung

Ich glaub' nicht, dass er in seiner Weisheit,
seinem ew'gen Rat
Sowas Abartiges ausgeheckt hat wie den Zöllibat
Denn sonst hätt' er sich zum Arterhalt
was andres ausgedacht
Und uns nicht so fabelhafte Vorrichtungen angebracht
Welch ein Frevel, daran rumzupfuschen, zu beschneiden
Zu verstümmeln! Statt sich dran zu erfreu'n,
dran zu leiden!
Und wenn Pillermann und Muschi
nicht in den Masterplan passen
Glaubt ihr nicht, er hätt' sie schlicht und einfach
weggelassen?
Glaubst du Mensch, armsel'ger Stümper,
du überheblicher Wicht
Dass du daran rumschnippeln darfst?
Ich glaube nicht!

(Reinhard Mey, Liedtext *Ich glaube nicht*)

Die Praxis der Beschneidung wurde in verschiedene Religionssysteme aufgenommen und stellt besonders im Judentum und im Islam ein bedeutsames Ritual dar. Im Hinduismus und Buddhismus ist der Brauch dagegen unbekannt.[39] Im Folgenden wird die Verankerung der Beschneidung in den drei monotheistischen Weltreligionen Judentum, Christentum und Islam beleuchtet.

Judentum

Forschungen deuten darauf hin, dass die Israeliten die Beschneidung aus dem alten Ägypten um 2000 v. Chr. übernommen haben.[40] Erst im Babylonischen Exil im 6. Jh. v. Chr. erhielt die Praxis ihre theologische Bedeutung als Zeichen des Bundes mit Gott und wurde zur religiösen Pflicht im Judentum.[41] Im Zuge dessen wurde der Eingriff zudem vom Jugendalter ins Neugeborenenstadium verschoben.[42] So lautet der Befehl Gottes an Abraham im Ersten Buch Mose: *„Am Fleisch eurer Vorhaut müsst ihr euch beschneiden lassen. Das soll geschehen zum Zeichen des Bundes zwischen mir und euch. Alle männlichen Kinder bei euch müssen, sobald sie acht Tage alt sind, beschnitten werden."*[43] Der obligatorische Charakter dieses Gebots wird besonders in der folgenden Passage deutlich: *„Ein Unbeschnittener, eine männliche Person, die am Fleisch ihrer Vorhaut nicht beschnitten ist, soll aus ihrem Stammesverband ausgemerzt werden."*[44] Nach dem jüdischen Philosophen Philo Judaeus bestand der wesentliche Vorteil in der frühen Beschneidung im Kindesalter darin, zu umgehen, dass Erwachsene sich womöglich nicht freiwillig der Prozedur unterziehen würden.[45]

Zunächst bestand dieser symbolische Bund lediglich in der Entfernung der äußersten Spitze der Vorhaut (hebr. Brit Mila). Im Zuge der Eroberung des Nahen Ostens durch Alexander den Großen und der darauffolgenden hellenistischen Periode um 300 v. Chr. erwies sich die Beschneidung für die jüdische Gemeinschaft allerdings als problematisch, da der Eingriff für die Griechen eine Verstümmelung des natürlichen menschlichen Körpers darstellte und damit deren Sinn für Ästhetik verletzte. Um Konflikte zu vermeiden, versuchten viele Juden daher, die Beschneidung rückgängig zu machen, indem sie die restliche Vorhaut dehnten um so ein unbeschnittenes Erscheinungsbild zu erreichen.[46] Um das zu verhindern, reagierten die Rabbiner mit einer Erweiterung der Brit Mila durch die sog. *Periah* als radikalere und bis heute übliche Form der Beschneidung, bei der die gesamte innere und äußere Vorhaut entfernt wird. Infolge des damit einhergehenden Blutverlustes wurde wenig später die *Metzitzah* (orales Absaugen des Blutes) eingeführt.[47] Aufgrund zahlreicher Infektionen mit Todesfolge wurde das direkte Absaugen im 19. Jh. gesetzlich verboten und durch die Verwendung eines Glasrohrs ersetzt.[48] In ultraorthodoxen Gemeinden wird die Metzitzah jedoch nach wie vor traditionell praktiziert.[49]

Die sexualmoralische Reinheit spielt eine wesentliche Rolle im Judentum. Körperflüssigkeiten wie Samenerguss oder Menstruationsblut werden als unrein betrachtet.[50] Das jüdische Recht schreibt daher sowohl in der Tora als auch in den verschiedenen Auslegungswerken sehr strenge Regeln in Bezug auf sexuelle Handlungen vor.

So stellen außerehelicher Geschlechtsverkehr, Homosexualität oder Sex während der Menstruation schwere Verbrechen dar, die mit dem Tod bestraft werden sollen.[51] Auch die Masturbation gilt als schwere Sünde, die aufgrund der nutzlosen Verschwendung und Zerstörung des zeugungsfähigen Samens mit einem Mord gleichgesetzt wird. Aus diesem Grund ist das Berühren des Penis absolut verboten. Für unverheiratete Männer besteht dieses Verbot auch uneingeschränkt beim Urinieren.[52]

Dementsprechend sah Moses Maimonides, einer der bedeutendsten jüdischen Rechtsgelehrten des Mittelalters, ein zentrales Motiv der jüdischen Beschneidung in der Schwächung der Sexualität:

„As regards circumcision, I think that one of its objects is to limit sexual intercourse, and to weaken the organ of generation as far as possible, and thus cause man to be moderate. Some people believe that circumcision is to remove a defect in man's formation; but every one can easily reply: How can products of nature be deficient so as to require external completion, especially as the use of the foreskin to that organ is evident. This commandment has not been enjoined as a complement to a deficient physical creation, but as a means for perfecting man's moral shortcomings. The bodily injury caused to that organ is exactly that which is desired; it does not interrupt any vital function, nor does it destroy the power of generation. Circumcision simply counteracts excessive lust; for there is no doubt that circumcision weakens the power of sexual excitement.“[53]

Im Zuge der Aufklärung entwickelten sich innerhalb der jüdischen Gemeinschaft zunehmend kritische Stimmen hinsichtlich des Eingriffs.[54] Die Gegner der Verpflichtung zur Beschneidung als konstitutives Merkmal des Judentums bezogen sich dabei unter anderem auf das überlieferte jüdische Gesetz der Halacha, wonach die Zugehörigkeit zum Judentum allein durch die Geburt durch eine jüdische Mutter gegeben ist.[55] Ab Mitte des 19. Jahrhunderts löste die jüdische Reformbewegung zahlreiche öffentliche Debatten über die Weiterführung des Rituals in ganz Deutschland aus.[56] Führende Reformjuden wie Abraham Geiger, Samuel Holdheim und Ignac Einhorn lehnten die Beschneidung als barbarischen Akt aus früheren Zeiten ab und plädierten für dessen Ablösung durch ein unblutiges symbolisches Ritual sowohl für Jungen als auch für Mädchen.[57,58] Auch Sigmund Freud, Theodor Herzl und Franz Kafka standen der Beschneidung äußerst kritisch gegenüber.[59] Die Bestrebungen einiger Reformjuden aus Frankfurt im Jahr 1843, die Praxis abzuschaffen, konnte jedoch nicht durchgesetzt werden.[60] Auch der erneute Versuch zwei Jahrzehnte später durch mehrere jüdische Ärzte in Wien 1866 blieb erfolglos, zumal dieses Ansinnen noch zusätzlich durch die zunehmende Etablierung der medizinischen Beschneidung in den USA konter-kariert wurde.[61,62] Ungeachtet dessen ist der Widerstand gegen die Beschneidung innerhalb der jüdischen Gemeinschaft weiter gewachsen und im Lauf der Zeit entwickelten sich verschiedene Organisationen wie *Beyond the Bris*, *Intact Jewish Network* oder *Jews Against Circumcision*, die sich für alternative Rituale einsetzen.

Immer mehr jüdische Eltern verzichten mittlerweile auf die Beschneidung und entscheiden sich stattdessen für die symbolische Zeremonie der *Brit Shalom*.[63]

Sherwin Wine, führender Begründer des Humanistischen Judentums, war einer der ersten Rabbiner, der Anfang der 1970er Jahre eine Brit Shalom durchführte.[64]

In seinem Buch *Judaism beyond God* schreibt er: *„While male circumcision ultimately turned into a Jewish birth ritual with a detailed prescribed procedure, virtually nothing was done to „protect" girls. In modern times, most Jews who openly denounce the morality of the patriarchal family still indulge this individious distinction with little thought to its social message. A humanistic morality that defends female equality would have a hard time justifying a birth ritual that excludes women. Adding clitoral circumcision to phallic trimming does not seem a reasonable alternative to good-humored Jews. The Brit is, by its very nature, inconsistent with a humanistic Jewish value system. It is unacceptable as a public surgery and as part of a public celebration. What is the humanistic Jewish alternative? The alternative is a celebration that provides equal status for both boys and girls."* [65]

Christentum

Nach Jesus Tod bildeten dessen Nachfolger eine jüdische Gruppierung, aus der sich das Urchristentum entwickelte. Die Verbreitung der Lehre durch die Apostel beschränkte sich zunächst lediglich auf andere Juden, wurde mit der Zeit jedoch auf andere Gruppen ausgeweitet.[66] Das Beschneidungsritual stellte dabei ein zentrales Hindernis dar, da dieses von erwachsenen Männern kaum toleriert wurde und die Missionstätigkeit infolgedessen massiv erschwert war.[67] Aus dem Grund sprach sich Apostel Paulus gegen einen Zwang zur Beschneidung aus und propagierte stattdessen die spirituelle Beschneidung des Herzens gemäß dem Fünften Buch Mose: *„Ihr sollt die Vorhaut eures Herzens beschneiden und nicht länger halsstarrig sein."* [68] In diesem Sinne wurde das Beschneidungsritual durch die Taufe als Zeichen des Neuen Bundes ersetzt.[69] Ab dem 2. Jh. wurde das Christentum zunehmend von Heidenchristen dominiert und die Judenchristen wurden zu einer abgewerteten Minderheit.[70] Infolgedessen verschwand die Praxis nahezu vollständig aus dem Christentum. Lediglich vereinzelte Gemeinden wie die Koptisch-Orthodoxe oder Äthiopisch-Orthodoxe Kirche haben das Ritual beibehalten.[71]

Islam

Der Islam geht auf den Propheten Mohammed (570-632) aus Mekka zurück. Dieser erlebte im Alter von 40 Jahren eine göttliche Vision, bei der ihm der Koran durch den Erzengel Gabriel als das wahrhaftige Wort Allahs offenbart wurde.[72]

Mohammed sah sich selbst als Erneuerer der Religion des Propheten Abraham, welche durch das Juden- und Christentum „verunreinigt" worden wäre.[73] Gemeinsam mit seinen Anhängern verkündete er den Islam als die einzig wahre Religion: *„Und sie sprechen: ‚Werdet Juden oder Christen, auf daß ihr rechtgeleitet seiet.' Sprich: ‚Nein, folget dem Glauben Abrahams, des Aufrichtigen; er war keiner der Götzendiener.'"* [74] Die Bewegung breitete sich zunehmend aus und innerhalb kürzester Zeit dominierte der Islam in den umliegenden Gebieten wie Iran, Ägypten, Persien, Nordafrika, Indien und Südostasien.[75]

Die Beschneidung gilt zwar als zentraler Bestandteil des Islam, es gibt jedoch keinen Hinweis darauf, dass Mohammed selbst das Ritual als konstitutives Glaubenselement erachtet hatte. So wird die Beschneidung im Koran mit keinem Wort erwähnt.[76] Allerdings werden die früheren Offenbarungsschriften wie die Fünf Bücher Mose in gewisser Weise anerkannt: *„Erinnert euch daran, daß wir Moses die Schrift und die Wahrheit gaben, auf daß ihr auf den geraden Weg geleitet werdet."* [77] Neben dem Koran gründen die islamischen Gesetze außerdem noch auf den Überlieferungen (Hadithe) der Handlungsweisen Mohammeds (Sunna). Diese Überlieferungen werden von den verschiedenen islamischen Rechtsschulen jedoch unterschiedlich interpretiert und sind daher innerhalb der islamischen Lehre äußerst umstritten.[78] So forderte Mohammed laut Erzählungen die Beschneidung als zentralen Bestandteil der rituellen Reinlichkeit: *„Zur Fitra gehören fünf Dinge: Beschneidung, Rasieren der Schamhaare, Kürzen der Barthaare, Schneiden der Nägel und Zupfen der Achselhaare."* [79]

Einem weiteren Hadith zufolge gab Mohammed in Bezug auf die weibliche Beschneidung die Anweisung: *„Do not cut severely as that is better for a woman and more desirable for a husband."* [80]

Nachdem, anders als in der Tora, kein bestimmtes Alter für das Ritual vorgeschrieben ist, gibt es innerhalb der verschiedenen Strömungen unterschiedliche Ansichten zu dem empfohlenen Zeitpunkt. Es besteht jedoch Einigkeit darüber, dass der Eingriff in jedem Fall vor dem Eintreten der Pubertät stattfinden muss. [81]

Während die männliche Beschneidung nahezu universal als obligatorisch im Islam gilt, wird die weibliche Beschneidung dagegen innerhalb der verschiedenen islamischen Rechtsschulen kontrovers diskutiert. Im Jahr 2006 wurde im Rahmen einer Gelehrtenkonferenz in Kairo unter der Schirmherrschaft des Großmuftis von Ägypten, Prof. Dr. Ali Gom'a, eine Fatwa erlassen, welche die weibliche Beschneidung verbietet. [82] Ein Jahr später hingegen erklärte der Rat der Muslime in Sri Lanka die weibliche Beschneidung für obligatorisch. [83] Darauf folgten weitere Fatwas der Islamverbände in den Malediven, Indonesien und Malaysia, welche die Beschneidung als verpflichtend für alle muslimischen Frauen erklärten. [84] Die Versuche der Regierungen, die Praxis zu verbieten oder zumindest zu regulieren, stößt bis heute auf erheblichen Widerstand bei den muslimischen Gemeinschaften. Demnach sei ein Verbot der Praxis ein Verstoß gegen die Religionsfreiheit und eine Diskriminierung der Muslime. Zudem gebe es keinen Unterschied zwischen weiblicher und männlicher Beschneidung. [85]

In der Fatwa des indonesischen Muslimrats heisst es: *„prohibiting female circumcision is contrary to Sharia provisions because circumcision, wether for males or females, is considered part of the natural disposition and a symbol of Islam."*[86]

Bei der großen Mehrheit der islamischen Gruppierungen wird die weibliche Beschneidung nicht zwingend vorgeschrieben. Während einige Religionsvertreter die Praxis als wünschenswert erachten und befürworten, wird sie von anderen dagegen als unislamisch abgelehnt.[87] Ungeachtet dessen spielt der Islam eine entscheidende Rolle in der Weiterführung des Rituals. So wird der Eingriff von der großen Mehrheit der praktizierenden Gemeinschaften als religiöse Verpflichtung angesehen.[88,89] Dies zeigt sich vor allem auch in den deutlich höheren Beschneidungsraten in den islamdominierten Staaten bzw. Gemeinschaften wie etwa Somalia, Guinea, Mali, Ägypten, Djibouti, Sudan, Indonesien und Malaysia.[90,91,92]

Die männliche Beschneidung ist in der muslimischen Tradition hingegen so tief verwurzelt, dass sie kaum in Frage gestellt wird. Nichtsdestotrotz gibt es immer wieder kritische Stimmen, die die Legitimität des Eingriffs anzweifeln. So war der 2013 verstorbene Jamal Al-Banna, einer der bekanntesten Vertreter des humanistischen Islam, ein entschiedener Gegner sowohl der weiblichen als auch der männlichen Praxis.[93] Auch die türkisch-kurdische Anwältin Seyran Ateş setzt sich für ein liberales Islamverständnis ein und engagiert sich aktiv für eine Abschaffung der Beschneidung bei Kindern unabhängig vom Geschlecht.[94]

Medizinwissenschaftliche Begründungsmuster

Masturbationshysterie und Reflexneurose

Die medizinisch begründete Beschneidung in der westlichen Welt hat ihren Ursprung Mitte des 19. Jh.s. in der sexualfeindlichen Atmosphäre der viktorianischen Ära. Gemäß der Theorie der *Reflexneurose* wurden sexuelle Empfindungen als „genitale Irritationen" und „nervöse Signale" umgedeutet, welche über das Rückenmark zu anderen Körperteilen wanderten und dort verschiedene Krankheiten und Organschäden verursachten.[95] Dies führte zu einer regelrechten Pathologisierung der natürlichen Anatomie der Genitalorgane. So wurde die Physiologie des Penis als krankhafter Geburtsfehler angesehen. Neben der physiologischen Enge der Vorhaut und deren Verwachsung mit der Eichel, fielen auch sämtliche Normabweichungen wie eine zu lang erscheinende Vorhaut unter die Generaldiagnose „Phimose".[96] Bei Mädchen und Frauen stellte analog dazu eine „hypertrophe" und „exzessive" Klitoris einen ernstzunehmenden pathologischen Befund dar.[97] Ebenso wurden sexuelle Aktivitäten, die nicht unmittelbar der Reproduktion innerhalb der Ehe dienten, als krankhaft bewertet. So wurde nicht nur der Orgasmus als Krampfanfall interpretiert, auch die Ejakulation galt grundsätzlich als gesundheitsschädigend, da Sperma als wertvolle und für die Gesundheit essentielle Substanz galt, welche jedoch nur in begrenztem Umfang zur Verfügung stünde. Jede Verschwendung durch nächtliche Samenergüsse, Masturbation oder außerehelichen Geschlechtsverkehr wurde daher dem Krankheitsbild „Spermatorrhoe" zugeordnet.[98]

Insbesondere die Masturbation führte nach damaliger Auffassung zu schweren körperlichen und geistigen Störungen wie Epilepsie oder Hysterie.[82] Daher wurden verschiedene Methoden entwickelt, um diesen „Selbstmissbrauch" zu unterbinden. Besondere Vorsichtsmaßnahmen sollten nach ärztlicher Empfehlung beim Schlafverhalten der Kinder getroffen werden: *„The child should sleep on a hard bed in a long night dress, perfectly closed at the bottom and with the arms outside the clothes; should never sleep over seven or eight hours and arise as soon as awake."*[99] Gemäß dem Cornflakes Erfinder John Harvey Kellogg sollte den Kindern bereits von Anfang an beigebracht werden, ihre Genitalien nicht zu berühren. Die fatalen und sündhaften Auswirkungen dieser schlechten Angewohnheit sollten ihnen in anschaulichen Bildern vor Augen geführt werden. Des Weiteren sollten sie tagsüber ausreichend mit Arbeit beschäftigt werden, so dass sie abends zu erschöpft wären, sich selbst zu „beschmutzen".[100] In Fällen, in denen diese vorbeugenden Maßnahmen keinen Erfolg zeigten, mussten drastischere Methoden ergriffen werden, wie etwa körperliche Bestrafung, kalte Bäder, Festbinden der Hände oder das Einbandagieren des Genitalbereichs.[101] Sowohl für Mädchen als auch für Jungen wurden spezielle käfigartige Metallkonstruktionen entwickelt, die den Zugang zu den Genitalien ähnlich einem Keuschheitsgürtel versperrten. Mit dem Ziel, Erektionen zu verhindern, wurde bei den Jungen zum Teil ein Metallring mit Dornen am Penis angebracht oder die Vorhaut wurde mit einem Metalldraht infibuliert.[102]

Auch das Verbrennen oder Verätzen der Genitalien mit Säure stellte eine verbreitete Praxis dar.[103] So würde sich laut Kellogg bei Mädchen das Auftragen von unverdünnter Karbolsäure auf die Klitoris hervorragend dazu eignen, die „unnatürliche Erregung" zu mindern.[104] Als ebenfalls sehr erfolgsversprechend galt die Elektroschocktherapie, bei der die „Irritationen" durch elektrische Impulse im Genitalbereich, wie beispielsweise in Harnröhre und Rektum, beseitigt werden sollten.[105,106]

Erste Anfänge der Genitalchirurgie

Bereits Anfang des 19. Jh.s. wurde zudem mit unterschiedlichen Operationen experimentiert. So berichtet 1825 ein Berliner Arzt von der erfolgreichen Behandlung der Masturbation bei einem jungen Mädchen durch die Amputation der Klitoris nach dem Vorbild einiger französischer Ärzte, nachdem andere Methoden wie Brechmittel, kalte Duschen, Keuschheitsgürtel und das Verbrennen einer Stelle am Kopf bis auf die Knochen mit dem Glüheisen keine zufriedenstellende Wirkung gezeigt hatten.[107] Derartige genitale Eingriffe begannen sich allerdings erst ab der zweiten Hälfte des Jahrhunderts durchzusetzen, nachdem im Zuge der Einführung der Anästhesie sowie der Entdeckung der Keimtheorie und der sich daraus entwickelnden aseptischen Chirurgie operative Eingriffe enorm zugenommen hatten.[108] Insbesondere in den Psychiatrien wurden bis Anfang des 20. Jhs. in großem Umfang chirurgische Eingriffe an den Sexualorganen vorgenommen, um sowohl die Masturbation als auch die „daraus resultierenden" Erkrankungen wie Epilepsie, Hysterie, Nervosität oder Nymphomanie zu heilen.[109]

Gängige Operationen waren dabei vor allem die Entfernung der Vorhaut, die Resektion der Dorsalnerven des Penis und die teilweise oder vollständige Entfernung der Klitoris und der Schamlippen. Zum Teil kam es auch zur Kastration durch die Entfernung der fortpflanzungsfähigen Organe wie Hoden oder Samenleiter bzw. Eierstöcke oder Gebärmutter. Die Praxis der Infibulation wurde bei beiden Geschlechtern durchgeführt, war jedoch insgesamt sehr selten verbreitet.[110,111,112,113,114,115]

FGA in der westlichen Welt

Besonders die Klitoridektomie galt ab den 1860er Jahren als äußerst moderne und fortschrittliche Operation, welche zur Behandlung sämtlicher neurotischer Krankheitsbilder angewendet wurde. In Großbritannien war der angesehene Gynäkologe Dr. Isaac Baker Brown einer der prominentesten Verfechter der Operation. In seiner 1858 gegründeten Privatklinik entfernte er im Zeitraum von knapp zehn Jahren bei einem Großteil der Patientinnen, unabhängig von deren Beschwerden, routinemäßig die Klitoris. Die betroffenen Frauen wurden dabei in der Regel weder über den Eingriff informiert, noch wurde deren Einverständnis eingeholt. Nachdem seine Vorgehensweise an die Öffentlichkeit gekommen war, wurde Brown 1867 aus der London Obstetrical Society ausgeschlossen und musste den Vorsitz der London Medical Society aufgeben. Mit der Diskreditierung von Isaac Baker Brown wurde gleichzeitig auch die Klitoridektomie als Quacksalberei abgetan und die Praxis wurde in England weitestgehend aufgegeben.[116,117]

Auch im restlichen Europa verlor der Eingriff im Zuge der aufkommenden psychotherapeutischen Verfahren durch die Entwicklung der Psychoanalyse Freuds Ende des 19. Jh.s. mehr und mehr an Bedeutung.[118] In den USA wurde die Operation hingegen vehement verteidigt. So erschien 1867 im Medical Record ein Beitrag, in welchem sich der Autor besorgt über die Beendigung der Praxis in Großbritannien zeigt: *„What now will be the chance of recovery for the poor epileptic female with a clitoris?"*[119] Darüber hinaus wurde der Eingriff hier von einigen Ärzte zudem noch auf die Ovariektomie ausgeweitet.[120] So wurden den Frauen routinemäßig die Eierstöcke entfernt, in der Überzeugung, die Fortpflanzungsorgane der Frau seien nach der Geburt der Kinder nicht nur überflüssig, sondern auch potentielle Krankheitsherde.[121] Während man von dieser kombinierten Eierstock-Klitoris-Entfernung bereits in den 1880ern Abstand genommen hatte, wurde die Klitoridektomie noch bis Mitte des 20. Jh.s. durchgeführt, wobei der Eingriff zunehmend durch die weniger invasive Entfernung der Vorhaut abgelöst wurde.[122] In einem Fachartikel von 1966 in der Zeitschrift *Surgery* drücken die Autoren allerdings ihre Bedenken gegenüber solch „halbherzigen" Maßnahmen aus: *„We have a strong feeling that these half-way measures are much less satisfactory than complete clitorectomy. When clitorectomy is to be performed, complete extirpation of all the erectile tissue is essential. Some persons have been reluctant to advocate excision of even the most grotesquely enlarged clitoris. This view apparently stems from the belief that the clitoris is necessary for normal sexual function. Such opinion is no longer tenable."* [123]

Nach Ansicht der Autoren sollte die Operation zudem möglichst früh erfolgen – idealerweise zum Zeitpunkt des ersten Geburtstages – bevor die Kinder ihre Aufmerksamkeit auf die Genitalien richten würden.[124]

Noch bis Ende der 1960er Jahre wurde die Amputation der Vorhaut in offiziellen Ratgebern mit der Vermeidung der Masturbation begründet:

„Little boys and girls are ocasionally found to have developed the practice of masturbation. Such children – both boys and girls – may be in need of a thorough examination by a competent physician. Not unlikely circumcision or other special corrective measure is needed." [125]

Im Zuge der 68er Bewegung und der damit einhergehenden sexuellen Revolution verlor dieses Motiv ab den 1970er Jahren allerdings seine Gültigkeit. In der Konsequenz drehte sich das Begründungsmuster der Beschneidung in das genaue Gegenteil um: Von nun an wurde die Entfernung der Klitorisvorhaut sowohl in medizinischen Fachzeitschriften als auch in Magazinen wie *Playgirl* oder *Cosmopolitan* zur Behandlung von Frigidität sowie der Verbesserung des Sexuallebens propagiert.[126,127]

Doch obwohl der Eingriff noch bis Ende der 1970er in den USA praktiziert und die Kosten dafür von der Krankenkasse übernommen wurden, hatte sich die Praxis im Gegensatz zur männlichen Neugeborenenbeschneidung nie als Routineoperation durchgesetzt.[128]

MGA - Die Entstehung der Routineneugeborenen-beschneidung

Bei beiden Geschlechtern wurden genitale Eingriffe stets als Heilmittel genau der Krankheiten propagiert, die in der jeweiligen Zeit gerade aktuell waren. Demzufolge wurden die Motive kontinuierlich verändert und angepasst. Allerdings war die Bandbreite an Krankheiten, die vorgeblich durch die Amputation der Penisvorhaut geheilt oder verhindert werden konnten, im Vergleich zur weiblichen Beschneidung deutlich größer.[129] Die Begründungen für die heilende bzw. vorbeugende Wirkung der Beschneidung folgten dabei unterschiedlichen Theorien, die sich zum Teil ablösten, teilweise aber auch parallel existierten.[130]

Masturbationsprophylaxe

Neben zahlreichen neu hinzugekommenen Krankheitsbildern blieb die Verhinderung der Masturbation einer der zentralsten Beweggründe des Eingriffs. So bewertete der Urologe George Lydstone die Vorhaut als unreines und gesundheitsschädigendes Überbleibsel der Urzeit, welches durch die Entwicklung der Kleidung überflüssig geworden wäre und aufgrund des erhöhten Risikos der Masturbation durch die hohe Sensibilität entfernt werden sollte: *„Circumcison promotes cleanliness, prevents disease, and by reducing over-sensitiveness of the parts tends to relieve sexual irritability, thus correcting any tendency which may exist to improper manipulations of the genital organs and the consequent aqirement of evil sexual habits, such as masturbation."* [131]

Häufig wurde auch empfohlen, die Operation ohne Betäubung durchzuführen, um den zusätzlichen Effekt der körperlichen Bestrafung zu nutzen, wie Athol Johnson in der Zeitschrift *The Lancet* bemerkt: *„For this purpose, if the prepuce is long, we may circumcise the male patient with present and probably with future advantage; the operation, too, should not be performed under chloroform, so that the pain experienced may be associated with the habit we wish to eradicate."*[132]

Diese Vorgehensweise wurde auch von John H. Kellogg befürwortet: *„A remedy which is almost always successfull in small boys is circumcision, especially when there is any degree of phimosis. The operation should be performed by a surgeon without administering an anaesthetic, as the brief pain attending the operation will have a salutary effect upon the mind, especially if it be connected with the idea of punishment."*[134]

Auch im Standardlehrbuch *Campbell's Urology* wird die Zirkumzision 1970 noch als geeignetes Mittel zur Masturbationsprophylaxe beschrieben: *„Parents readily recognize the importance of local cleanliness and genital hygiene in their children and are usually ready to adopt measures which may avert masturbation. Circumcision is usually advised on these grounds. Circumcision is technically easiest during the first six months of life, for it can usually be done then without anesthesia."*[135]

Die Theorie der Reflexneurose

Ähnlich der Klitoridektomie, begann sich auch die Zirkumzision etwa ab der zweiten Hälfte des 19. Jahrhunderts allmählich in den anglophonen Ländern durchzusetzen. Zu dieser Zeit war besonders die bereits erwähnte Theorie der Reflexneurose populär, wonach die Ursache für sämtliche Krankheitsbilder wie Masturbation, Epilepsie, Tuberkulose oder Blindheit in einer „Irritation" des Penis infolge einer verengten, verklebten oder verlängerten Vorhaut liegen würde, welche durch die Zirkumzision behoben werden müsse.[136] Einer der bekanntesten Vertreter dieser These war der amerikanische Orthopäde Lewis Sayre. Ab 1870 veröffentlichte er zahlreiche Fallberichte, in denen er die erfolgreiche Heilung verschiedenster Erkrankungen wie Wirbelsäulenverkrümmung, Klumpfüße, Hernien, Hüftgelenksdysplasie, Lähmungen oder Bettnässen auf die primäre Behandlung einer „Phimose" durch die Beschneidung zurückführte.[137,138] Sayres Schilderungen stießen in der medizinischen Fachwelt auf große Resonanz und das Repertoire an Krankheiten, für die die Vorhaut verantwortlich gemacht wurde, erweiterte sich zunehmend. So werden in einem Lehrbuch für Kinderkrankheiten von 1902 neben den bereits genannten Krankheitsbildern auch noch Durchfall, Chorea, Strabismus und Spastiken, als mögliche Folgen der „Phimose" angeführt. Aus diesem Grund müsse die Vorhaut täglich gewaltsam zurückgezogen werden, bis sich Verengungen bzw. Verklebungen vollständig aufgelöst hätten. Bei einer langen Vorhaut sei die Zirkumzision dagegen unvermeidlich.[139]

Um die Jahrhundertwende wurde die Theorie der Reflexneurose jedoch zunehmend in Zweifel gezogen und gegen 1920 war dieser Erklärungsansatz schließlich mehr oder weniger von der medizinischen Bildfläche verschwunden. Stattdessen richtete sich der Fokus nun verstärkt auf die vermeintlich prophylaktische Wirkung der Beschneidung gegenüber Krebs und sexuell übertragbaren Infektionen (STIs).[140] So stellte Mark Lehman die Theorie auf, es würde sich bei Syphilis und Krebs um ein und dieselbe Krankheit handeln, die durch Zirkumzision verhindert werden könne. Daher sei die universelle Umsetzung des Eingriffs aus seiner Sicht unbedingt erforderlich: *„it has now become an open question if syphilis, scrofula and cancer are not one and the same disease, appearing under distinct conditions. It has become demonstrated again and again that the prepuce is of no importance and facts exhibit a number of diseases - or diseased conditions - directly traceable to the prepuce. It behooves the phsician to advocate the removal of this ‚causa morbi'. Experience proves its utility, its necessity, and its universal adoption should be urged at once."* [141]

Sexuell übertragbare Infektionen (STIs)

Tatsächlich waren zu dieser Zeit Geschlechtskrankheiten mindestens genauso gefürchtet wie Krebs. Insbesondere Syphilis geriet gegen Ende des 19. Jahrhunderts zunehmend außer Kontrolle und nahm vor allem in den Großstädten epidemische Ausmaße an, denen die Ärzte nahezu hilflos gegenüberstanden.[142] Gleichzeitig hatte die Keimtheorie eine regelrechte Keimphobie ausgelöst.

In der Folge wurde Smegma als infektiöse Sekretansammlung interpretiert und die feuchte Schleimhaut sowie die geschlossene sauerstoffarme Umgebung unter der Vorhaut als Nährboden für Bakterien angesehen.[143] Dementsprechend sollte dieses feuchte Milieu durch die Austrocknungsprozesse infolge der Beschneidung beseitigt werden sowie zusätzlich durch die Verhornung und Freilegung der Eichel eine Barriere für Krankheitserreger hergestellt werden.[144] Diese Theorie widerspricht jedoch sowohl der natürlichen Abwehrfunktion von Krankheitserregern durch den Schließmuskeleffekt des Vorhautmuskels als auch der wissenschaftlichen Tatsache, dass es sich bei Syphiliserregern um aerobe Bakterien handelt, die zum Überleben Sauerstoff benötigen.[145] Ähnlich wie die natürliche Bakterienflora der weiblichen Genitalien enthält die Schleimhaut des Penis zudem verschiedene bakterienabwehrende Proteine und Enzyme, welche eine entscheidende Rolle bei Entzündungsprozessen und immunologischen Reaktionen spielen.[146] Bereits im Jahr 1855 hatte der britische Chirurg Jonathan Hutchinson einen Vergleich der Syphilisrate zwischen Juden und Einheimischen mit dem Ergebnis veröffentlicht, dass die Krankheit in der jüdischen Bevölkerung deutlich seltener auftrat. Die für ihn einzig plausible Erklärung für diese Differenz lag in dem unterschiedlichen Beschneidungsstatus der Männer.[147] Trotz dieser Fehlinterpretation von Korrelation und Kausalität und der mangelnden Berücksichtigung anderer Einflussfaktoren, wie beispielsweise sozioökonomische Bedingungen, diente die Studie über mehrere Jahrzehnte als Beleg für die präventive Wirkung der Zirkumzision gegenüber Geschlechtskrankheiten.

In späteren epidemiologischen Studien ließ sich ein Zusammenhang zwischen Beschneidungsstatus und STIs allerdings nicht bestätigen. So konnten keine signifikanten Unterschiede zwischen beschnittenen und unbeschnittenen Männern in Bezug auf die Häufigkeit sexuell übertragbarer Infektionen festgestellt werden.[148,149] Mit der Entdeckung des Penicillins verloren Geschlechtskrankheiten wie Syphilis ab den 1940er Jahren schließlich zunehmend ihre Bedeutung als Rechtfertigung für die Zirkumzision. In der Folge verschob sich die Aufmerksamkeit von nun an vermehrt auf die Vorbeugung von Krebserkrankungen der Genitalorgane.[150]

Krebsprophylaxe

Im Fokus standen dabei hauptsächlich Penis- und Prostatakrebs bei Männern sowie Gebärmutterhalskrebs bei deren Sexualpartnerinnen.[151] Ähnlich wie bei den Geschlechtskrankheiten wurde auch hier das „unhygienische Milieu" unter der Vorhaut durch die Ansammlung von „pathogenem" Smegma als Hauptursache für die Entstehung von Krebs angesehen.[152] Um diese These zu stützen, wurden diverse Experimente durchgeführt, in denen Versuchstieren menschliches Smegma appliziert wurde. Dabei konnte jedoch keine karzinogene Wirkung des Smegmas festgestellt werden.[153,154] In einer weiteren Untersuchung wurde Mäusen das Smegma von Pferden in einen künstlich angelegten Kanal am Rücken injiziert, woraufhin einige Mäuse Tumore entwickelten.[155] Das Smegma der Pferde unterscheidet sich in der Zusammensetzung jedoch wesentlich von menschlichem Smegma und ist daher nur bedingt vergleichbar.[156]

Zudem wird Smegma von keinem Tier in einem künstlichen Kanal am Rücken platziert, so dass auch hier die Übertragbarkeit angezweifelt werden kann.[157] Darüber hinaus starb ein Großteil der Mäuse noch vor dem Ende der Studie, so dass nur etwa die Hälfte der Tiere für die Evaluation zur Verfügung stand. Aufgrund dessen kamen Plaut et al. zu dem Ergebnis, dass nichts auf eine krebserregende Wirkung von Smegma hindeuten würde.[158] Obwohl die Karzinogenität von Smegma in keiner der Studien tatsächlich nachgewiesen werden konnte, wird diese Spekulation bis heute in medizinischen Lehrbüchern als erwiesener Fakt angenommen und verbreitet.[159] Erneut beriefen sich Befürworter der Zirkumzision auf die geringe Krebsrate unter der jüdischen Bevölkerung als Beleg einer jüdischen „Immunität" gegenüber Krebs aufgrund der fehlenden Vorhaut.[160] Doch auch hier ließ sich in mehreren epidemiologischen Studien kein Unterschied zwischen Interventions- und Kontrollgruppe hinsichtlich des Beschneidungsstatus und der Häufigkeit von Krebserkrankungen feststellen. Vielmehr wurden die Entstehungsursachen von Krebs auf Umweltbedingungen wie Armut und Nikotinkonsum zurückgeführt.[161,162,163] Aus dem Grund sieht der jüdische Wissenschaftspublizist Edward Wallerstein in erster Linie Handlungsbedarf bei der Verbesserung der Lebensumstände der Menschen, um Krebs vorzubeugen: *„The problem therefore, is to raise the living standards of members of the poorest strata of society, improve their nutritional and hygienic conditions, provide adequate health care, et cetera. The problem is socioeconomic, not surgical."*[164]

Die Routinebeschneidung im Kreissaal

Neben der Entwicklung der verschiedenen Theorien hinsichtlich der Zirkumzision vollzog sich parallel dazu eine grundlegende Veränderung der medizinischen Praxis. Unter der Leitung von Beschneidungsbefürwortern wie Lewis Sayre und Abraham Jacobi wurden Organisationen für Kinderheilkunde gegründet, im Zuge dessen es zu einer Neubewertung sämtlicher geistiger und körperlicher Eigenschaften von Kindern kam. Darüber hinaus hatten die fortgeschrittenen technischen Möglichkeiten eine wachsende Autorität der Ärzte zur Folge, wodurch sich der Einfluss der Medizin immer mehr ausweitete.[165]

So kam es zu Beginn des 20. Jhs. zu einer zunehmenden Medikalisierung der Geburten. Während um die Jahrhundertwende noch mehr als 95% der Geburten zuhause stattgefunden hatten, stieg die Rate der Klinikgeburten bis 1960 auf fast 100%. Damit wurde die Geburt von einem privaten Ereignis in einen entpersonalisierten, medizinischen Routineeingriff umgewandelt, welcher von Ärzten und Krankenschwestern überwacht und kontrolliert wurde. Frauen wurden nicht selten respektlos oder grob behandelt, insbesondere, wenn sie Reaktionen von Angst oder Schmerz zeigten, da ein solch „störendes" Verhalten den effizienten Klinikablauf behinderte.[166] Natürliche Vorgänge wurden zunehmend durch medizinische Interventionen ersetzt. So erklärten die Ärzte Muttermilch für gesundheitsschädigend und propagierten stattdessen künstliche Säuglingsnahrung.[167]

Im Zuge dieser Medikalisierung der Geburt in Verbindung mit der anhaltenden Forderung nach der universellen Zirkumzision von Beschneidungsbefürwortern in einflussreichen Positionen, begann sich die Beschneidung als Routineoperation kurz nach der Geburt durchzusetzen.[168] Der Eingriff wurde häufig noch im Kreissaal durch den Gynäkologen vorgenommen, während auf die Abstoßung der Plazenta gewartet wurde.[169]

Auch Miller & Snyder plädierten für die sofortige Durchführung der Operation im Kreissaal: *„The mother signs the circumcision permit when she is admitted to the labor room, the doctor finishes the operation after he has completed his delivery, there is no conflict in the scheduling of cases, and no babies are forgotten and left uncircumcised."* [170]

Diese Empfehlungen wurden in medizinischen Lehrbüchern aufgenommen und bald wurde die Entfernung der Vorhaut als Standardmaßnahme betrachtet, vergleichbar mit dem Durchtrennen der Nabelschnur.[171]

In der Regel wurden die Mütter beim Eintreffen in den Kreissaal während der Wehen oder in der Erschöpfungsphase nach der Geburt aufgefordert, eine Einverständniserklärung für die Operation zu unterschreiben, ohne eine ausführliche Beratung zu erhalten, wie der Kinderurologe George Kaplan 1977 schreibt: *„Unfortunately, all too often the consent to cirucmcise is included in a sheep of papers that the mother signs hurriedly on her way to the delivery room."*[172,173] Zum Teil wurden die Eltern nicht einmal gefragt, ob sie dem Eingriff zustimmen.[174]

In der Folge erhöhte sich die Beschneidungsrate in den USA innerhalb eines Jahrhunderts von 1870 bis 1980 von 5% auf 85% und der operativ veränderte Penis wurde zur Normalität.[175] In einigen Anatomiebüchern wird der Penis bis heute konsequent ohne Vorhaut dargestellt.[176] Diese Entwicklung führte zudem zu einer erheblichen Unkenntnis über den eigenen Beschneidungsstatus bzw. den des Partners. So wurde in Studien von etwa einem Drittel der Männer der eigene Beschneidungsstatus nicht korrekt zugeordnet und knapp die Hälfte der Frauen wusste nicht, ob der Partner beschnitten ist oder nicht.[177,178]

Kritik an der Beschneidungspraxis

In seinem Aufsatz *The Rape of the Phallus* von 1965 beschreibt William Keith Morgan anschaulich den hohen Druck, dem junge Mütter in Bezug auf die Beschneidung ihrer Söhne in der Klinik oftmals ausgesetzt waren: *„The nursery staff of most American hospitals have an insatiable urge to remove the foreskin and a situation has arisen where any recently delivered mother who is eccentric enough to wish her child to retain his prepuce, would be well advised to maintain permanent guard over it until such time as they both leave the hospital."*[179] Darüber hinaus wies er darauf hin, dass die vorgebrachten Rechtfertigungen für eine medizinisch notwendige Beschneidung längst widerlegt worden waren.[180]

Der Psychologe John Foley griff diese Kritik auf und führte sie in seinem Artikel *The Unkindest Cut of All* ein Jahr später mit recht deutlichen Worten noch weiter aus: *„Circumcision is simply an unmitigated fraud. It is nothing but wanton and unnecessary mutilation. The annual 2 million assembly-line circumcisions in this country are a monument to the gullibility and stupidity of the American public. Circumcison is not only unnecessary but barbaric. It can cripple children, both physically and mentally, for their whole lives. And as for the motives behind circumcision, psychiatrists are agreed that they are irrational and punitive".*[181]

Innerhalb der enormen medizinischen Literatur zu dieser Thematik stellten kritische Einwände dieser Art allerdings die Ausnahme dar. Es gab zwar immer wieder vereinzelt Stimmen, die die Praxis in Frage stellten, diese konnten sich jedoch nicht gegen die überwältigende Mehrheit der Befürworter durchsetzen, zumal jede Kritik an der Zirkumzision feindselige und zum Teil fast hysterische Abwehrreaktionen auslöste.[182] Auch die größtenteils missbilligende Resonanz auf Morgans Artikel nahm teilweise ein skurriles Ausmaß an. So wurde unter anderem gefordert, ihn vor das *Komitee für unamerikanische Umtriebe* zu bringen![183]

Im Jahr 1970 erschien mit *Wither the Foreskin* schließlich ein weiterer bedeutsamer beschneidungskritischer Artikel. In einer umfassenden Analyse setzt sich der Kinderarzt Noel Preston darin ausführlich mit den vorgeblichen medizinischen Vorteilen auseinander und widerlegt diese anhand des gegebenen wissenschaftlichen Forschungsstandes. In seiner Schlussfolgerung rät er dementsprechend, die Praxis der Routinebeschneidung Neugeborener aufzugeben.[184]

Der aus Europa eingewanderte Arzt C.J. Falliers erklärte in einem Brief im Ärztejournal seine Zustimmung. Er sei schockiert über die willkürliche und gedankenlose Verstümmelung der Jungen: *„The aesthetic pleasure commonly associated with the visual contemplation of the healthy and intact human body is seriously damaged in the case of circumcised male. The sensory pleasure induced by tactile stimulation of the foreskin is almost totally lost after its surgical removal. The surface of the exposed glans, as we know, has no capacity to receive and transmit any fine sensations of touch. Consequently, the fundamental biological sexual act becomes, for the circumcised male, simply a satifaction of an urge and not the refined sensory experience that it was meant to be.“*[185]

Innerhalb der Ärzteschaft stieß Prestons Artikel jedoch überwiegend auf Ablehnung. Vor dem Hintergrund aufkommender Bürgerproteste und Emanzipationsbewegungen in den 1970er Jahren entwickelte sich in der amerikanischen Bevölkerung allerdings ein zunehmendes Bewusstsein über den ausgeprägten Machtmissbrauch in sozialen Institutionen. Im Rahmen medizinethischer Reformen entstand zudem das Konzept der „informierten Einwilligung" bei sämtlichen medizinischen Eingriffen. Infolgedessen begannen immer mehr Eltern, die Routinebeschneidung kritisch zu hinterfragen und aktiv abzulehnen. Die Stärkung des Elternrechts bedeutete in dem Zusammenhang jedoch nur einen Teilerfolg: Indem die Ärzte die Beschneidung einwilligungsunfähiger Minderjähriger als Entscheidung der Eltern deklarierten, wurde das Selbstbestimmungsrecht der Jungen über ihre Genitalien weiterhin ignoriert.[186]

Auch die AAP kam in ihrer Stellungnahme 1975 mit Bezug auf Prestons Artikel zu dem Schluss, dass es keine medizinische Indikation für die Routinebeschneidung neugeborener Jungen gebe.[187] In einigen Kliniken wurden daraufhin spezielle Kampagnen gestartet, um den weiteren Fortbestand der Praxis abzusichern.[188] Nichtsdestotrotz kam es infolge dieser Entwicklungen zu einer kontinuierlichen Abnahme der Beschneidungsrate.[189]

Prävention von Harnwegsinfektionen (UTIs)

Ab den 1980er Jahren beteiligten sich neue Akteure an der Beschneidungsdebatte, unter anderem der Neonatologe Thomas Wiswell und der 2016 verstorbene Kinderarzt Edgar Schoen.[190] Gemeinsam mit dem australischen Molekularbiologen Brian Morris wurden sie zu den bekanntesten und einflussreichsten Vertretern der Routineneugeborenenbeschneidung der letzten 40 Jahre. In dieser Zeit veröffentlichten sie unzählige Artikel, in denen sie nicht nur die bereits widerlegten Rechtfertigungen wiederaufnahmen, sondern auch neue Begründungen hinzufügten. So stellte Wiswell 1985 die Theorie auf, die Zirkumzision würde das Risiko von Harnwegsinfektionen im ersten Lebensjahr um das 20-Fache senken, nachdem er eine höhere Infektionsrate bei unbeschnittenen im Vergleich zu beschnittenen Jungen festgestellt hatte.[191] In der Folge wurden weitere Studien durchgeführt, die zu einem ähnlichen Ergebnis führten.[192,193] Allerdings wurden die verwendeten Daten ausschließlich aus vergangenen Krankenhausakten erhoben und weisen aufgrund dieses retrospektiven und selektiven Studiendesigns erhebliche methodische Mängel auf.[194]

Darüber hinaus stellten die mangelhaften Kenntnisse der Ärzte über die natürliche Entwicklung des Penis einen erheblichen Risikofaktor für die Entstehung einer iatrogenen Infektion infolge einer gewaltsamen Retraktion der Vorhaut dar. So gaben laut einer Studie Anfang der 1980er Jahre ca. 80% der Ärzte die Anweisung, die Vorhaut täglich zum Waschen zurückzuziehen.[195]

Durch diese Manipulationen kommt es jedoch zu Mikroverletzungen der Schleimhaut, welche Eintrittsstellen für Bakterien bilden. Infolgedessen wird die natürliche Bakterienflora zerstört und der Schutzmechanismus der Vorhaut durch die antibakterielle Wirkung der subpräputialen Feuchtigkeit weitestgehend aufgehoben.[196]

In jüngeren Studien ließ sich kein signifikanter Unterschied in der Häufigkeit der Harnwegsinfekte zwischen beschnittenen und unbeschnittenen Jungen feststellen, bzw. wurde im Gegenteil ein erhöhtes Risiko einer Harnwegsinfektion infolge der Zirkumzision beobachtet.[197,198]

Letztlich ist die Auftretenswahrscheinlichkeit einer UTI bei Jungen ohnehin mit etwa 1% insgesamt äußerst gering im Vergleich zu ca. 10% bei Mädchen und kann in den allermeisten Fällen komplikationslos durch orale Antibiotika behandelt werden.[199]

Ungeachtet dessen wurde die Zirkumzision in der AAP-Stellungnahme von 1989 unter dem neuen Vorsitz von Edgar Schoen als potentielle Präventionsmaßnahme gegen Krebs, sexuell übertragbare Krankheiten und Harnwegsinfektionen gewertet.[200]

HIV-Prävention

Neben der vergleichsweise harmlosen Harnwegsinfektion entwickelte sich in den 1980er Jahren mit den ersten Erscheinungsfällen von AIDS allerdings noch ein wesentlich bedrohlicheres Problem. Es erscheint wenig überraschend, dass bereits drei Jahre nach der Entdeckung des HI-Virus 1983 die Theorie aufgestellt wurde, die Beschneidung würde vor AIDS schützen.[201,202]

In den Folgejahren wurden daraufhin zahlreiche Studien über den Zusammenhang zwischen Beschneidungsstatus und HIV-Status durchgeführt, die insgesamt jedoch zu einem sehr unterschiedlichen Ergebnis kamen. So wurde die Vorhaut in mehreren Untersuchungen, die in Kliniken für Geschlechtskrankheiten durchgeführt worden waren, als Risikofaktor eingestuft.[203,204,205,206,207] Im Gegensatz dazu wiesen beschnittene Männer in randomisierten epidemiologischen Studien eine deutlich höhere Infektionsrate als intakte Männer auf.[208,209,210] In anderen Studien wurde hingegen kein signifikanter Unterschied des HIV-Status zwischen beschnittenen und unbeschnittenen Männern festgestellt.[211,212,213,214,215]

Ähnlich wie bei früheren STIs war auch in Bezug auf HIV der Austrocknungsprozess der Eichel das Hauptargument für den präventiven Effekt der Beschneidung.[216] Fink bezeichnete die keratinisierte Eichel sogar als „natürliches Kondom".[217] Diese Annahme steht allerdings in deutlichem Widerspruch zu Studienergebnissen, wonach das Infektionsrisiko durch Hautläsionen infolge von trockenem Geschlechtsverkehr signifikant erhöht ist.[218,219]

Des Weiteren bestand die Vermutung, das Vorkommen von Langerhans Zellen in der Vorhaut würde eine Infektion mit HIV zusätzlich begünstigen.[220] Die Rolle der Langerhans Zellen bei der Übertragung des HI-Virus ist bis heute nicht eindeutig erwiesen. Es gibt jedoch Hinweise darauf, dass sie als Teil des Immunsystems eine natürliche Barriere für eine HIV Infektion darstellen.[221]

Darüber hinaus weisen die Schleimhäute der weiblichen Genitalien ein ähnlich feuchtes Milieu inklusive Langerhans Zellen wie die Penisvorhaut auf. Eine parallele Forschungsagenda steht hier allerdings nicht zur Debatte.[222] Studien, die bei beschnittenen Frauen eine geringere HIV-Rate als bei intakten Frauen festgestellt hatten, wurden aus ethischen Gründen nicht in der Fachpresse veröffentlicht - trotz der dringenden Empfehlung der Autor*innen nach weiterer Forschung.[223,224]

Aufgrund der inkonsistenten Forschungslage hinsichtlich der präventiven Wirkung der Zirkumzision sowie der kurz zuvor veröffentlichten Studie von Taylor et al. über die Anatomie der Vorhaut, kam die AAP *Task Force on Circumcision* unter neuer Besetzung in ihrer Stellungnahme im Jahr 1999 zu dem Schluss, dass die Routinebeschneidung Neugeborener nicht empfohlen werden kann.[225]

Beschneidungsexperimente in Afrika

Nach der Jahrtausendwende kam es 2005 und 2007 unter der Leitung erklärter Beschneidungsbefürworter wie Robert Bailey, Bertran Auvert und Ronald Gray schließlich erstmalig zu drei experimentellen Untersuchungen in Afrika, in denen Männern die Vorhaut zu Versuchszwecken amputiert wurde. Die Studien meldeten im Ergebnis ein reduziertes *female to male* Übertragungsrisiko von HIV um 50-60% für die beschnittenen Männer im Vergleich zu den unbeschnittenen Männern der Kontrollgruppe.[226,227,228]

Diese Studien stießen auf große Resonanz. Neben der überwiegenden Anerkennung wurde die Aussagekraft der Untersuchungen jedoch aufgrund erheblicher methodischer Mängel von einigen Wissenschaftlern in Zweifel gezogen. So beschreibt Ulrich Fegeler, Mitglied vom deutschen Kinderärzteverband, die Wissenschaftlichkeit der Studien als *„löchrig wie ein Schweizer Käse"*.[229] Beanstandet wurden unter anderem diverse Verfälschungsfaktoren wie Erwartungs- bzw. Bestätigungsfehler, Vorlaufzeitverfälschung und Stichprobenverzerrung.[230]

Ein weiter Kritikpunkt ist auch die irreführende Darstellung der Risikoreduktion einer HIV Infektion um 60% durch die Verwendung relativer Zahlen. Allerdings beträgt der Anteil der HIV Infektionen in den Studien im Durchschnitt insgesamt lediglich 3,75% mit 1,2% in der Interventionsgruppe und 2,54% in der Kontrollgruppe. Die absolute Risikoreduktion liegt demnach bei 1,3% und ist damit statistisch nicht signifikant.[231]

Nachdem die Männer der Interventionsgruppe für den Wundheilungszeitraum von ca. 30 Tagen zur sexuellen Enthaltsamkeit aufgefordert wurden, hatten diese im Vergleich zur Kontrollgruppe dementsprechend weniger Zeit, sich mit HIV zu infizieren.[232] Darüber hinaus wurden alle Studien vorzeitig abgebrochen, da die Ergebnisse als gesichert galten und es als unethisch angesehen wurde, die Männer der Kontrollgruppe nicht zu beschneiden.[233] Eine langfristige Beobachtung der Ergebnisse ist durch die Zirkumzision aller Beteiligten zudem unmöglich geworden. Problematisch ist außerdem der enorme Verlust an Teilnehmern mit unbekanntem HIV-Status im weiteren Verlauf, der die Anzahl an HIV infizierten Männern bei weitem übersteigt. Je nach HIV-Status der verlorenen Teilnehmer variiert die statistische Signifikanz der Ergebnisse deutlich.[234] Kritisiert wird zudem die fehlerhafte Annahme der ausschließlich sexuellen Übertragung der HIV Infektionen. Wie aus den Daten hervorgeht, erfolgte jedoch mindestens ein Drittel der Infektionen nicht auf sexuellem Weg.[235] Hinzu kommt, dass die Studien in einem atypischen klinischen Setting durchgeführt wurden, welches nicht in die gegebenen Verhältnisse afrikanischer Gesundheitssysteme übertragen werden kann.[236]

Nicht zuletzt wird die Legitimität der Experimente auch in Bezug auf ethische Aspekte in Frage gestellt. So verstoßen die Studien laut Michael Drash in mehreren Punkten klar gegen die Helsinki Deklaration. Insbesondere die Irreversibilität des Eingriffs und den damit einhergehenden *point of no return* sieht er als eine Red flag, da dies in deutlichem Widerspruch zu dem Recht des Teilnehmers steht, die Studie jederzeit verlassen zu können.[237]

Beschneidungsprogramme in Südafrika

Trotz dieser Kritik gaben die WHO und UNAIDS nach einer Konferenz in Montreux, noch im selben Jahr, in dem die Studien veröffentlicht worden waren, die offizielle Empfehlung heraus, Massenbeschneidungsprogramme in afrikanischen Ländern als wirksame Strategie gegen HIV einzuführen.[238] Laut dem französichen Sozialwissenschaftler Alain Giami war die Entscheidung für diese Empfehlung bereits lange im Vorfeld getroffen worden – die Konferenz sollte also nicht dazu dienen, die Empfehlung in Frage zu stellen, sondern diejenigen zu überzeugen, die noch zweifelten: *„The recommendation had been prepared well ahead of Montreux, during earlier meetings, by members of this network. As a matter of fact, Montreux did not make a turning point in the decision-making prozess. Instead, it was an additional step in a process started much earlier by a network of medical doctors, epidemiologists and representatives of funding agencies and international organisations. The technical consultation was an occasion for officially approving the measure for implementation, discussions being limited to technical issues … which is a politic choice in itself."*[239] Nahezu alle Teilnehmer der Konferenz sprachen sich für die Empfehlung aus. Den wenigen Kritikern war es aufgrund der Agenda kaum möglich, sich einzubringen, da deren Argumente schlichtweg ignoriert oder abgewehrt wurden. *„There was no occasion for opponents to bring forth their arguments, formulate their demands or explain their objections. Anything that might resemble a contradictory debate took place outside the consultation, not inside."*[240]

Der überwiegende Anteil der Entscheidungsträger kam aus dem Globalen Norden. Da den wenigen Teilnehmern aus den betroffenen afrikanischen Ländern (hauptsächlich die politische Elite) sowie den Mitgliedern von NGOs aus der AIDS-Hilfe lediglich eine passive Rolle zugeteilt worden war, hatten diese keinen tatsächlichen Einfluss auf den Entscheidungsprozess.[241]

Begleitet wurde das Geschehen von einer ausgesprochen drastischen Rhetorik. So stellte Brian Morris die Beschneidung als *„biomedizinischen Imperativ des 21. Jahrhunderts"* dar und bezeichnete den Eingriff als *„chirurgische Impfung mit lebenslangem Schutz"*.[242] Durch das Framining der Beschneidung als lebensrettende Maßnahme, wurde ein hoher moralischer Druck auf die Kritiker ausgeübt. So wurde ein französicher Anthropologe mit der Aussage konfrontiert: *„If you continue opposing circumcision, you will have blood on your hands."*[243]

Mit dem ambitionierten Ziel, bis zum Jahr 2016 eine Beschneidungsrate von 80% (d.h. 20,8 Mio. Beschneidungen) in Risikogebieten zu erreichen, wurden unter der finanziellen Mitwirkung der US-Regierung sowie verschiedener Organisationen wie der Bill & Melinda Gates Stiftung, UNESCO und UNICEF, Massenbeschneidungsprogramme in 14 Ländern Südostafrikas eingeführt.[244] Dieses Ziel wurde mittlerweile erhöht auf eine Beschneidungsrate von 90% (d.h. 27 Mio. Beschneidungen) bis 2021.[245] Mit der Zusicherung von finanziellen Mitteln wurden die Regierungen vor Ort dazu gedrängt, die Beschneidungsprogramme in die Gesundheitssysteme aufzunehmen.

Nachdem die sog. *Voluntary Medical Male Circumcision* – Kampagnen (VMMC) zu Beginn sehr erfolgversprechend gestartet hatten, kam es ab 2015 allerdings zu einem „besorgniserregenden" Rückgang der Beschneidungszahlen.[246] Um die hochgesteckten Ziele dennoch einhalten zu können, wurden daraufhin Bemühungen verstärkt, die Beschneidungsprogramme auf Neugeborene auszuweiten und die sogenannte *Early Infant Medical Circumcision* (EIMC) durchzusetzen.[247] In unzähligen Studien und Fachartikeln, unter anderem mit solch bezeichnenden Titeln wie *How Do You Circumcise a Nation?*, wurde daraufhin untersucht, wie die Akzeptanz dieser Maßnahmen in der Bevölkerung vorangetrieben werden kann.[248]

Die Einführung dieser Massenbeschneidungsprogramme hat allerdings zu einer Reihe massiver Probleme geführt. So hat die Verschiebung der knappen Ressourcen zu einer zusätzlichen Belastung des ohnehin schon überforderten Gesundheitssystems geführt.[249] Ein beträchtlicher Anteil der HIV Infektionen erfolgt zudem in medizinischen Settings. Insbesondere bei der Zirkumzision kommt es durch kontaminierte Instrumente immer wieder zu Ansteckungen nicht nur mit HIV, sondern auch anderen lebensbedrohlichen Infektionen, wie beispielsweise Tetanus.[250,251] Besonders problematisch ist auch die irreführende Darstellung der Beschneidung als eine Art „Impfung".[252,253] Dies hat in der Folge zu einem zunehmenden Verzicht auf die Verwendung von Kondomen geführt, in der weitverbreiteten Annahme, ein weiterer Schutz wäre nun nicht mehr nötig.[254,255]

Hinzu kommt, dass die herabgesetzte Empfindsamkeit in Folge der Beschneidung durch Kondome in der Regel noch zusätzlich reduziert wird. Und nicht nur das, aufgrund der Umleitung der finanziellen Mittel im Kampf gegen HIV fehlt nun schlicht und ergreifend das Geld, um kostenlose Kondome bereitzustellen. So fallen laut Van Howe & Storm mit jeder durchgeführten Beschneidung ca. 3000 Kondome weg.[256] Die bisher hart erkämpften Erfolge in Bezug auf Safer Sex Praktiken wurden damit massiv untergraben.

Begleitet werden die Beschneidungsprogramme von einem millionenschweren Marketingfeldzug. Mit Lockangeboten wie der Gewinn eines Fahrrads oder eines Stromgenerators sollen die Männer überzeugt werden, sich die Vorhaut entfernen zu lassen.[257] In den Werbekampagnen wird die Beschneidung als sicherer Eingriff angepriesen, Risiken werden nicht erwähnt.[258] Häufig steht die vermeintliche HIV-Prävention gar nicht im Mittelpunkt der Kampagnen. Stattdessen werden völlig andere „Vorteile" der Beschneidung in den Vordergrund gestellt, die mit dem eigentlichen Zweck gar nichts zu tun haben.[259] Die Botschaften der Werbeplakate basieren größtenteils auf Bodyshaming und Sexismus und es werden bewusst grundlegende Unsicherheiten und Ängste der Männer hinsichtlich ihrer Maskulinität sowie ihrer sexuellen Attrakivität und Performance geschürt.[260] Beispiele hierfür sind u.a. die *Stylish Man* und die *Stand Proud. Get Circumcised.* – Kampagnen, die vom Gesundheitsministerium in Uganda eingeführt und von USAID finanziert wurden.[261,262] (siehe Abbildung S. 124)

Abbildung: Werbekampagnen in Uganda

(Rudrum, 2017)

(Alejandro &
Feldman, 2024)

Slogans wie *„The lover boy is a lover boy thanks to circumcision"* oder *„Is yours new and improved?"* postulieren eine Verbesserung der weiblichen Sexualität durch die Entfernung der Vorhaut. Gemäß dieser Überzeugung wird laut Sarah Rudrum die männliche Sensitivität gegen weibliches sexuelles Vergnügen eingetauscht: *„Male sensitivity is implicitly traded for female sexual pleasure. However, women's purported pleasure in the aesthetic or performance of circumcised men and the promise of sex and desirability may not be seen as an adequate trade-off for decreased sexual sensation. Anxieties around sexual sensation tend to be reframed such that women's purported sexual and aesthetic pleasure at the circumcised penis is centred and the question of male loss of sensation is sidestepped."*[263]

Aufgrund der aggressiven Umsetzungsstrategien in dem Bestreben, die vorgegebenen Quoten zu erfüllen, stehen intakte Männer zunehmend unter Druck und die Freiwilligkeit der Entscheidung ist unter solchen Umständen äußerst fraglich. Insbesondere in Kenia hat sich die Situation für unbeschnittene Männer deutlich verschärft, da gewaltsame Zwangsbeschneidungen eine neue Legitimation erhalten haben.[264] Von einigen Regierungsmitgliedern wurden sogar Gesetzesentwürfe eingebracht, wonach die Beschneidung verpflichtend eingeführt werden soll.[265,266]

Einem besonders hohen Risiko der unfreiwilligen Beschneidung sind vor allem minderjährige Jungen ausgesetzt. So werden immer wieder Rekrutierungsaktionen an Schulen durchgeführt.[267]

Dabei werden Jungen ohne das Wissen der Eltern in den Schulen eingesammelt und mit LKWs in die umliegenden Health Centers gebracht, um dort beschnitten zu werden. Die große Mehrheit der Jungen ist noch unter acht Jahre alt. Kinder, die Angst bekommen und die Operation verweigern, werden vom medizinischen Personal beschimpft, teilweise wird ihnen mit Schlägen gedroht. Nach dem Eingriff werden sie ohne weitere Nachsorge wieder in ihren Heimatort zurückgebracht.[268,269] Allein in einer Region in Kenia haben zwischen 2013 und 2016 Schätzungen zufolge über 35.000 dieser illegalen Beschneidungsaktionen stattgefunden.[270]

Im Rahmen der VMMC Agenda wurde im Zeitraum von 2008 bis 2021 insgesamt 32 Mio. Jungen und Männern die Vorhaut amputiert.[271] Zu einem Rückgang der HIV Infektionen ist es dadurch allerdings nicht gekommen. So zeigen aktuelle Studien keinen Unterschied zwischen Beschneidungsstatus und HIV-Status.[272] In Ländern wie Simbabwe und Malawi lag die HIV-Rate bei den beschnittenen Männern zuletzt sogar um bis zu 30% höher als bei intakten Männern.[273] Auch in Uganda hat die HIV-Rate bei Frauen innerhalb von sechs Monaten nach der Beschneidung des Partners um 60% zugenommen.[274]

Aufgrund der einflussreichen Machtpositionen wirtschaftsstarker Institutionen wie der Bill & Melinda Gates Stiftung, WHO, UNAIDS und UNICEF ist die Anerkennung und Unterstützung der Programme in den Medien deutlich überrepräsentiert. Kritik dringt dabei kaum an die Öffentlichkeit. Der Widerstand gegen dieses Vorgehen der Hilfsorganisationen wächst jedoch zunehmend.

So sieht die amerikanische Wissenschaftsjournalistin Max Fish als Jüdin, deren Familie vom Holocaust betroffen war, die Massenbeschneidungen in Afrika als einer der schlimmsten Fälle von Rassismus und Neokolonialismus des 21. Jahrhunderts. Basierend auf rassistischen Stereotypen werde afrikanischen Menschen zugeschrieben, sie seien promiskuitiv und nicht fähig, Kondome zu benutzen, so dass es einer „final solution" speziell für Afrika bedürfe. Ihrer Ansicht nach bestehe das Hauptmotiv der Beschneidungsagenda in Afrika in erster Linie darin, die Praxis der Beschneidung in Amerika zu legitimieren – dem Land sowohl der höchsten Beschneidungsrate, als auch der höchsten HIV-Rate in der gesamten westlichen Welt. Im Jahr 2014 gründete sie daher die NGO *VMMC Experience Project*, mit dem Ziel, den Betroffenen eine Stimme zu geben: *„It seemed unimaginable to me that a holocaust-sized number of African had been subjected to American surgical correction, yet the world had not heard a word from them. I found this silence chilling and I knew that something had to be done. I founded the VMMC Experience Project to give these people a voice. The promoters may try to downplay the damage the program is causing, but they can no longer say they didn't know."* [275]

Beschneidungspraxis und Phimose

Die Beschneidungspraxis der USA ist im Vergleich der westlichen Länder einzigartig. In den englischsprachigen Ländern war die Routinebeschneidung anfangs zwar auch weit verbreitet, seit den 1970er Jahren wird die Praxis in Kanada und Australien jedoch von Kinderärzteverbänden offiziell abgelehnt.[276,277] In Großbritannien war es dem Kinderarzt Douglas Gairdner durch seine bahnbrechende Studie *The Fate of the Foreskin* 1949 gelungen, einen Paradigmenwechsel in der Beschneidungspraxis einzuläuten. Gairdner widerlegte in seiner Untersuchung nicht nur die vorgebrachten Vorteile der Beschneidung, er kam außerdem zu dem Ergebnis, dass die Entwicklung der Vorhaut bei der Geburt noch nicht abgeschlossen sei und die natürliche Verengung und Verwachsung mit der Eichel in den ersten drei Lebensjahren keinen pathologischen Befund darstellen würde. Manipulationen an der Vorhaut würden zu Verletzungen führen und sollten daher vermieden werden. Eine Beschneidung sollte nur dann erfolgen, wenn sich die Vorhaut mit drei Jahren noch nicht zurückziehen ließe.[278]

Die Studie stieß auf großes Interesse in der medizinischen Fachwelt. Auch die britische Regierung zog entsprechende Konsequenzen und nahm die Zirkumzision aus dem Leistungskatalog der gesetzlichen Krankenversicherung. In der Folge ging die Beschneidungsrate in Großbritannien deutlich zurück.[279] In amerikanischen Fachzeitschriften wurde die Studie ebenfalls diskutiert. Allerdings wurde sie hier von einem Großteil der Ärzte angefeindet und blieb insgesamt relativ wirkungslos.[280]

In Dänemark vertiefte Jacob Øster 1968 in seiner Studie *Further Fate of the Foreskin* Gairdners Arbeit und korrigierte dessen Annahme, die Vorhaut müsse im Alter von drei Jahren zurückziehbar sein. So kam er zu dem Ergebnis, dass es sich bei der natürlichen Entwicklung der Vorhaut um einen individuellen Reifungsprozess handele, der teilweise bis in die Adoleszenz andauern könne. Durch gewaltsame Versuche, die Vorhaut zurückzuziehen, könne es zu Verletzungen und Narbenbildung und in der Folge zu einer behandlungsbedürftigen Sekundärphimose kommen.[281] Østers Studie fand internationale Anerkennung und gilt bis heute als richtungsweisend für das physiologische Verständnis des Penis. Sowohl in den USA als auch in Deutschland wurden die Forschungsergebnisse jedoch weitestgehend ignoriert. Erst ein halbes Jahrhundert (!) nach Østers Studie wurde die S2k Leitlinie für „Phimose und Paraphimose" der Deutschen Gesellschaft für Kinderchirurgie im Jahr 2017 dem aktuellen wissenschaftlichen Stand entsprechend angepasst.[282] Dieser Wendepunkt war jedoch nur von kurzer Dauer. Bereits in der aktualisierten Fassung von 2021 wurde die Altersgrenze in der Definition der physiologischen Vorhautenge wie zuvor wieder auf das Kleinkindalter zurückgesetzt. Zwar wird die Unmöglichkeit der Retraktion der Vorhaut in beiden Versionen als anatomische Gegebenheit definiert, die einer physiologischen Entwicklung bis zum Abschluss der Pubertät unterläge, allerdings in der aktuellen Fassung von 2021 mit dem widersprüchlichen Zusatz, dies sei im Säuglings- und Kleinkindesalter ein physiologischer Zustand.[283,284]

Diese Aussage spiegelt sich auch in der medizinischen Fachliteratur wider. In nahezu allen aktuellen gängigen pädiatrischen Lehrbüchern wird die Altersgrenze einer physiologisch nicht retrahierbaren Vorhaut innerhalb des Kleinkindalters angegeben.[285,286,287,288,289]

Von daher erscheint es auch wenig überraschend, dass viele Ärzt*innen über bemerkenswert wenig Kenntnisse über die physiologischen Abläufe und Entwicklungsprozesse der Vorhautseparation verfügen. Einer Studie zufolge war bei lediglich 15% der Jungen, die wegen einer diagnostizierten Phimose zur Beschneidung überwiesen wurden, eine Operation tatsächlich indiziert. Das heißt im Umkehrschluss, dass der Eingriff bei etwa 85% der aufgrund einer diagnostizierten Phimose beschnittenen Jungen vermeidbar gewesen wäre.[290] Auch die Urologin Annette Schröder sieht einen Großteil der „Phimose-Beschneidungen" als unnötig an: *„Die Fehlinterpretation physiologischer Symptome sowie eine gewisse Ungeduld, die zum Teil über das Erreichen des Schulalters hinausgehende Zeitspanne bis zum vollständigen Lösen der Vorhaut abzuwarten, führt jedoch weiterhin zu einer Vielzahl von medizinisch nicht indizierten Operationen."*[291]

Vor allem bei der sekundären Phimose kann es bei einigen Jungen allerdings zu Begleiterscheinungen kommen, die eine Behandlung indizieren, wie beispielsweise offensichtliche Vernarbungen oder Schmerzen beim Wasserlassen bzw. bei der Erektion. Die Notwendigkeit einer Behandlung ist in diesen Fällen jedoch nicht gleichbedeutend mit der Indikation zur Beschneidung.

Der erste Behandlungsansatz ist hier zunächst die konservative Therapie mit lokalen Steroiden, d.h. die lokale Anwendung kortisonhaltiger Salben über einen Zeitraum von vier Wochen, bei Bedarf auch länger. Mit einer Ansprechrate von bis zu 95% sind die Erfolgsaussichten der konservativen Behandlung ausgesprochen gut.[292] Dementsprechend heißt es im Fachbuch *Die Urologie*: *„Aufgrund der sehr guten Wirksamkeit der konservativen Therapie ist die Zirkumzision im Säuglings- oder Kindesalter aus medizinischen Gründen nur sehr selten erforderlich."*[293] In Fällen, in denen die Salbentherapie keinen Erfolg zeigt, gibt es vorhauterweiternde operative Verfahren, wie die sog. „Triple Inzision", bei der das Narbengewebe lediglich eingeschnitten wird und die Vorhaut somit erhalten bleibt. Laut einer Studie führt diese Behandlung bei ca. 80% zu einem erfolgreichen Ergebnis.[294]

Auch die Entzündung der Eichel mit oder ohne Beteiligung der Vorhaut (Balanitis/Balanoposthitis) macht eine Behandlung erforderlich. In der Regel sind hier lokale Sitzbäder oder Antibiotikasalben ausreichend, in Einzelfällen ist auch eine systemische Antibiotikatherapie notwendig. Meistens heilt die Balanitis/Balanoposthitis ohne weitere Komplikationen ab.[295]

Grundsätzlich sollte bei der sekundären Phimose das Vorliegen eines Lichen sclerosus (Balanoposthitis xerotica obliterans) abgeklärt werden. Dabei handelt es sich um eine chronisch-entzündliche Hauterkrankung, die mit einer fortschreitenden Sklerosierung des umliegenden Gewebes einhergeht. Bei der Entstehung des Lichen sclerosus spielen vermutlich zugrundeliegende Autoimmunprozesse eine Rolle.[296]

Retraktionsversuche und bakterielle Entzündungen können den lichenoiden Entzündungsprozess auslösen. Die Behandlung mit einem hochpotenten Kortikosteroid für drei Monate gilt heute als erstes Mittel der Wahl. Eine Zirkumzision wird nur dann empfohlen, wenn diese Behandlung keinen Erfolg zeigt.[297] Von der Balanitis xerotica obliterans sind ca. 0,3 – 1 % der Jungen betroffen.[298] Insgesamt ist die Inzidenz der operationsbedürftigen Phimose mit ca. 1% sehr niedrig.[299]

Die Vorhaut als Handelsware

Die abgetrennte Penisvorhaut dient als wertvoller Rohstoff in der Medizin, wie beispielsweise zur Behandlung von Verbrennungen, Wunden oder Operationsnarben sowie in der Kosmetikindustrie, wie etwa für die bereits erwähnten Gesichtshautbehandlungen oder zum Aufspritzen der Lippen. Vor allem die Vorhaut von Neugeborenen gilt aufgrund ihrer speziellen Stammzelleneigenschaften als besonders wertvolles Material und die daraus erzeugten Produkte werden als „ewiger Jungbrunnen" propagiert.[300] Um die „Vorhaut-Zufuhr" zu gewährleisten, bilden die Herstellerfirmen Kooperationen mit Kliniken, die eine beschneidungsfreundliche Agenda umsetzen.[301] Die Verwendung von Stammzellen aus den Vorhäuten wird zudem mit tierschutzrechtlichen Argumenten gerechtfertigt. So sollen dadurch Tierversuche in der Forschung überflüssig gemacht werden. Entsprechende Forschungsprojekte der Freien Universität Berlin wurden von der für Tierschutz zuständigen Senatsverwaltung für Verbraucherschutz von der CDU mit 400.000 € gefördert.[302]

In Bezug auf die Herkunft des Gewebes scheint es dabei weder für die wissenschaftliche Forschung noch für die Wirtschaftsunternehmen einen ethischen Konflikt zu geben - es handelt sich bei den „frisch geernteten" Vorhäuten ja schließlich um eine freiwillige Spende der Mütter der Neugeboren.[303,304] Diesen beschönigenden und verharmlosenden Darstellungen zum Trotz handelt es sich in Wahrheit jedoch um einen skrupellosen Organhandel, bei dem mit Körperteilen von Jungen, welche diesen ungefragt entfernt wurden, ein Milliardengeschäft gemacht wird. Während das Vorhautgewebe ursprünglich hauptsächlich aus Routinebeschneidungen in den USA und Korea stammte, befürchtet das *Medical Rights Advocacy Network's Bioethics Forum* infolge der Einführung der HIV-Beschneidungsprogramme eine Ausweitung der Vorhautgewinnung auf Südafrika: *„Africa may be viewed as the new source of discarded virgin foreskins to sustain a multi-milion-dollar industry."*[305] Die Sprecherin des Bioethischen Forums Mary De Haase sieht den wachsenden globalen Handel mit menschlichem Gewebe als eine Form von „Bio-Kolonialismus" an.[306]

Beschneidungsfetisch und Pädosexualität

Der Aspekt des sexuellen Missbrauchs im Zusammenhang mit der Beschneidung ist ein Tabuthema, welches in der Regel nicht zur Sprache kommt. Dass die Befriedigung sexueller Bedürfnisse der Erwachsenen bei der Beschneidung eine Rolle spielen können, sollte jedoch in der Diskussion nicht unberücksichtigt bleiben. Bereits in frühester Vergangenheit stellten pädosexuelle Handlungen bei einigen Völkern einen zentralen Bestandteil der Initiation der Jungen dar. Das bekannteste Beispiel hierfür dürfte die öffentlich-institutionalisierte „Knabenliebe" im alten Griechenland sein, die als wichtige Einrichtung zur Hinführung ins Erwachsenenleben sowie für den Eintritt in die Herrenklasse galt.[307]

1980 hatte Gisela Bleibtreu-Ehrenberg in ihrem Buch *Mannbarkeitsriten* die institutionelle Päderastie in Australien und Melanesien untersucht.[308] Die Ethnosoziologin war als Mitglied des 1978 gegründeten Vereins *Deutsche Arbeits- und Studiengemeinschaft Pädophilie (DASP e.V.)* aktiv in der organisierten Pädophilenbewegung der späten 1970er Jahre, welche sich für die Entkriminalisierung „einvernehmlicher" sexueller Kontakte zwischen Kindern und Erwachsenen einsetzte.[309] Vor diesem Hintergrund scheint es dann auch nicht verwunderlich, dass sich Bleibtreu-Ehrenbergs Mitgefühl für die betroffenen Jungen in ihren Ausführungen in Grenzen hält.

So war es in manchen Stämmen der Aborigines üblich, dass ein männliches Stammesmitglied Geschlechtsverkehr in der aufgeschlitzten Harnröhre eines frisch Subinzisierten vollzog.[310] Auch in Melanesien war die institutionelle Pädosexualität relativ weit verbreitet. So gibt es von mindestens zehn Stämmen entsprechende Hinweise und Belege.[311] Häufig wurde hier den Initianden Sperma durch Anal- bzw. Oralverkehr zugeführt.[312] Bei den Big Namba auf Malekula bildete die Päderastie einen Hauptbestandteil der Initiation. Zum Zeitpunkt der Beschneidung beschaffte hier jeder Vater seinem Sohn einen sog. „Paten", der bis zur vollendeten Initiation nach mehreren Wochen oder Monaten über die sexuellen Rechte des Kindes verfügte. Die Jungen hatten während des Geschlechtsakts eine zwingend vorgeschriebene passive Rolle. Zu den Rechten des Paten gehörte außerdem, den Jungen kurzfristig an fremde Männer zum sexuellen Verkehr zu „verleihen".[313] Bei den Keraki-Papuas in Neuginea dienten die Jungen während ihrer Initiationszeit ab dem 13. Lebensjahr für ein Jahr den männlichen Mitgliedern des Stammes als passives Objekt für sexuelle Handlungen. Bei Bedarf mussten sie sich darüber hinaus auch durchreisenden Fremden für sexuelle Dienste zur Verfügung stellen.[314] Um einer „Empfängnis" durch den häufigen Sexualverkehr mit erwachsenen Männern vorzubeugen, mussten sich die Jungen dem äußerst schmerzhaften Ritual des „Kalk-essens" unterziehen. Dazu wurde ihnen eine bestimmte Menge Kalk oral eingeflößt. Dies führte zu schweren Verätzungen im Mund- und Rachenraum und die Jungen wurden dabei fast bewusstlos vor Schmerzen.[315]

Diese „Kalkessen-Zeremonie" ist übrigens die einzige Stelle im Buch, in der Gisela Bleibtreu-Ehrenberg den Jungen so etwas wie Empathie entgegenbringt. Ansonsten weist sie jeglichen Einwand einer mutmaßlichen Gewalt gegen Kinder als „ethnozentristisch bedingt" zurück. *„Wo derlei Tradition ist, kommt keiner auf die Idee, es könne je anders sein oder anders wäre es besser."*[316] Außerdem wären die Zwänge und Härten des sexuellen Kontakts zwischen den Erwachsenen und den Jungen durch Zärtlichkeit und Herzlichkeit kompensiert worden.[317] Stattdessen sieht Bleibtreu-Ehrenberg ausschließlich Vorteile darin, wenn ein Junge mehrere Paten hatte. So wäre das Kind nicht nur von einer, sondern von mehreren Personen versorgt worden.[318]

In ihrer Verteidigung dieser Rituale gegenüber einer „eurozentristischen Perspektive" und „weißer Überheblichkeit" verliert Bleibtreu-Ehrenberg allerdings vollkommen das Erleben der betroffen Jungen aus dem Blick und gelangt dadurch zu einer äußerst befremdlichen Verdrehung der Tatsachen: *„Was die sexuelle Seite betrifft, wäre es ganz falsch, davon auszugehen, daß der Junge, falls mehrere Männer sexuelle Rechte über ihn besaßen, von dem einen zum anderen ausgeliehen worden wäre und dies als Vorstufe zur Prostitution anzusehen: Wer in solchen Beziehungen etwas gab, war eben nicht der Junge, sondern es waren seine Paten, die **ihm** ihre Kraft abgaben."*[319] Doch unabhängig von den (interpretierten) Intentionen, die hinter den sexuellen Handlungen der Erwachsen mit den Jungen standen, bleibt der objektive Sachverhalt des sexuellen Missbrauchs an Kindern derselbe.

Es ist davon auszugehen, dass diese pädosexuellen Initiationsrituale heute nicht mehr praktiziert werden. Bleibtreu-Ehrenberg scheint dies zu bedauern und macht dafür in erster Linie den Missioneifer europäischer Forscher verantwortlich, welche den pädosexuellen Handlungen ganz selbstverständlich und fraglos einen rein negativen Stellenwert beigemessen hätten.[320]

Während die sexuellen Handlungen bei diesen vergangenen Initiationsriten eher Begleiterscheinungen darstellten, die indirekt mit der Beschneidungszeremonie zusammenhingen, löst dagegen beim Beschneidungsfetisch gerade die Beschneidung selbst sexuelle Erregung aus. Innerhalb der Szene haben sich verschiedene Internetforen und Beschneidungsfetischgruppen gebildet, wie *EuroCirc*, *Cutting Club* oder die *Gilgal Society*. In diesen Gruppen tauschen sich deren Mitglieder unter anderem über die diversen Beschneidungsstile sowie über die sexuelle Stimulation durch den Akt des Beschneidens selbst aus. Einen verhältnismäßig hohen Anteil stellen dabei Ärzte dar, die von ihrer sexuellen Erregung berichten, die sie erleben, wenn sie Beschneidungen bei Jungen durchführen.[321] Insbesondere auf der Mitgliederliste der Gilgal Society sind einige bekannte Beschneidungsbefürworter vertreten, die durch regelmäßige Pro-Beschneidungsartikel in Fachzeitschriften einen maßgeblichen Einfluss auf die gegenwärtige Beschneidungspraxis haben. So zählen unter anderem Brian Morris, Edgar Schoen, Thomas Wiswell, Helen Weiss, Bertran Auvert und Robert Bailey zu den einflussreichsten Anhängern der Gruppe.[322]

Nachdem deren Gründer Vernon Quaintance 2012 wegen Kinderpornographie festgenommen und 2014 zu zwei Jahren Haft verurteilt worden war, wurden allerdings jegliche Verbindungen zu der Gruppe geleugnet.[323] So war das Logo der Gruppe auf sämtlichen Materialien und Broschüren, die von oben genannten Beschneidungsbefürwortern verfasst und von der Gilgal Society herausgebracht worden waren, plötzlich verschwunden.[324] Auch auf die Webseite der Gilgal Society war kein Zugriff mehr möglich. Die Inhalte der Seite sind seitdem auf der umbenannten Homepage *Circumcision Helpdesk* zu finden, die Quaintaince neben einer weiteren Seite mit dem Namen *International Circumcision Information Reference Centre (I.C.I.R.C.)* betreibt.[325] Hier finden sich ebenfalls zahlreiche links zu Pro-Beschneidungsseiten, unter anderem *The Circumcision Academy of Australia* und *circinfo.net* von Brian Morris.[326]

In dem Zusammenhang sind auch die häufigen Untersuchungen auf Phimose problematisch. So müssen sich Jungen durch die wissenschaftlich nicht begründbare Verdachtsdiagnose regelmäßig von Fremden an ihrem Genital anfassen lassen. Durch die Retraktionsversuche kann es nicht nur zu Verletzungen und Narbenbildung kommen, wodurch eine Behandlung tatsächlich notwendig werden kann, die häufigen Untersuchungen können außerdem ein Tarnmuster für sexuellen Missbrauch darstellen, wie verschiedene Fachberatungsstellen gegen sexualisierte Gewalt und Kindesmissbrauch vermuten.[327] Das Bundesforum Männer fordert daher *„einen sensiblen Umgang mit der Intimsphäre von Jungen, wie sie bei Mädchen bereits selbstverständlich ist."* [328]

5 Die Beschneidungsdebatte in Deutschland

Ursprung und Hintergründe

Im europäischen Vergleich gibt es nur in Schweden eine Einschränkung der rituellen Beschneidung. Hier ist vor dem Eingriff eine Einwilligung durch das Gesundheitsministerium erforderlich, weshalb dort nur ca. 40% der jüdischen Jungen beschnitten sind.[1]

In Deutschland wird die Zirkumzision bei Kindern innerhalb der medizinischen Gemeinschaft sehr unterschiedlich bewertet. Ein großer Teil der Ärzteschaft sieht die Beschneidung als minimalen, komplikationsarmen und krankheitsvorbeugenden Eingriff.[2] Insbesondere in der Pädiatrie stößt die medizinisch nicht indizierte Beschneidung hingegen größtenteils auf Ablehnung.[3] Bereits 2001 setzte sich der Kinderchirurg Maximilian Stehr kritisch mit der Beschneidung bei Kindern ohne strenge Indikationsstellung auseinander.[4]

In der juristischen Literatur wurde die Thematik lange Zeit vernachlässigt. In Lehrbüchern wurde die rituelle Beschneidung bei Kindern zwar als Tatbestand der gefährlichen Körperverletzung angesehen, es wurde jedoch eine Rechtfertigung im überwiegenden Interesse der Religionsausübung angenommen.[5] Nichtsdestotrotz entzog das Amtsgericht Erlangen 2002 einem muslimischen Vater das Recht, seinen bei Pflegeeltern lebenden 3-jährigen Sohn aus religiösen Gründen beschneiden zu lassen.

Zusätzlich wurde den leiblichen Eltern das Recht entzogen, das Kind in Passangelegenheiten zu vertreten, um eine Beschneidung im Ausland zu verhindern. Begründet wurde diese Entscheidung mit der Verletzung der körperlichen Integrität des nicht einwilligungsfähigen Kindes.[6] Diese Gerichtsentscheidung hatte jedoch keine weitreichenden Konsequenzen zur Folge. Erst im Jahr 2008 setzte sich der Jurist Holm Putzke intensiver mit der Thematik auseinander und veröffentlichte mehrere Beiträge in verschiedenen juristischen und medizinischen Fachzeitschriften. Darin vertritt er den Standpunkt, dass es sich bei der medizinisch nicht indizierten Beschneidung an nicht einwilligungsfähigen Kindern um eine rechtswidrige Körperverletzung handele.[7] In seinem Ausblick endet er mit den Worten: *„Früher oder später wird sich auch die Rechtsprechung zu der Frage positionieren müssen, ob bei einem nicht einwilligungsfähigen Jungen die Einwilligung seiner Personensorgeberechtigten rechtfertigend wirkt. Aus Gründen der Rechtssicherheit wäre es vor allem für Ärzte wünschenswert, wenn dieser Fall eher früher als später einträte.“* [8]

Das Kölner Urteil und seine öffentliche Wirkung

Vier Jahre später sollte es tatsächlich soweit sein: Am 7. Mai 2012 hatte das Landgericht Köln die Beschneidung nicht einwilligungsfähiger Jungen aus religiösen Gründen als rechtswidrige Körperverletzung gewertet, nachdem ein 4-jähriger Junge muslimischer Eltern infolge einer Beschneidung notoperiert werden musste und es daraufhin zur Anzeige durch den Klinikarzt gekommen war.[9] Das Urteil erregte weltweit großes Aufsehen und löste eine intensive Debatte in der Öffentlichkeit aus. Kinderärzteverbände und Menschenrechtsorganisationen wie Terre des Femmes, pro familia und die Deutsche Kinderhilfe begrüßten den Gerichtsentscheid. Die AAP hingegen brachte umgehend ein Positionspapier heraus, in welchem sie zu dem Schluss kommt, die medizinischen Vorteile der Beschneidung würden gegenüber den Risiken überwiegen.[10] Daraufhin verfassten 38 Autoren von 19 europäischen Kinderärzteverbänden ein Protestschreiben, in welchem sie der AAP kulturelle Voreingenommenheit vorwarfen und deren Standpunkt als wissenschaftlich unhaltbar bezeichneten.[11] Diese Stellungnahme wurde jedoch erst im März 2013 in der Fachzeitschrift *Pediatrics* veröffentlicht, nachdem wiederholt versucht worden war, den Text zu entschärfen.[12]

Bei den Religionsverbänden stieß das Urteil auf heftigen Protest. In einer Pressemitteilung bezeichnete Aiman Mazyek, Vorsitzender des Zentralrats der Muslime in Deutschland, das Urteil als *„eklatanten und unzulässigen Eingriff in das Selbstbestimmungsrecht der Religionsgemeinschaften und in das Elternrecht"*.[13]

Ähnlich positionierte sich der Präsident des Zentralrats der Juden, Dieter Graumann. Für ihn stellte der Entscheid einen *„unerhörten und unsensiblen Akt"*, sowie einen *„beispiellosen und dramatischen Eingriff in das Selbstbestimmungsrecht der Religionsgemeinschaften"* dar.[14] Sollte sich diese Rechtsauffassung durchsetzen, würde das, so Graumann, *„das Ende jüdischen Lebens in Deutschland"* bedeuten.[15] Edi Gast, ein orthodoxer Jude und Multimillionär aus der Schweiz, kündigte die Gründung eines Fonds zum Kampf gegen das Urteil an.[16] Kritik kam auch aus Israel: So hatte sich nicht nur der israelische Innenminister Jischai Mitglied der ultraorthodoxen Schas-Partei an Angela Merkel gewandt, auch der israelische Staatspräsident Peres bat Bundespräsident Gauck in einem Brief darum, sich für das Recht der rituellen Beschneidung einzusetzen.[17]

Insbesondere in Bezug auf das jüdische Beschneidungsritual wurde die Debatte dabei vor dem Hintergrund der nationalsozialistischen Judenverfolgung im Dritten Reich geführt. So wurde das Kölner Urteil von der Europäischen Rabbinerkonferenz als *„schwerster Angriff auf jüdisches Leben seit dem Holocaust"* betrachtet.[18] Ariel Muzicant, Präsident der Israelischen Kultusgemeinde in Wien, bezeichnet das Beschneidungsverbot als den *„Versuch einer erneuten Shoah – nur diesmal mit geistigen Mitteln"*.[19] Der Berliner Gemeinderabbiner Yitzchak Ehrenberg ging sogar noch weiter: In seiner Rede bei einer Kundgebung für das Recht auf Beschneidung in Berlin bewertete er die Forderung nach einer Verschiebung der Beschneidung bis zur Volljährigkeit schlimmer als die physische Vernichtung Millionen jüdischer Kinder im Holocaust![20]

Auch Charlotte Knobloch, die Präsidentin der Israelitischen Kultusgemeinde in München, meldete sich in einem Gastkommentar in der *Süddeutschen Zeitung* mit dem Titel *Wollt ihr uns Juden noch?* mit besonders dramatischen Worten an die Öffentlichkeit: *„Die selbsternannten Retter der Säkularität und des deutschen Rechtssystems schwingen sich auf, das vermeintlich brutale religiöse Ritual auf seine Legalität, Modernität und Sozialverträglichkeit hin zu überprüfen. Nicht einmal in meinen Albträumen habe ich geahnt, dass ich mir kurz vor meinem achtzigsten Geburtstag die Frage stellen muss, ob ich den Judenmord überleben durfte, um das erleben zu müssen. Ich frage mich ernsthaft, ob dieses Land uns noch haben will. Ich frage mich, ob die unzähligen Besserwisser aus Medizin, Rechtswissenschaft, Psychologie oder Politik, die ungehemmt über ‚Kinderquälerei' und ‚Traumata' schwadronieren, sich überhaupt darüber im Klaren sind, dass sie damit nebenbei die ohnedies verschwindend kleine jüdische Existenz in Deutschland infrage stellen. Eine Situation, wie wir sie seit 1945 hierzulande nicht erlebt haben. Der Eifer, mit dem Selbstberufene gefühls- und gedankenlos unsere religiösen Fundamente in den Dreck ziehen, sucht seinesgleichen. Ich verlange keine Sonderrechte. Aber ich fordere Respekt und ein Mindestmaß an Empathie. Das sollte doch drin sein für die Juden in Deutschland. "*[21]

Angesichts der entsetzlichen Verbrechen im Nationalsozialismus sind solche emotionalen Reaktionen auf jüdischer Seite durchaus verständlich und nachvollziehbar. Ohne Zweifel wurde die Beschneidungsdebatte mitunter auch von antisemitischen Wortmeldungen begleitet.

Durch die Verbindung der Beschneidungskritik mit dem Antisemitismusvorwurf wurde jedoch nicht nur der schrecklichste Massenmord der deutschen Geschichte verharmlost, es wurde zudem von der eigentlichen Thematik abgelenkt und jegliche Diskussion damit sofort im Keim erstickt.[22]

Insgesamt traten in der Beschneidungsdebatte vor allem orthodoxe und konservative Vertreter der Religionsgemeinschaften an die Öffentlichkeit, die die Praxis der Beschneidung verteidigten. Vereinzelt meldeten sich allerdings auch liberale Stimmen zu Wort, die das Ritual in Frage stellten. So wies die Psychologin und Kulturwissenschaftlerin Hanna Rheinz auf einen enormen sozialen Druck innerhalb der jüdischen Gemeinschaft in Deutschland hin: *„Im Schatten der Schoa zeichnet sich intellektuelle Erstarrung und eine Störung der Empathie ab. Wer als Jude in Deutschland anders denkt und argumentiert, wird unverzüglich sozial ausgegrenzt und totgeschwiegen. Oder womöglich einem Redeverbot unterstellt."* [23]

Der Historiker Michael Wolffsohn veröffentlichte mehrere Beiträge, worin er deutlich macht, dass die jüdische Identität nicht von der Beschneidung abhinge. Die Androhung von Auswanderung und Vergleiche mit dem Holocaust bezeichnet er als *„substanz- und taktlos"*. *„Dass, wie es heißt, ‚ausgerechnet Deutsche' sich nicht an dieser Debatte beteiligen sollten, vermag ich als jüdischer Deutscher nicht einzusehen. Sind ‚ausgerechnet deutsche' Demokraten weniger demokratisch als wir Juden, als ich?"*[24]

Auch der deutsch-britische Journalist Alan Posener, dessen Vater in der NS-Zeit nach Großbritannien geflohen war, äußerte sich kritisch: *„Die rührende Gemeinsamkeit der ansonsten verfeindeten monotheistischen Religionen, wenn es darum geht, kleinen Jungen am Penis wehtun zu dürfen, weist allerdings auf ein grundsätzliches Problem hin: die frühkindliche Indoktrination, vermittels derer sich die Religionen fortpflanzen. ‚Der Mensch ist frei geboren und liegt doch überall in Ketten‘, sagte Jean-Jacques Rousseau. Und die schlimmsten Ketten sind die psychischen, die in der Kindheit geschmiedet werden. Die Religionen mögen ihre Meriten haben; die Freiheit ist wichtiger. Und so lange Menschenkinder zu Juden, Muslimen, Christen usw. gemacht werden, ob nun mit oder ohne Vorhaut und Kopftuch, wird die Religionsfreiheit, auf die sich die Vorhautfeinde und Burkafreunde berufen, mit Füßen getreten.“*[25]

Der britische Filmemacher Victor Schonfeld wandte sich ebenfalls öffentlich an die deutsche Politik und stellte der Bundesregierung seinen kritischen Dokumentarfilm über die Brit Mila *It's a Boy* von 1995 zur Verfügung.[26] In einem Gastbeitrag in der *Süddeutschen Zeitung* appellierte er an die Bundesregierung: *„Machen Sie die Chancen für einen Wandel, die Ihre Richter in Köln so mutig ergriffen haben, bitte nicht zunichte. Jüdische und muslimische Kinder verdienen es, vor einem schmerzhaften, gefährlichen und längst überfälligen Brauch geschützt zu werden. Wenn es im 21. Jh. eines deutschen Gerichts bedarf, um das Beschneidungsritual abzuschaffen, dann begrüße ich - auch und gerade als Jude - diesen Schritt.“*[27]

Auch von islamischer Seite gab es einige Stimmen, die sich öffentlich für eine selbstkritische innerreligiöse Debatte aussprachen. So kritisierte der Psychologe Ahmad Mansour in einem Beitrag der *Welt*, dass den psychischen Folgen der Beschneidung, wie Gefühle der Angst, Demütigung und Machtlosigkeit, in der muslimischen Gemeinschaft kaum Beachtung geschenkt wird: *„Die Rechte der Kinder auf individuelle Freiheit zu ignorieren ist bei muslimischen Familien sehr verbreitet, Kinder werden als Mitglieder der Gemeinschaft erzogen und nicht als Individuen. Persönliche Bedürfnisse und Selbstentfaltungsversuche, die der kulturellen und religiösen Vorstellung der Eltern widersprechen, werden systematisch unterdrückt. Ein Verbot der Beschneidung dagegen wäre der wahre Ausdruck der Religionsfreiheit – die man seinen Kindern lässt! Es ist höchste Zeit, dass unsere Gesellschaft sich mit diesen Fragen beschäftigt und endlich eine politische und rechtliche Diskussion führt.“*[28]

Auch die aus der Türkei stammende Sozialwissenschaftlerin Necla Kelek hatte sich bereits lange vor dem Gerichtsurteil intensiv mit der muslimischen Tradition der Beschneidung und dem dahinterliegenden übergeordneten sozialen System beschäftigt. Sie begrüßte die Entscheidung des Gerichts und vertrat ihre Position unter anderem in der Sendung *Maischberger*. Darüber hinaus äußerte sie sich in einem Artikel in der *Welt*, in welchem sie die zugrundeliegenden Vorstellungen von Männlichkeit hinterfragt:

*„Mein kleiner neunjähriger Neffe, der tagelang breitbei-
nig mit einem weit vom Körper gehaltenen Nachthemd
zwischen den Frauen herumlief, entsprach so gar nicht
dem männlich-heroischen Bild, das mit der Beschneidung
verbunden wird. Das war kein ‚Held', der da auf unsiche-
ren Beinen durch die Gegend wankte, sondern ein gepei-
nigtes Menschenkind. Zu einer Zeit, wenn der Heran-
wachsende vielleicht gerade anfängt, seinen Körper zu
entdecken, einen eigenen Willen und eigene Vorstellungen vom Leben zu entwickeln, wird seine Persönlichkeits-
entwicklung durch eine Lektion gebrochen, die er ohne
jede Erklärung erteilt bekommt – dass er sich zu fügen
hat, wenn die Erwachsenen ihm Schmerz zufügen, dass
Gott ihm Prüfungen auferlegt, die es zu bestehen gilt,
oder er ist ein Nichts, weder Muslim noch Mann, noch
Teil der Gemeinschaft."* [29]

Und bei *Anne Will* plädierte Seyran Ateş dafür, religiöse
Traditionen zu überdenken: *„Ich glaube daran, dass wir
innerhalb unserer Religion Denkverboten ausgesetzt sind,
die wir aus dem Weg schaffen müssen. Ich möchte mir
erlauben, zeitgemäß mit meiner Religion zu leben."*[30] Sie
kritisierte vor allem den starken sozialen Druck innerhalb
der Religionsgemeinschaften und appellierte daher an
die Vertreter der Religionsverbände, Familien, die sich
gegen das Ritual entscheiden, mehr zu unterstützen und
vor Diskriminierung und Ausgrenzung zu schützen.[31]

Auf diese Forderungen nach einem offenen Dialog und
der selbstkritischen Auseinandersetzung mit der Beschneidung wurde jedoch nicht eingegangen. Die füh-
renden Vertreter der Religionsverbände wehrten jegliche
Diskussion über die Tradition kompromisslos ab.

Dabei wurde vor allem auf die Tatsache verwiesen, dass es sich bei der Beschneidung um ein tief verankertes Ritual handele, das seit Jahrtausenden praktiziert werde. Angesichts dessen forderte der jüdische Publizist Raphael Seligmann, für den das Urteil nur eine *„Provinzposse"* darstellte, in der *Phoenix Runde* einen gewissen Respekt vor der Tradition.[32] Holm Putzke widersprach dem jedoch, indem er argumentierte, dass nur, weil etwas 4000 Jahre alt sei, es deshalb noch nicht wert wäre, erhalten zu werden. Ganz im Gegenteil, gerade weil etwas alt sei, müsse man überprüfen, ob es noch mit unserer gegenwärtigen grundrechtlichen Werteordnung übereinstimme.[33] Darüber hinaus fänden sich zahlreiche Bibelstellen, die (mit Ausnahme der Scharia Staaten) ihre Gültigkeit im Lauf der Zeit verloren hätten, wie die Todesstrafe für Blasphemie, Homosexualität, Ehebruch oder Ungehorsam gegenüber den Eltern.[34,35] Der Vorschlag, die Beschneidung auf einen späteren Zeitpunkt zu verschieben, an dem die Jungen selbst entscheiden können, wurde rigoros abgelehnt. So erklärte der Rabbiner Yitzchak Ehrenberg bei *Anne Will*, dass die Tora nicht von Menschen geschrieben worden sei, sondern von Gott stamme und somit nicht so ohne weiteres von Menschen verändert werden könne.[36] Auch Stephan Kramer, Generalsekretär des Zentralrats der Juden, stellte klar, dass die Beschneidung am 8. Tag nicht verhandelbar sei, da es in der Tora so festgelegt wäre.[37] Ähnlich argumentierte Dieter Graumann bei *Maischberger*: Da religiöse Regeln den Anspruch für die Ewigkeit hätten, könne man nicht mit ihnen *„willkürlich spazieren fahren"* oder *„freihändig mit ihnen jonglieren"*.[38]

Auch Ali Kizilkaya, Vorsitzender des Islamrats, bestritt jegliche Handlungsfähigkeit in Bezug auf die Veränderbarkeit religiöser Vorschriften. So seien die Muslime gar nicht in der Lage, über die Religion zu befinden und das religiöse Gebot der Beschneidung außer Kraft zu setzen.[39] Darüber hinaus würde die Beschneidung dem Kindeswohl nicht widersprechen, sondern ganz im Gegenteil das Kindeswohl fördern, indem das Kind eine religiöse Identität erhalte und vor Ausgrenzung innerhalb der Religionsgemeinschaft geschützt würde.[40] Neben der unveränderlichen religiösen Bestimmung führten die Vertreter der Religionsgemeinschaften zudem medizinische Begründungen für die Beschneidung an. So wurde in den Diskussionsrunden wiederholt auf die kurz zuvor veröffentlichte Stellungnahme der AAP sowie auf die Empfehlung der WHO bzgl. der Reduktion von HIV Infektionen durch die Beschneidung verwiesen.[41] Auch die muslimische Journalistin Khola Maryam Hübsch erklärte bei *Anne Will*, sie glaube nicht, dass die Beschneidung eine Körperverletzung darstelle, sonst würde die WHO sie ja schließlich nicht als Präventionsmaßnahme empfehlen. Der Eingriff diene daher durchaus dem Wohl des Kindes.[42] Die Positionen der amerikanischen Organisationen wurden in der öffentlichen Debatte in der Regel nicht in Frage gestellt und eine grundsätzliche Kritik blieb weitestgehend aus. Eine der wenigen Ausnahmen stellte der Kinderarzt Wolfram Hartmann dar, der in der *Phoenix Runde* darauf hinwies, dass die propagierten gesundheitlichen Vorteile wissenschaftlich nicht belegt seien. Er vermutete in erster Linie finanzielle Interessen der Beschneidungsindustrie.[43] Dieser Vorwurf wurde von Stephan Kramer jedoch scharf zurückgewiesen.[44]

Im Allgemeinen wurden die vermeintlichen Vorteile als medizinische Tatsachen akzeptiert. Als Gegenargument wurde lediglich eingebracht, dass diese erst mit dem Eintreten der Geschlechtsreife wirksam würden und im Kindesalter somit noch nicht relevant wären. So würde die WHO laut Putzke den Eingriff auch nicht bei Kindern empfehlen, sondern ausschließlich bei Erwachsenen.[45] Wie aus dem Positionspapier von WHO & UNAIDS hervorgeht, sprechen sich die Organisationen allerdings durchaus für die möglichst frühe Beschneidung bei Säuglingen aus: *„Since neonatal circumcision is a less complicated and risky procedure than circumcision performed in young boys, adolescents or adults, such countries should consider how to promote neonatal circumcision."*[46] Abgesehen davon ist die Schwäche dieser Argumentation offensichtlich: Eltern werden ihre Kinder zu jeder Zeit vor Krankheiten bewahren wollen, auch wenn diese erst im Erwachsenenalter relevant werden. Aus diesem Grund werden Kinder auch lange vor der Geschlechtsreife gegen HPV Viren geimpft. Solange vertrauenswürdige Institutionen wie WHO und AAP der Beschneidung eine krankheitsvorbeugende Wirkung zuschreiben, werden Eltern ihre Söhne beschneiden lassen, in der Hoffnung, ihre Kinder dadurch schützen zu können.

Begleitet wurden diese religiös-medizinischen Begründungsmuster außerdem von einer konsequenten Bagatellisierung des Eingriffs, der nicht im Geringsten mit der Genitalverstümmelung von Mädchen vergleichbar sei. So erklärte die Integrationsministerin Bilkay Öney bei *Maischberger*, sie denke nicht, dass die Beschneidung von Jungen mit der Genitalverstümmelung von Mädchen und Frauen vergleichbar sei, da die Funktion des Penis damit in keinster Weise beeinträchtigt werde. Bisher sei ihr auch kein einziger Fall bekannt, wo sich ein Mann zu Wort gemeldet hätte, weil er traumatisiert sei.[47]

Zum Teil zogen die Befürworter der Beschneidung befremdliche Parallelen zu anderen Eingriffen und Sachverhalten, um die Praxis zu rechtfertigen. So wurde die Beschneidung häufig mit Zahnspangen, Ohrlochstechen oder Haareschneiden gleichgesetzt. Seligmann verglich die Vorhautamputation mit einer Schluckimpfung.[48] In der *Phoenix Runde* bestritt Aiman Mazyek, dass es sich bei der Beschneidung um den Verlust eines Körperteils handelt und unterstellte Holm Putzke eine polemische Ausdrucksweise: *„Ihre Aussage ‚er verliert ein Körperteil' da haben Sie ja eigentlich Ihr wahres Gesicht gezeigt! Dahinter steckt einfach die Polemik."* [49] Khola Maryam Hübsch warf Putzke vor, er würde sich *„an einem Stück Haut aufhängen"*.[50]

Die Komplikationen des Eingriffs wurden als verschwindend gering dargestellt. So erklärte Hans Peter Bruch, Präsident des Berufsverbands der Chirurgen, in der Phoenix Runde, der Eingriff sei *„sehr, sehr, sehr komplikationsarm"*.[51] Auch die Schmerzen des Eingriffs wurden von Beschneidungsbefürwortern mehrheitlich geleugnet. Laut Bruch sei die Beschneidung *„sicher ein Eingriff, der mit wenig Schmerzen"* einhergehe.[52] Khola Maryam Hübsch behauptete, Kinder würden während des Eingriffs nicht schreien. Es werde zudem empfohlen, möglichst früh zu beschneiden, das hätte nämlich ganz klare Vorteile: *„Das Kind empfindet weniger Schmerzen und es bekommt nicht so viel mit."* [53]

Ähnlich argumentierte Aiman Mazyek: *„Empfohlen wird der Eingriff im Kleinkindalter oder Säuglingsalter, auch weil die Schmerzempfindlichkeit natürlich da etwas geringer ist."* [54] Auch Raphael Seligmann rechtfertigte die frühzeitige Beschneidung am 8. Tag mit dieser Begründung: *„Ein Säugling spürt die Schmerzen bei so einem Eingriff kaum. Bei einem älteren Kind ist das ein richtiger Eingriff, dessen Schmerzen empfunden werden."* [55]

Diskussion in den Medien

In der Presse wurde in Bezug auf die Debatte um die Beschneidung insgesamt sehr unausgewogen berichtet. Die überwiegende Mehrheit der Artikel richtete sich dabei gegen das Urteil.[56] So veröffentlichte die *Süddeutsche Zeitung* im Vergleich zu Beiträgen, die der religiösen Tradition kritisch gegenüberstanden, mehr als doppelt so viele, die das Ritual verteidigten. Allein der damalige Chefredakteur Heribert Prantl verfasste fünf Artikel, in denen er den mangelnden Respekt vor den Religionsgemeinschaften beklagte.[57] Während er darin mehr Toleranz für religiöse Minderheiten fordert, kommen in seinen Beiträgen die betroffenen Jungen als die eigentlich schützenswerte Minderheit dabei so gut wie nicht vor. Beschneidungskritikern unterstellt er antireligiösen Fundamentalismus und Xenophopie. So sei die Beschneidung vielen einfach nur *„befremdlich fremd"*. Auch über den Vergleich mit der weiblichen Beschneidung zeigt er sich empört: *„Manche Urteilsbefürworter rücken die Beschneidung der Jungen gar in die Nähe der Genitalverstümmelung von Mädchen; das ist objektiv falsch."* [58]

Auch Jörg Lau sieht in der *Zeit* die Religionsfreiheit in Gefahr: *„Es ist eine beängstigende Verspießerung unseres öffentlichen Lebens festzustellen, eine Verspießerung im Zeichen selbstgefälliger Pseudoaufgeklärtheit, die religiöses Anderssein unter der Flagge des Kinderschutzes und der Menschenrechte zu erdrücken droht."*[59] Henryk M. Broder spricht in der *Welt* von einer *„pornographischen Debatte"* [60] und im *Spiegel* bezeichnet Matthias Matussek die Argumentation der Beschneidungskritiker als „absurd": *„Der Vergleich zur Klitorisbeschneidung bei jungen Mädchen ist haarsträubender Unfug. Den Mädchen wird durch den Eingriff ein Großteil des Lustempfindens geraubt, den Jungen dagegen nicht."*[61]

Daneben gab es allerdings auch kritische Einwände. So verfasste Markus Schulte von Drach mehrere Beiträge in der *SZ*, in denen er sich differenziert mit der Thematik auseinandersetzte.[62] Ebenso äußerte sich der Psychoanalytiker Wolfgang Schmidbauer in einem Gastbeitrag in der SZ kritisch: *„Kein nachdenklicher und einfühlender Mensch wird es billigen, dass Säuglingen ein Teil ihres Körpers weggeschnitten wird. Dass manche dieser Opfer die Beschneidung als sexuelle Bereicherung und hygienische Notwendigkeit propagieren, steht für die Identifikation mit dem Angreifer, die sich bei vielen Traumatisierten beobachten lässt. Dass männliche Säuglinge heute den Eingriff fast durchweg überleben macht die Sache nicht humaner. Die Beschneidung der Säuglinge fügt sich in die zahlreichen Versuche der Religionsgemeinschaften ein, möglichst früh bindende Rituale zu vollziehen. Das soll verhindern, dass diese von dem erwachten kritischen Geist überprüft und womöglich abgelehnt werden.*

Es sollte aber keine Frage sein, welche Haltung besser in eine moderne, aufgeklärte Gesellschaft passt: der Übergriff an Wehrlosen oder die Geduld, mit der eine reflektierte Entscheidung abgewartet wird."[63]

Politische Debatte

Auch in der Politik wurde überwiegend mit Ablehnung auf das Gerichtsurteil reagiert. Angela Merkel äußerte sich dazu mit klaren Worten: Sie wolle nicht, dass Deutschland das einzige Land auf der Welt sei, in dem Juden nicht ihre Riten ausüben dürften. *„Wir machen uns ja sonst zur Komiker-Nation!"* [64] Unter all den bagatellisierenden Äußerungen in der Debatte, stellte diese Aussage der damaligen Regierungschefin einen besonders harten Schlag ins Gesicht vieler Betroffener dar. In der Folge wurde innerhalb kürzester Zeit eine Gesetzgebung in die Wege geleitet, mit dem Ziel, die religiöse Beschneidung von minderjährigen Jungen für zulässig zu erklären. Die Aussage von Jörg van Essen (FDP) *„Ich musste keine zwei Sekunden überlegen, wo ich stehe"* steht dabei stellvertretend für die überstürzte Vorgehensweise des Bundestags.[65] In einer Sondersitzung zur Euro-Rettung während der Sommerpause am 19.07.2012 wurde dementsprechend auch über eine fraktionsübergreifende Resolution der CDU/CSU, SPD und FDP zur Beschneidung abgestimmt. In dem Antrag wurde die Bundesregierung aufgefordert, eine gesetzliche Regelung zu schaffen, die es jüdischen und muslimischen Menschen ermöglichen sollte, ihren Glauben frei auszuüben.[66]

Durch ein Verbot der Zirkumzision befürchteten einige Abgeordnete ein erhöhtes Risiko von „Beschneidungstourismus" und „Hinterzimmerbeschneidungen".[67] Diese Gefahr sah die ehemalige SPD-Islambeauftragte Lale Akgün dagegen nicht: *„Die meisten Familien fahren für den Eingriff sowieso in den Sommerferien in die Türkei und feiern den Ritus dort. Die Beschneidung ist eine Sitte, die auch etwas Machohaftes hat. Mann-Werden unter Schmerzen. Wir sollten das Urteil als Chance nutzen und reflektieren, was wir den Jungen antun."*[68]

Volker Beck (Die Grünen) wertete den Eingriff zwar als *„irreversibel, aber doch vergleichsweise gering"*. Eine gesundheitliche Beeinträchtigung läge seines Erachtens nicht vor.[69] Stattdessen wies er auf die hohe Bedeutung des Rituals in den Religionen hin und untermauerte seine Ausführungen mit diversen Bibelzitaten. Denjenigen, denen dieses religiöse Ritual *„ein bisschen fremd vorkomme"*, empfahl er einen Blick in die Heilige Schrift.[70] Diese Argumentation mit göttlichen Vorschriften ist nicht nur angesichts der grundrechtlichen Säkularität der deutschen Politik befremdlich, sondern insbesondere auch vor dem Hintergrund, dass Beck sich kurz zuvor noch vehement gegen die katholische Kirche gestellt hatte, deren Ablehnung der gleichgeschlechtlichen Ehe er als *„Angriff auf den säkularen Verfassungsstaat"* sah.[71]

In dem Antrag wurde jedoch betont, dass sich daraus keine Präjudizwirkung für andere körperliche Eingriffe aus religiösen Gründen ergeben dürfe: *„Zudem hält der Deutsche Bundestag die Beschneidung männlicher Kinder, die weltweit sozial akzeptiert wird, für nicht vergleichbar mit nachhaltig schädlichen und sittenwidrigen*

Eingriffen in die körperliche Integrität von Kindern und Jugendlichen wie etwa die weibliche Genitalverstümmelung, die der Deutsche Bundestag verurteilt." [72]

Diese „Unvergleichbarkeit" genitalverändernder Praktiken zwischen den Geschlechtern diente in nahezu allen Vorträgen und Stellungnahmen der Abgeordneten dabei als Rechtfertigung dafür, eine Erlaubnis der Beschneidung von Jungen überhaupt zu diskutieren und letztlich auch durchzusetzen, während gleichzeitig die Beschneidung von Mädchen als eindeutiger Straftatbestand gewertet wurde. So erläuterte Günter Krings (CDU/CSU): *„Wir haben die barbarische Praxis der Genitalverstümmelung bei Mädchen und jungen Frauen noch einmal herausgehoben, die wir klar verurteilen. Dieser Sachverhalt ist nicht mit dem zu vergleichen, was wir heute diskutieren."* [73] Zudem sah er das Ansehen Deutschlands gefährdet: *„Wir müssen zur Kenntnis nehmen, was weltweit Standard ist. Wir müssen international anschlussfähig bleiben."* [74] Christine Lambrecht (SPD) machte deutlich: *„Genitalverstümmelung von Mädchen hat nichts, aber auch gar nichts mit der Beschneidung von Jungen zu tun!"* [75] Johannes Singhammer (CDU/CSU) war ebenfalls davon überzeugt, dass die Beschneidung von Jungen nichts mit der *„schauerlichen"* Genitalverstümmelung bei jungen Mädchen und Frauen zu tun hätte. *„Es bedeutet keinerlei intellektuelle Überforderung, die Unterschiede zu erkennen."* [76] Auch Jörg van Essen (FDP) betonte: *„Beschneidung ist etwas anderes als Verstümmelung. Es gibt einen Unterschied zwischen der Beschneidung von Jungen und der vorsätzlichen sexuellen Verstümmelung von Frauen."* [77]

Christine Buchholz und Nicole Gohlke (Die Linke) vermuteten in erster Linie Antisemitismus bzw. antimuslimischen Rassismus in der Debatte und hielten es darüber hinaus für bigott, nur die Beschneidung als Körperverletzung darzustellen, andere körperliche Eingriffe wie Ohrlochstechen oder vorsorgliche Blinddarm- und Mandelentfernungen hingegen nicht. Analogien zur weiblichen Genitalverstümmelung würden sich verbieten: *„Eine medizinisch sachgerecht durchgeführte Beschneidung bei Jungen gleichzusetzen mit weiblicher Genitalverstümmelung, Klitorisentfernung, - die selbstverständlich vehemt abzulehnen ist - ist in keiner Weise gerechtfertigt.“*[78,79]

Es gab jedoch auch kritische Wortmeldungen. So lehnte Burkhardt Müller-Sönksen (FDP) vor allem die Schnelligkeit des Verfahrens ab: *„Die Notwendigkeit in dieser grundsätzlichen Frage, in Form eines Ad-hoc-Verfahrens zu einer zeitnahen gesetzlichen Regelung zu kommen, ist aus meiner Sicht mit Blick auf die Komplexität der Thematik nicht angemessen.“*[80] Mehmet Kilic und Viola von Cramon-Taubadel (Die Grünen) wiesen in einer gemeinsamen Erklärung darauf hin, dass Kinder nicht das Eigentum ihrer Eltern, der Religionsgemeinschaften oder des Staates seien, sondern Individuen mit vollen Rechten. Der säkulare Staat hätte die Aufgabe, den Druck der Religionsgemeinschaften abzuwenden, damit sich das Individuum frei entfalten könnte. Bei der Zirkumzision handele es sich um einen irreversiblen und nicht zu bagatellisierenden Eingriff und daher müsse diskutiert werden, inwieweit die Entscheidung darüber allein den Religionsgemeinschaften bzw. den Eltern überlassen sein sollte.[81]

Jens Petermann (Die Linke) sprach sich dafür aus, das frühkindliche Ritual der Beschneidung ins Schmerzlos-Symbolische zu verschieben und die Entscheidung über den chirurgischen Eingriff dem Betroffenen zu überlassen, sobald er als 14-jähriger Jugendlicher einwilligungsfähig sei.[82] Die Kinderbeauftragte Marlene Rupprecht (SPD) verwies auf die UN-Kinderrechtskonvention, die im Jahr zuvor in inländisches Recht umgesetzt worden war, sowie auf die Einführung des Rechts der Kinder auf gewaltfreie Erziehung im Jahr 2000. Des Weiteren plädierte sie dafür, nicht nur auf die Menschen zu hören, die sich laut genug äußern könnten, sondern vor allem denjenigen eine Stimme zu geben, die sich noch nicht äußern könnten – den Kindern.[83]

Diese wenigen kritischen Stimmen standen im Vergleich zu der überwältigenden Mehrheit der Befürworter der Resolution allerdings auf ziemlich verlorenem Posten. Dementsprechend fiel auch das Ergebnis der Abstimmung aus: 437 Stimmen für den Antrag bei 97 Gegenstimmen und 13 Enthaltungen.[84] Wie Marlene Rupprecht später bemerkte, hatten sich die wenigsten Parlamentarier*innen in der Vergangenheit mit der Beschneidung von Jungen beschäftigt. Somit wurden die meisten Bundestagsabgeordneten durch das Kölner Urteil erstmals mit der Thematik konfrontiert. Aufgrund des massiven Protests der Religionsverbände fühlten sich viele Politiker*innen unter Druck gesetzt und sahen sich gezwungen, eine schnelle Entscheidung zu treffen. Viele von Rupprechts Kolleg*innen hätten ihr gegenüber im Nachhinein eingeräumt, anders abgestimmt zu haben, hätten sie sich im Vorfeld eingehender informiert.[85]

Im weiteren Verlauf befasste sich der Deutsche Ethikrat am 23. August 2012 in einer öffentlichen Plenarsitzung mit der Beschneidung minderjähriger Jungen aus religiösen Gründen. Der überwiegende Tenor der Diskussion war dabei die Schaffung von Rechtsfrieden durch eine gesetzliche Regelung der Beschneidung mit möglichst wenigen Einschränkungen für die Glaubensgemeinschaften. Dabei wurden u.a. die Aufklärung der Eltern, eine qualifizierte Schmerzbehandlung, eine fachgerechte Durchführung des Eingriffs sowie ein entwicklungsbedingtes Vetorecht des betroffenen Jungen empfohlen.[86] Der jüdische Arzt Leo Latasch wies in seinem Vortag auf zahlreiche gesundheitliche Vorteile der Beschneidung hin, wie ein verringertes Risiko von Peniskarzinomen, Harnwegsinfektionen und STIs. Die Komplikationsrate sei mit 0,13%-0,19% äußerst gering. Das Genital sei weiterhin voll funktionsfähig und hätte keinerlei Beeinträchtigung: *„Klar untersucht wurde, dass es definitiv keinen Verlust der sexuellen Leistungsfähigkeit oder der Befriedigung der Sexualpartner gibt."*[87] Er zeigte sich empört darüber, dass die Beschneidung von Einigen als sexuelle Gewalt oder Folter bezeichnet worden sei. So bekämen die Säuglinge selbstverständlich Schmerzmittel wie Zäpfchen, Salben oder Wein.[88] Zur Veranschaulichung zeigte Latasch einen kurzen Videoausschnitt einer jüdischen Beschneidungszeremonie. Der Säugling Jacob Chai schreit darin während der gesamten Prozedur durchgehend aus Leibeskräften. Das Video stieß auf heftige Reaktionen im Publikum. Ein Zuhörer beschimpfte Latasch als „Sadist", eine Frau brach ohnmächtig auf ihrem Stuhl zusammen und ein anderer Gast musste wegen Übelkeit den Sitzungssaal verlassen.[89]

Dabei hatten die Zuschauer*innen noch gar nicht alles gesehen. Etwas Wesentliches hatte Latasch dem Publikum nämlich vorenthalten: Die Metzitzah - und zwar ohne Glasrohr.[90]

Reinhard Merkel war unter den Vortragenden der Einzige, der sich im Sinne des Kölner Urteils positionierte. In seinem Vortrag machte er deutlich, dass Religionsgemeinschaften keine autonome Definitionsmacht über Körperverletzungen an Dritten hätten und die verbindliche Maßgabe des Elternrechts das Kindeswohl sei und nicht die Autonomie der Eltern. In Bezug auf das Ausmaß des Eingriffs bemerkte er: *„Leider muss hier gesagt werden, mit allem schuldigen Respekt, aber auch in der erforderlichen Deutlichkeit, dass die landläufigen Versuche, Tiefe und Risiken des Eingriffs zu verharmlosen, ganz und gar unangemessen sind. Ohne Anästhesie durchgeführt ist die Beschneidung für das Neugeborene nicht nur schmerzhaft, sondern qualvoll.“*[91]

Anfang November legte die Bundesregierung daraufhin folgenden Gesetzentwurf vor:[92]

§1631d [BGB] Beschneidung des männlichen Kindes

(1) Die Personensorge umfasst auch das Recht, in eine medizinisch nicht erforderliche Beschneidung des nicht einsichts- und urteilsfähigen männlichen Kindes einzuwilligen, wenn diese nach den Regeln der ärztlichen Kunst durchgeführt werden soll. Dies gilt nicht, wenn durch die Beschneidung auch unter Berücksichtigung ihres Zwecks das Kindeswohl gefährdet wird.

(2) In den ersten sechs Monaten nach der Geburt des Kindes dürfen auch von einer Religionsgesellschaft dazu vorgesehene Personen Beschneidungen gemäß Absatz 1 durchführen, wenn sie dafür besonders ausgebildet und, ohne Arzt zu sein, für die Durchführung der Beschneidung vergleichbar befähigt sind.

Im Begründungstext wurde unter anderem auf den hohen Stellenwert der Beschneidung in den Religionsgemeinschaften hingewiesen sowie auf die Empfehlungen der WHO und AAP in Bezug auf medizinische Vorteile.[93] Auch die Abgrenzung zur weiblichen Beschneidung wurde nochmals explizit betont.[94] Hinsichtlich der Vereinbarkeit mit geltenden Rechtsvorschriften wurden keine Kollisionen festgestellt. Insbesondere der Artikel 24 Abs. 3 Kinderrechtskonvention, wonach die Vertragsstaaten Maßnahmen treffen sollen, um gesundheitsschädigende überlieferte Bräuche abzuschaffen, würde dem Gesetzentwurf nicht entgegenstehen, da mit der Vorschrift in erster Linie die weibliche Genitalverstümmelung gemeint sei.[95]

Dem widerspricht Reinhard Merkel jedoch vehement: *„Die Behauptung bleibt nicht nur ohne Beleg; sie ist mit Blick auf Wortlaut wie Entstehungsgeschichte der Norm haltlos."* [96] Die Regelung wurde zudem allgemein ohne Religionsbezug formuliert, da aufgrund der unterschiedlichen Gründe für die Beschneidung nicht nach der Motivation der Eltern differenziert sollte.[97] Allerdings würden nach Ansicht der Entwurfsverfasser*innen Motive wie etwa die Beschneidung aus ästhetischen Gründen oder zur Masturbationsprophylaxe tatsächlich dem Kindeswohl entgegenstehen. Unter besonderen Umständen müsste der Zweck daher im Einzelfall geprüft werden.[98] Die Aspekte der umfassenden Aufklärung, fachgerechten Durchführung und Schmerzbehandlung wurden unter der Formulierung „nach den Regeln der ärztlichen Kunst" miteingeschlossen.[99] Gemäß dem vom Ethikrat empfohlenen Vetorecht sollten sich die Eltern mit dem entgegenstehenden Willen des Kindes „auseinandersetzen".[100] Der zweite Absatz des Gesetzentwurfs, die sogenannte „Mohel-Klausel", wurde speziell auf die jüdische Beschneidungstradition ausgerichtet. Dadurch sollte es auch den Mohalim weiterhin möglich sein, den Eingriff vorzunehmen.[101]

Kurz darauf wurde von 66 Bundestagsabgeordneten fraktionsübergreifend ein alternativer Gesetzentwurf eingebracht:[102]

§1631d [BGB] Beschneidung des männlichen Kindes

Die Personensorge umfasst auch das Recht, in eine medizinisch nicht erforderliche Beschneidung des männlichen Kindes einzuwilligen, wenn es das 14. Lebensjahr vollendet hat, einsichts- und urteilsfähig ist, der Beschneidung zugestimmt hat und diese nach den Regeln der ärztlichen Kunst von einer Ärztin oder einem Arzt mit der Befähigung zum Facharzt für Kinderchirurgie oder Urologie durchgeführt werden soll. Dies gilt nicht, wenn durch die Beschneidung auch unter Berücksichtigung ihres Zwecks das Kindeswohl gefährdet wird.

Im Begründungstext wurde sowohl auf die historische Entwicklung der Beschneidung in den USA eingegangen als auch auf die insgesamt rückläufige Tendenz im englischsprachigen Raum. Zudem wurden anatomischer Aufbau und Funktion der Vorhaut sowie gesundheitliche Folgen einer Amputation dargestellt.[103] In Bezug auf die rechtlichen Rahmenbedingungen wurde die Anerkennung des Kindes als eigenständiger Träger von Grundrechten herausgehoben. Dabei wurde dem Recht des Kindes auf körperliche Unversehrtheit Vorrang gegenüber dem elterlichen Erziehungsrecht eingeräumt. Darüber hinaus wurde auf die gesetzliche Regelung der gewaltfreien Erziehung im Jahr 2000 verwiesen.[104] Angelehnt an den Gesetzentwurf der Bundesregierung war die Regelung allgemein ohne Religionsbezug formuliert.

Auch hier sollte unter besonderen Umständen im Einzelfall im Rahmen einer Kindeswohlprüfung eine mögliche unethische Motivation der Eltern in den Blick genommen werden.[105] Abweichend von der Version der Bundesregierung wurde in dem Alternativvorschlag die Zustimmung des Kindes als unbedingt erforderlich angesehen. Für eine wirksame Zustimmung wurde die Altersgrenze von 14 Jahren sowie die volle Einsichts- und Urteilsfähigkeit des Kindes zur Voraussetzung gemacht.[106] Ein weiterer Unterschied zum Regierungsentwurf stellte zudem die Anforderung an die fachliche Qualifikation der operierenden Personen dar. Während im Gesetzentwurf der Bundesregierung nicht unbedingt ein Medizinstudium notwendig ist, um den Eingriff vornehmen zu dürfen, wurde die Durchführung hier auf Fachärzt*innen der Kinderchirurgie/-urologie beschränkt.[107]

Anschließend wurden die Entwürfe in einer öffentlichen Anhörung des Rechtsausschusses am 26.11.2012 geprüft.[108] Dass die Bundesregierung dabei kein Risiko eingehen wollte, das Gesetz durch Argumente der Gegenseite zu verhindern, wurde in der gezielten Auswahl der Sachverständigen deutlich. So stand von Anfang an fest, wie sich die elf Eingeladenen in der Beschneidungsfrage positionierten, da sie sich bereits im Vorfeld schon dazu geäußert hatten. Die Runde setzte sich zusammen aus dem Vorsitzenden des Zentralrats der Muslime Aiman Mazyek, dem Generalsekretär des Zentralrats der Juden Stephan Kramer, der Rabbinerin Antje Deusel, dem jüdischen Arzt Kristof Graf, dem Urologen Oliver Hakenberg, dem Kinderarzt Wolfram Hartmann, sowie fünf Juristen, darunter Reinhard Merkel.[109]

Die Anhörung von Betroffenenvereinen wurde ausdrücklich abgelehnt, mit der Begründung, es wären nicht genug Stühle im Raum. Außerdem hätte man ja schon genügend „richtige" Experten.[110]

Die Vertreter der Religionsgemeinschaften zeigten sich mit dem Gesetzentwurf der Bundesregierung sehr zufrieden. Antje Deusel betonte noch einmal ausdrücklich den verpflichtenden Charakter der Brit Mila. Jüdische Eltern bzw. erwachsene jüdische Männer könnten demnach nicht selbst nach freiem Belieben darüber entscheiden. Das Ritual sei sowohl innerhalb der jüdischen Gemeinschaft als auch gegenüber der nicht-jüdischen Umgebung nicht verhandelbar.[111] Stephan Kramer verwies auf die guten Erfahrungen mit EMLA und Wein zur Schmerzbehandlung und behauptete, ein Peniswurzelblock sei schmerzhafter als die Beschneidung selbst.[112]

Oliver Hakenberg wies zwar auf die hohe sensorische Nervendichte der Vorhaut hin und übte Kritik an der Stellungnahme der AAP, sprach sich jedoch im Namen der Gesellschaft für Urologie dennoch für die Gesetzesvorlage der Bundesregierung aus.[113]

Wolfram Hartmann lehnte den Entwurf dagegen strikt ab: *„Es muss uns als Anwälte für das Kindeswohl erlaubt sein, Jahrtausende alte religiöse Riten und Gebräuche, die die körperliche Unversehrtheit eines Kindes dauerhaft beeinträchtigen, aufgrund neuer Erkenntnisse im 21. Jh. zu hinterfragen und ein Nachdenken darüber anzuregen, ob es nicht auch für Jungen möglich ist, in der religiösen Tradition seiner Eltern erzogen zu werden, ohne dass ihnen die Vorhaut entfernt wird."*[114]

Unter den Juristen stimmten bis auf Reinhard Merkel alle für den Entwurf der Bundesregierung. In seiner Stellungnahme wies Merkel auf einige gravierende Mängel hin, die seiner Ansicht nach *„sinnbildlich stehen für eine durchgängig fühlbare Bemühtheit der Entwurfsverfasser, ein feststehendes Begründungsziel um jeden Preis zu erreichen, und eben auch um den einer ganzen Reihe unbeglaubigter Suggestionen, sachlicher Irrtümer und selektiver Wahrnehmungen des Diskussionsstands in den zuständigen Wissenschaften."*[115]

Am 12.12.2012 kam es schließlich zur endgültigen Beschlussfassung über die Gesetzentwürfe. Am gleichen Tag fand am Brandenburger Tor mit Unterstützung verschiedener Organisationen wie Terre des Femmes, Deutsche Kinderhilfe, Berufsverband der Kinder- und Jugendärzte, Zentralrat der Ex-Muslime, Giordano-Bruno-Stiftung und Mogis e.V. eine Protestkundgebung gegen das geplante Gesetz statt.[116]

Davon unbeeindruckt stimmten die Abgeordneten erwartungsgemäß mit großer Mehrheit für den Gesetzentwurf der Bundesregierung bei 434 Stimmen, während der alternative Entwurf nur 91 Stimmen erhielt. Die Linke stellte dabei die einzige Partei dar, die mehrheitlich für den Alternativentwurf gestimmt hatte.[117]

Wie eine Umfrage ergab, lehnten 70% der Bevölkerung diese gesetzliche Regelung ab, während nur 24% das Gesetz für richtig hielten.[118]

Im Zuge der Debatte um die straffreie Beschneidung von Jungen wurde folgerichtig die Forderung durch Religionsvertreter laut, auch die weibliche Beschneidung Typ I zu erlauben.[119] Der Deutsche Bundestag beeilte sich daher, die weibliche Genitalverstümmelung durch ein gesondertes Gesetz als eigenständigen Straftatbestand einzuführen.

Jerzy Montag, der sich besonders vehement gegen die Anhörung beschneidungsbetroffener Männer gewehrt hatte, zeigte nun umso mehr Mitgefühl für die betroffenen Mädchen und Frauen: *„Die weibliche Genitalverstümmelung muss als Menschenrechtsverletzung gebrandmarkt und ihr Charakter als Unterdrückung weiblicher Sexualität und Unterordnung unter patriarchale Verhältnisse muss offengelegt werden."*[120,121]

In diesem Sinne wurde am 27.06.2013, ein halbes Jahr nachdem die Beschneidung von Jungen ausdrücklich erlaubt worden war, der *§226a StGB „Verstümmelung weiblicher Genitalien"* verabschiedet:[122,123]

(1) Wer die äußeren Genitalien einer weiblichen Person verstümmelt, wird mit Freiheitsstrafe nicht unter einem Jahr bestraft.

(2) In minder schweren Fällen ist auf Freiheitsstrafe von sechs Monaten bis zu zehn Jahren zu erkennen.

Der Strafrechtler Tonio Walter sieht dieses Gesetz eindeutig als einen Verstoß gegen das Diskriminierungsverbot. Es vermittle die Botschaft: *„Das, was eine Frau ausmacht, ist unantastbar. Aber das, was einen Mann körperlich ausmacht, darf zurechtgeschnitten werden. Das weibliche Geschlecht ist sakrosankt, das männliche disponibel. Juristisch ist §226a nicht so schlimm; ihn wird das Verfassungsgericht kassieren. Allerdings müssen wir überlegen, wie viele Botschaften dieser Art wir Männern und Jungen noch zumuten möchten."*[124]

Juristische Überlegungen

Eine Kinderrechtsverletzug definiert sich danach, was mit einem Kind passiert und nicht danach, was Erwachsene dabei denken.

Victor Schiering, MOGiS e.V.

Innerhalb der juristischen Fachwelt wurde die gesetzliche Regelung unterschiedlich bewertet. Die Befürworter argumentieren dabei hauptsächlich mit der vorrangigen Elternverantwortung als Abwehrrecht gegenüber staatlichen Eingriffen sowie der vermeintlichen Schadensfreiheit der Beschneidung. Ein verfassungsrechtlicher Widerspruch würde somit nicht bestehen. So sei das Gesetz nach Ansicht des Kirchenrechtlers Hans Michael Heinig *„verfassungsrechtlich über jeden Zweifel erhaben"*.[125] Laut BGH-Richter Henning Radtke, füge sich das Gesetz *„harmonisch"* in das System verfassungsrechtlicher Maßstäbe und des geltenden Rechts ein.[126] Siegfried Willutzki, Richter am Familiengericht, findet eine gesetzliche Regelung eigentlich überflüssig, da sich aus seiner Sicht die Zulässigkeit der Beschneidung bei Jungen bereits verfassungs- und familienrechtlich aus dem geltenden Recht ergäbe.[127] Der Hochschulprofessor Christian Walter weist darauf hin, dass das Grundrecht auf körperliche Unversehrtheit einem Gesetzesvorbehalt unterstehe und daher nicht absolut geschützt sei. Demzufolge gäbe es keinen generellen Vorrang der körperlichen Unversehrtheit gegenüber anderen Grundrechten.[128]

Weiterhin verweist er auf das vorrangige Erziehungsrecht der Eltern gem. Art. 6 Abs. 2 S. 1 GG. Das staatliche Wächteramt gem. Art. 6 Abs. 2 S. 2 GG i.V.m. §1666 Abs. 1 BGB käme erst dann zum Zug, wenn das Verhalten der Eltern klar und eindeutig mit dem vorgegebenen Kindeswohl gem. § 1627 S. 1 BGB unvereinbar sei. Die konkrete Definition des Kindeswohls würde jedoch in erster Linie von den Eltern bestimmt und sei stark von subjektiven Wertungen abhängig.[129] Ähnlich sieht es der Rechtswissenschaftler und Mitglied des Ethikrates Wolfram Höfling. Dieser geht von einem Konzept des neutralen Staates aus, wonach der Staat gehalten sei, unterschiedliche Erziehungs- und Kindeswohlkonzepte anzuerkennen. Die primäre Deutungshoheit obläge dabei den Eltern: *„Sie bestimmen, was sie für das Wohl der Kinder halten."* Der überwachende Staat hätte dagegen keine eigene Erziehungskompetenz. Es stünde ihm daher nicht zu, die richtige Vorstellung vom guten Leben für sich in Anspruch zu nehmen. Demzufolge sei der Staat nicht berechtigt, in unterschiedliche Sorgerechts- und Kindeswohlkonzepte einzugreifen, solange eine Missbrauchsgrenze nicht überschritten sei.[130] Auch Radtke argumentiert, dass den Eltern gemäß ihrem vorrangigen Erziehungsrecht zugestanden werde, am besten einschätzen zu können, was dem Wohl des Kindes am ehesten entsprechen würde und sich der Staat dementsprechend zurückhalten müsse: *„Der Beurteilungsspielraum der Eltern endet erst an der Grenze der Kindeswohlgefährdung. Diese kann der einfache Gesetzgeber aber nicht ohne Berücksichtigung der Freiheitskomponente der Elternverantwortung verschieben."*[131]

Laut Willutzki beruhe das Elternrecht auf dem Grundgedanken, dass den Eltern das Wohl ihrer Kinder mehr am Herzen läge als einer anderen Person oder Institution. Das Kind werde durch die Eltern gem. §1629 BGB rechtswirksam vertreten. Eine Kollision der Grundrechte Art. 2 GG und Art. 6 Abs. 2 S. 1 GG hält Willutzki bei dieser Konstellation grundsätzlich nicht für denkbar, da sich die beiden Grundrechte aufgrund ihres Verhältnisses zueinander logisch ergänzen würden.[132] Auch eine Kindeswohlgefährdung hält Willutzki bei einer lege artis durchgeführten Beschneidung für grundsätzlich ausgeschlossen, da das medizinische Restrisiko unterhalb der gesundheitlichen Gefährdungsschwelle läge.[133] Weiterhin kritisiert er eine Verengung des Kindeswohlbegriffs: *„Die Diskussion krankt ferner daran, dass die Stimmen, die eine Zulässigkeit der Beschneidung ablehnen, ganz überwiegend den Begriff des Kindeswohls allein unter medizinischen Gesichtspunkten sehen und definieren. Das wäre jedoch eine unzulässige Verengung des Kindeswohlbegriffs, der viel weiter zu fassen ist und sich vorrangig an psychischen Elementen orientiert."*[134] Ähnlich argumentiert Walter: *„Zu einem Verstoß der Beschneidung gegen das Kindeswohl kann man deshalb nur kommen, wenn man Integrität der körperlichen Substanz für allein maßgeblich hält und Eingriffe in die körperliche Unversehrtheit nur dann als mit dem Kindeswohl vereinbar ansieht, wenn es für sie eine klare medizinische Indikation gibt. Geht man dagegen von einem umfassenden Begriff des Kindeswohls aus, der sich auf die gesamte persönliche Entwicklung des Kindes bezieht, dann verbietet sich eine entsprechende Verkürzung auf allein den physischen Aspekt."*[135]

In diesem Sinn führt Walter weiter an, dass auch das Argument der Irreversibilität der Beschneidung nur auf den körperlichen Zustand abzielen würde. Seiner Ansicht nach sei die Nicht-Beschneidung in ihrer soziokulturellen Dimension allerdings ebenfalls irreversibel: *„Wenn eine vollständige Zugehörigkeit zur Religionsgemeinschaft nur bei Durchführung der Beschneidung innerhalb einer bestimmten Frist erreicht wird, so lässt sich das nach Ablauf der Frist ebenfalls nicht mehr korrigieren."*[136] Er verweist darauf, dass die Forschungslage zu den Auswirkungen des Eingriffs nicht eindeutig sei. Gesichert sei nur, dass Nebenwirkungen nicht mit völliger Sicherheit ausgeschlossen werden könnten. Das Ausmaß dieser Folgen sei jedoch umstritten. Daher plädiert er dafür, sich bei der Beurteilung der Schwere der potentiellen Komplikationen an den Empfehlungen der WHO zu orientieren, da *„es sehr merkwürdig [wäre], wenn die WHO körperliche Eingriffe empfehlen würde, die ein hohes Komplikationsrisiko oder regelmäßig schwere psychische Beeinträchtigungen mit sich bringen."*[137] Auch Heinig schätzt die Risiken einer lege artis durchgeführten Beschneidung als *„beherrschbar"* ein. Mit den Vorgaben der Regeln der ärztlichen Kunst und den Qualitätsanforderungen für nichtärztliche Beschneider werde den staatlichen Schutzpflichten *„vollumfänglich Genüge getan"*.[138] Besonders positiv wertet Heinig, dass das Gesetz bewusst offenlasse, wie religiöse Beschneider zertifiziert werden. Es beschränke sich auf Qualitätsanforderungen und würde so das Recht auf Ordnung und Verwaltung der eigenen Angelegenheiten der Religionsgesellschaften achten.[139]

Höfling zweifelt ebenfalls an der Schädlichkeit der Beschneidung. Die *„Evidenz hunderter Millionen normaler Lebenswege von beschnittenen Männern"* würde das Gegenteil beweisen.[140] Mit dem Tatbestand der weiblichen Genitalverstümmelung sei der Eingriff keinesfalls zu vergleichen: *„Der Versuch der Parallelisierung der weiblichen Genitalverstümmelung mit dem Problem, mit dem wir es hier zu tun haben, [ist] völlig neben der Sache. Wer das nicht anerkennen will, verkennt in der Tat die Kontexte, um die es hier geht. Das primäre Ziel weiblicher Genitalverstümmelung ist Diskriminierung, ist Demütigung, und das ist in unserem Kontext nicht der Fall."*[141]

Darüber hinaus wird im Sinne einer utilitaristischen Logik zudem mit der Wahrung des gesellschaftlichen Friedens argumentiert. So sei die Beschneidungsdebatte vor allem auch eine Stellvertreterdebatte allgemein über die Akzeptanz religiöser Handlungen in einer pluralistischen Gesellschaft.[142] So macht Willutzki deutlich, dass in erster Linie das Gemeinschaftsinteresse gewahrt werden müsse: *„Das weltweite eindeutig negative Echo auf das Urteil des Landgerichts Köln zur Strafbarkeit der Beschneidung verlangt eine rasche Reaktion der deutschen Rechtspolitik, um drohenden Schaden von deutschem Ansehen in der Welt abzuwenden."*[143] Walter sieht das Gesetz vor allem als politischen Akt vor dem Hintergrund der besonderen Geschichte Deutschlands: *„Es stellt sich die Frage, ob ausgerechnet Deutschland dazu berufen ist, als erstes Land einen für Juden und Muslime gleichermaßen identitätsstiftenden Ritus mit den Mitteln des Strafrechts zu bekämpfen."*[144]

Die Kritiker des Gesetzes beurteilen die Rechtslage hingegen deutlich anders. So schreibt der Strafrechtler Jörg Scheinfeld: *„Ohne gewichtige medizinische Indikation dürfen Eltern nicht vom Sexualorgan ihres Kindes eine erogene Zone abtrennen (lassen). Dieser Satz sagt etwas so Selbstverständliches, dass man sich wundert, wie er in der Beschneidungsdebatte außer Kraft gesetzt werden konnte. Beachtet und ausnahmslos gelten gelassen wird er vom einfachen Recht heute noch hinsichtlich eines Geschlechts, hinsichtlich der Mädchen."*[145] Für den Rechtswissenschaftler Rolf Herzberg stellt das Gesetz einen *„Fremdkörper im Organismus unserer Rechtsordnung"* dar. Es dürfe keinen Bestand haben und müsse vom Bundesverfassungsgericht verworfen werden.[146] Nach Ansicht des BGH-Richters Ralf Eschelbach ist das Gesetz *„offensichtlich verfassungswidrig".*[147] Und auch der Staatsrechtler Josef Isensee erklärt die gesetzliche Regelung für *„verfassungsrechtlich gescheitert".*[148] In seiner Begründung verweist Isensee auf die individualistisch angelegte grundrechtliche Ordnung: *„Ihr Fundament ist die Würde des Individuums als Person und als Träger ursprunghafter Freiheit."*[149] In Bezug auf die geforderte Rücksichtnahme auf die Jahrtausende alte Tradition schreibt er: *„Ein genereller Traditionsvorbehalt ist der Verfassung fremd. Sie ist ausgelegt auf Neubegründung der staatlichen Ordnung, nach rationalen Prinzipien aus dem aufklärerischen Geist der Freiheit. Ihr normativer Geltungsanspruch setzt sich im Konfliktfall über das geschichtlich Gewordene hinweg. Das gilt in besonderem Maße für die Grundrechte, die, ausgerichtet auf die universale, emanzipatorische Idee der Menschenrechte, alle* *hergebrachten Ordnungen unter Rechtfertigungszwang stellen und den status quo aufbrechen, auch wenn sich in ihm eine ehrwürdige Tradition verkörpert.*" [150] Weiterhin führt Isensee aus, die rituelle Beschneidung habe sowohl eine physische als auch eine geistige Natur. Die physische Amputation könne dabei nicht einfach „wegspiritualisiert" werden. *„Wo immer Blut fließt, tritt der säkulare Staat auf den Plan.*"[151]

Wie Volker Beck in seiner Rede im Bundestag erklärt hatte, sei der Kern des zu verhandelnden Problems ein „klassischer Grundrechtskonflikt" zwischen dem Freiheitsrecht der Eltern auf ungestörte Ausübung ihrer Religion und dem Erziehungsrecht einerseits, sowie dem Recht des Kindes auf körperliche Unversehrtheit andererseits. Dieser sei zu lösen durch eine vernünftige Abwägung, aus der sich der Vorrang des Elternrechts ergeben würde.[152] Nach Reinhard Merkel würde sich eine Kollision zwischen den Artikeln 2 und 4 GG in der Beschneidungsfrage jedoch gar nicht erst ergeben: *„Die Überlegung ist schon im Grundsatz verfehlt und zwar, mit Verlaub, bis zum Abwegigen. Kein Freiheitsgrundrecht, welchen Gewichts auch immer, gestattet, unter welchen Bedingungen immer, das direkte Eindringen in den Körper eines anderen, und wäre der Eingriff noch so bagatellhaft. Das folgt nicht erst aus irgendeiner Abwägung. Auch eine solche kommt von Anfang an nicht in Betracht. Wäre es nicht grotesk, hätten Religionsgemeinschaften eine autonome Definitionsmacht, wann und wie sie in den Körper von Personen, die dazu keine Einwilligung gegeben haben, eindringen oder auch nur ein abwägendes Räsonnement darüber verlangen dürfen?*"[153]

Auch Eschelbach argumentiert, dass, entgegen eines rechtlichen Mythos, Abwägungsfragen hier gar keine Rolle spielten, da Freiheitsrechte keine Befugnis zur Antastung der körperlichen Integrität eines anderen Menschen gewähren würden: *„Die Freiheit der Religionsausübung der Eltern oder der Gemeinschaft liefert aber generell keinen Rechtfertigungsgrund für einen Eingriff in die körperliche Integrität des Kindes, erst recht nicht im Bereich der Intimsphäre unter nachhaltiger Beeinflussung der sexuellen Entwicklung.*[154] Der ehemalige BGH-Richter Thomas Fischer sieht es nicht anders: *„Eine ‚Abwägung‘ zwischen der Religionsfreiheit von Gläubigen und der körperlichen Integrität von (noch) nicht Gläubigen gibt es nicht, denn das Grundrecht der Religionsfreiheit rechtfertigt keinesfalls absichtliche Körperverletzungen an Dritten. Aus Art. 4 GG ergibt sich kein Anspruch, den eigenen religiösen Glauben durch medizinisch sinnlose, im Einzelfall riskante Verstümmelungen anderer Menschen zu praktizieren.“*[155] Die Religionsfreiheit der Eltern halte sich, so Isensee, in den Grenzen der Selbstbestimmung. Das Kind sei gegenüber den Eltern eine andere Person, von Anfang an ausgestattet mit eigenen Grundrechten. *„Mit dieser Erkenntnis verabschiedet sich die hergebrachte Vorstellung, dass das Kind rechtloses Substrat der elterlichen Gewalt und somit so etwas wie ihr Eigentum sei.“*[156]

Neben dem verfassungsrechtlichen Grundsatz der grundrechtsimmanenten Schranken wird die Religionsfreiheit aus Art. 4 GG infolge der Übernahme von Glaubensbestimmungen der Weimarer Verfassung gem. Art. 140 GG zudem durch Art. 136 WV eingeschränkt.

Dort heißt es in Abs. 1:

„Die bürgerlichen und staatsbürgerlichen Rechte und Pflichten werden durch die Ausübung der Religionsfreiheit weder bedingt noch beschränkt."

Und weiter in Abs. 4:

„Niemand darf zu einer kirchlichen Handlung oder Feierlichkeit oder zur Teilnahme an religiösen Übungen oder zur Benutzung einer religiösen Eidesform gezwungen werden."

Nachdem die Religionsfreiheit der Eltern als Rechtfertigungsgrund ausgeschlossen ist, kommt nur eine Abwägung zwischen dem Recht auf körperliche Unversehrtheit und dem Elternrecht in Frage. Im Gegensatz zu den Befürwortern des Gesetzes, die den Eltern in der Ausgestaltung ihres Erziehungsrechts sehr viel Freiheit einräumen, ziehen die Kritiker deutlich schärfere Grenzen. So bestreitet Eschelbach, dass die Beschneidung vom Erziehungsrecht gedeckt ist: *„Jede Form von Gewalt gegen Kinder, zu der auch die regelmäßig ohne Betäubung erfolgende, entgegen der falschen Behauptung von der Schmerzunempfindlichkeit der Neugeborenen qualvolle Beschneidung gehört, ist im Rahmen der Pflege und Erziehung untersagt gem. §1631 Abs. 2 BGB. Eine Operation in der Intimsphäre mit erheblichem Einfluss auf die sexuelle Gesamtentwicklung des Kindes, ist kein Mittel der Erziehung, weil sich Erziehung in der Vermittlung von Wissen und Verhaltensregeln oder auch von Überzeugungen in Glaubensfragen ausdrückt, nicht aber in einer Substanzverletzung des Körpers."*[157]

Fischer verweist ebenfalls auf die strengen Vorgaben des Kindeswohls: *„Wie das Erziehungsrecht ausgeübt wird, ist nicht dem freien Ermessen der Sorgeberechtigten überlassen, sondern im Hinblick auf die (grund)-rechtliche Anerkennung des Kindes als Person rechtlich gebunden: Es geht nicht um Verwirklichung der Selbstbestimmung der Sorgeberechtigten, sondern um das Kindeswohl; dieses ist aber nicht eine Mischung aus elterlicher Selbstverwirklichung, Glaubens- und Weltanschauungsfreiheit bei staatlicher Notzuständigkeit, sondern eine eigenständige, an der physischen und psychischen Integrität des kindlichen Individuums ausgerichtete Position.“*[158] Auch Herzberg hält die Beschneidung für nicht vereinbar mit dem Kindeswohl: *„Allein die wissenschaftlich gesicherte Erkenntnis, dass das sensorische Gewebe des Penis zu fast 70% auf die Vorhaut entfällt, dass sie die eigentliche ,erogene Zone' des männlichen Geschlechtsorgans bildet, macht es geradezu absurd, ihre Vernichtung mit dem köperlichen Wohl des Kindes zu rechtfertigen.“*[159]

Ebenso wird die geschlechtsbezogene Unterscheidung der gesetzlichen Regelung als Verstoß gegen den Gleichheitsgrundsatz gewertet. Nachdem es für diese Ungleichbehandlung keinen Sachgrund gebe, könne die geschlechtsbezogene Differenzierung laut Scheinfeld keinen Bestand haben.[160] So sieht es auch Herzberg: *„Man macht sich unglaubwürdig, ja lächerlich mit der Behauptung, das Anritzen der äußeren Schamlippen sei schlimmer als die Abtrennung der männlichen Vorhaut.“*[161]

Auch Isensee argumentiert ähnlich: *„Die Operation an den weiblichen wie an den männlichen Geschlechtsorganen ist eine Verletzung der körperlichen Unversehrtheit im strafrechtlichen wie im grundrechtlichen Sinne. Die tatbestandliche Qualität ist gleich. Als schwerwiegende Verletzung der Grund und Menschenrechte ist sie der Einwilligung der Eltern entzogen.“* [162]

Eine Stellvertreterentscheidung für das Kind sei auch im Hinblick auf einen mutmaßlichen Willen des Kindes ausgeschlossen, da die Eltern nicht beurteilen könnten, welche Ansprüche das Kind selbst später an die Intaktheit seines Geschlechtsorgans stellen werde.[163] Scheinfeld schreibt dazu: *„Die Entscheidung darüber, sich den besonders sensiblen und erogenen Teil seines Geschlechtsorgans abschneiden zu lassen betrifft die Intimsphäre der Person und ist eine höchstpersönliche Entscheidung, die nicht in Stellvertretung getroffen werden darf. Da völlig offen ist, ob der spätere, entscheidungsreife Erwachsene sich für eine Beschneidung entschiede und diesen intimen Körperteil irgendeinem Interesse opferte, drückt die Anmaßung einer Stellvertreterentscheidung nur aus, dass man die - noch reifende – Persönlichkeit des Kindes nicht respektiert.“*[164]

In Wahrheit gehe es laut Herzberg ausschließlich um die Interessen der Erwachsenen: *„Das Kind ist Opfer einer Körperverletzung, die deshalb erlaubt sein soll, weil wichtige Interessen außerhalb seiner Person sie gebieten.“*[165]

An anderer Stelle führt er aus: *„Man beruft sich immer nur darauf, dass es für andere, vor allem für die Eltern, Geistliche und Verbandsfunktionäre bitter und schmerzlich sei, sich von einem heilig-überlieferten Ritual ihrer Religion verabschieden zu sollen. Ich will dieses Leid nicht gering achten, wo es doch viele offenbar stärker belastet als das Mitleid mit den Kindern, die nach altem Brauch qualvoll ohne Betäubung beschnitten werden. Aber das Verzichtsleid der Erwachsenen kann nicht ins Gewicht fallen. Die geltenden Gesetze schreiben den Eltern ja vor, zum Guten des Kindes zu handeln, und die Beschneidung dient nicht deshalb der ‚Pflege' und dem ‚Wohl' des Kindes, weil der Vollzug des Rituals andere Menschen beglückt und ihr religiöses Bedürfnis befriedigt."*[166] Tonio Walter sieht es ähnlich: *„Wenn die Eltern die Beschneidung unbedingt wollen, aus welchen Gründen auch immer, so mag sie deren innerem Wohl dienen. Aber das ist nicht das Wohl des Kindes."*[167]

Der tatsächliche normative Konflikt liege daher, so Merkel, in der Abwägung zwischen der besonderen Verpflichtung Deutschlands, auf jüdische Belange Rücksicht zu nehmen und den Grundrechten der Kinder – auch jüdischer Eltern. *„Der Gesetzgeber freilich scheint das Ergebnis der Abwägung zu kennen, bevor er deren Schwierigkeit verstanden hat. Das kann er sich leisten. Denn selten dürfte es den Fall eines gesellschaftsweit umstrittenen Problems gegeben haben, in dem die primär Betroffenen so aussichtslos ohne öffentliche Lobby geblieben sind wie im Beschneidungsstreit die verletzten Kinder."*[168]

Neben der grundsätzlichen Ablehnung des Gesetzes werden auch dessen inhaltliche Mängel kritisiert. Scheinfeld sieht in der Forderung „nach den Regeln der ärztlichen Kunst" einen deutlichen Widerspruch zum Hippokratischen Eid, wonach es Ärzt*innen aufgrund des Prinzips „nihil nocere" nicht erlaubt ist, nicht einwilligungsfähige Kinder ohne medizinische Indikation zu beschneiden. *„Der Gesetzgeber hat es also fertiggebracht, einen Beschneidungseingriff an die Einhaltung der Regeln der ärztlichen Kunst zu binden, den es nach den Regeln der ärztlichen Kunst gar nicht geben dürfte. Anders ausgedrückt: ‚Der Arzt darf tun, was ein guter Arzt zwar nicht tun sollte, wenn er es nur wie ein guter Arzt tut.'"*[169]

Ein weiterer Widerspruch ergibt sich aus der Regelung zur Schmerzbehandlung in der Mohel-Klausel, da eine effektive Schmerzbehandlung durch Nicht-Ärzte nicht mit dem Arzneimittelgesetz vereinbar ist. So schreibt Merkel: *„Zwar müsse nach Absatz 1 deren Befähigung für die Gesamtprozedur, also auch in puncto Anästhesie, mit der eines Arztes ‚vergleichbar' sein. Aber damit wird etwas postuliert, das sachlich wie rechtlich unmöglich ist. Ein Nichtarzt kann und darf eine solche Befähigung gar nicht erwerben. Den dafür erforderlichen Umgang mit den Mitteln und Methoden kunstgerechter Anästhesie verbietet ihm bei Strafe das Arzneimittelgesetz."*[170]

Auch die Forderung nach umfassender Aufklärung, die die Formulierung „nach den Regeln der ärztlichen Kunst" beinhaltet, sehen Kritiker in der Mohel-Klausel nicht erfüllt. Isensee sieht hier ein deutliches Regelungsdefizit, da die Verantwortung für die Einhaltung der Vorgaben bei der Religionsgemeinschaft liege und das Gesetz keine

Melde- und Informationspflichten, Genehmigungserfordernisse, Beratungsmodelle oder Aufsichtsbefugnisse vorsehe. Die vorgeschriebenen Regelungen seien Isensee zufolge auch gar nicht auf praktische Durchsetzung angelegt: *„Vielmehr ist ihr Sinn, den Kinderrechten symbolische Reverenz zu erweisen, mehr aber auch nicht."*[171]

Deutlich wird dieses Regelungsdefizit u.a. bei Internetauftritten jüdischer Organisationen bzw. einzelner Mohalim. So beschreibt der Mohel David Goldberg auf seiner Homepage die Beschneidung als *„sehr kleinen Eingriff"*, der gesundheitliche Vorteile bieten würde. Risiken und Komplikationen werden dort überhaupt nicht erwähnt. Eine Betäubung sei bei Neugeborenen nicht vorgesehen, da der Schmerz bei kleinen Babys infolge des noch nicht voll ausgebildeten Schmerzempfindens minimal sei.[172]

Auch die „Küchentisch-Beschneidung" in Nürnberg 2017, bei der ein zwei Wochen alter Säugling fast verblutet wäre, war der Staatsanwaltschaft zufolge durch den §1631d BGB gedeckt, weshalb das Ermittlungsverfahren eingestellt wurde.[173]

Weiterhin wird die gesetzliche Regelung in Bezug auf die Motive der Eltern kritisiert. Scheinfeld hält es für einen Widerspruch, dass die Motive der Eltern grundsätzlich keine Rolle spielen, außer es handele sich um „missbilligende" Motive. Verkannt werde dabei, dass das jüdische und muslimische Motiv, dem Vorbild Abrahams zu folgen, nicht von höherer Dignität sei als das Motiv, die Masturbation zu verhindern.[174]

Merkel argumentiert: *„Missbilligenswerte Motive sind eine Frage der Moralität des elterlichen Handelns. Die Frage der rechtlichen Zulässigkeit eines Eingriffs am kindlichen Körper berühren sie nicht einmal. Es liegt auf der Hand, dass die Norm de facto nicht ein einziges ernsthaft verfolgtes elterliches Beschneidungsmotiv zu blockieren vermöchte, und wäre es noch so schäbig und absurd. Alles was solche Eltern auf die entsprechende Frage antworten müssten, wäre: ‚medizinisch-prophylaktisch' oder ‚kulturell' oder ‚sozial'. Keine dieser Angaben ist überprüfbar, keine korrigierbar, jede reicht aus."*[175] Auch Isensee hält die Umsetzung des Gesetzesvorbehalts für problematisch: *„Die verbannte Differenzierung nach dem Motiv der Beschneidung kehrt also wieder zurück durch die Hintertür des Kindeswohls. Damit kehrt auch das formelle Problem zurück, wie sich diese Umstände verlässlich feststellen lassen."*[176]

Ein weiterer Kritikpunkt ist die Nichtbeachtung des vom Ethikrat eingeforderten Vetorechts des Kindes, das im Gesetz selbst keine Erwähnung findet. Dem Begründungstext zufolge seien Eltern gem. §1626 Abs.2 S.2 BGB gehalten, sich mit dem entgegenstehenden Kindeswillen auseinanderzusetzen.[177] Damit stehe es den Eltern frei, so Herzberg, sich über den Gegenwillen des Kindes hinwegzusetzen.[178] In der Folge entfalte das Vetorecht praktisch keine Wirkung mehr meint auch Eschelbach: *„Eine mit körperlichem Zwang ausgeübte Nötigung zur Duldung eines operativen Eingriffs in die körperliche Unversehrtheit ist aber weder den Eltern gestattet, noch kann sie von diesen einem Dritten wirksam übertragen werden.*

Erst recht gilt die Annahme einer Nichtbeachtung des Vetorechts bei den besonders frühen Beschneidungen für den sich aufbäumenden und laut schreienden Säugling.[179] Ähnlich sieht es Merkel: *„Die ethische Idee ist deutlich: Jede Beschneidung verletzt den kindlichen Körper mit einem gewaltsamen Akt. Diese Verletzung soll nicht durch einen weiteren Gewaltakt, die Beugung des kindlichen Willens, erzwungen werden. Das Vetorecht hat ersichtlich nur als Recht gegen die Eltern einen Sinn. Ihnen die Letztentscheidung darüber zu überlassen, ob sie es in concreto anerkennen wollen, heißt nichts anderes, als den Adressaten einer Pflicht zur Disposition über deren Erfüllung zu ermächtigen.*[180]

Insgesamt kommen die Kritiker zu dem Schluss, dass bei der medizinisch nicht indizierten Beschneidung nicht einwilligungsfähiger Kinder grundsätzlich eine Kindeswohlgefährdung gem. §1666 BGB vorliegt, welche nicht durch den §1631d BGB legitimiert werden kann. So schreibt Eschelbach: *„bei erheblichen Eingriffen in die Intimsphäre [ist] eine erhebliche Beeinträchtigung der kindlichen Sexual- und Gesamtentwicklung stets anzunehmen. Das Kindeswohl ist daher stets gefährdet. Im Ergebnis ist anzunehmen, dass eine nicht medizinisch indizierte Beschneidung im Intimbereich prinzipiell das Kindeswohl gefährdet.*[181] Scheinfeld zufolge verletzt der Staat durch die ausdrückliche gesetzliche Erlaubnis der Beschneidung seine Schutzpflicht gem. Art. 6 Abs. 2 S. 2 GG gegenüber dem Kind. *„Das Kindeswohl wird durch die elterlich veranlasste Beschneidung nicht nur gefährdet, sondern verletzt. Dagegen muss der Staat einschreiten und darf es nicht positiv gestatten.*[182]

Auch Isensee stellt klar: *„Der Gesetzgeber sucht sich mit der Erklärung zu rechtfertigen, bei einer aus kindeswohlgetragenen und fachgerecht durchgeführten Beschneidung ohne besondere Risiken für das Kind sei der Staat ‚regelmäßig nicht in seinem Wächteramt berufen'. Doch berufen ist er immer, nur ist er nicht permanent gefordert zu intervenieren. Das Wächteramt begleitet die Ausübung des Elternrechts von Anfang an und ohne Unterbrechung. Der Staat kann sich seines Amtes nicht entledigen und das Gesetz kann ihn davon auch nicht zeitweilig und nicht gegenständlich suspendieren. Solange die primär verantwortlichen Eltern das Notwendige tun und das Kind keinen Schaden erleidet, bedarf es seines Einschreitens nicht. Die Bereitschaft zum Eingreifen, wenn Gefahr droht, und die Vorsorge, dass Risiken vermieden werden, ist jedoch fortdauernde, unbedingte Pflichtaufgabe des Staates."*[183]

6 Sozialwissenschaftliche Aspekte

Soziologische und sozialpsychologische Hintergründe

In seiner Buchrezension zu *Ent-hüllt! Nur ein kleiner Schnitt?* von Clemens Bergner fragt der Sozialwissenschaftler und Geschlechterforscher Hans-Joachim Lenz zu Recht, warum sich die Soziale Arbeit bislang - im Gegensatz zur weiblichen Beschneidung - nicht um die Folgen der Beschneidung von Jungen kümmert.[1] Lenz selbst, der sich bereits seit den 1970er Jahren mit männlichen Rollenbildern und Opfererfahrungen von Männern beschäftigt, hat die Beschneidung von Jungen schon seit langem als eine Form von sexualisierter Gewalt in seine Untersuchungen miteinbezogen.[2,3] Vor dem Hintergrund seiner langjährigen Forschung stellt Lenz die These auf, dass die Ursache für diese geschlechtsbezogene Unterscheidung in einer systematischen Verdeckung männlicher Verletzbarkeit liegt.[4] In den bestehenden Herrschaftsverhältnissen, denen die Menschen strukturell ausgesetzt sind, werden infolge kapitalistischer Prinzipien sowohl weibliche als auch männliche Opfer produziert. Männer wie Frauen sind dabei Leidtragende des modernisierten Patriarchats und der geschlechtshierarchischen Arbeitsteilung, da ihnen die Möglichkeiten der freien Entfaltung verwehrt sind.[5] Aufgrund hegemonialer Geschlechterkonstruktionen wird den männlichen Betroffenen der Opferstatus in der Regel jedoch nicht zugestanden. Nach dem vorherrschenden gesellschaftlichen Verständnis ist jemand entweder Opfer oder Mann. Beide Begriffe werden nicht zusammen gedacht.[6]

Im Prozess der Sozialisation lernen Jungen bereits früh-
zeitig, sich dem vermeintlich richtigen Männerbild anzu-
passen. Nach dem traditionellen Rollenverständnis wird
von einem Mann erwartet, dass er mit seinen Problemen
ohne fremde Hilfe von außen alleine fertig wird. Ruhiges
und sanftes Verhalten von Jungen wird häufig abgewer-
tet. Gefühle wie Angst, Trauer, Schwäche oder Hilflosigkeit sind nicht mit dem männlichen Selbstbild vereinbar.
Es wird erwartet, dass ein Mann nicht leidet oder zumindest sein Leiden nicht zeigt. Psychische und physische
Verletzungen von Jungen werden häufig nicht wahrgenommen und die Jungen erfahren kaum echte Anteil-
nahme. Infolgedessen eignen sich Jungen schon früh
verschiedene Bewältigungsstrategien an, um das verletzte Selbstwertgefühl zu kompensieren. So werden Gefühle der Schwäche verharmlost oder unterdrückt und durch
dominantes oder aggressives Verhalten überspielt. Durch
eine Überidentifikation mit dem Männlichkeitsstereotyp
wird versucht, Kontrolle zurückzugewinnen und Stärke zu
demonstrieren.[7,8] Diese geschlechtshierarchischen Zu-
schreibungen und Bewertungen werden durch die Einbettung und Überformung in gesellschaftliche Hinter-
grundstrukturen verdeckt. Dadurch werden Probleme
von Männern privatisiert und der Öffentlichkeit entzogen.

Dieser Verdeckungszusammenhang spielt auch im professionellen Alltag (sozial-)pädagogischer Berufe eine
zentrale Rolle und unter dem Druck der Normalisierung
wird häufig auf einseitige Männer- und Frauenbilder
zurückgegriffen.[9] Die Thematik der männlichen Verletzlichkeit ist noch weitgehend unerforscht.

Männliche Opfer werden bislang nur sehr vereinzelt in ihrer Hilfsbedürftigkeit wahrgenommen und Betroffene berichten von enormen Widerständen in professionellen Hilfesystemen hinsichtlich der Bearbeitung ihrer Opfererfahrungen. *„Auf der Ebene der Helfer spiegeln sich die gesellschaftlich vorherrschenden Einstellungen gegenüber dem Opfer wider."*[10] Die spezifischen Notlagen der männlichen Opfer werden oft nicht als solche erkannt, sondern werden stattdessen allgemein als „soziale Probleme" oder „Jugendprobleme" behandelt. Ohne die geschlechtsbezogenen strukturellen Hintergründe in den Blick zu nehmen, ist die sozialpädagogische bzw. psychotherapeutische Arbeit allerdings auf eine oberflächliche Symptombekämpfung begrenzt, während die zugrundeliegenden Ursachen unentdeckt bleiben. *„Die männliche Verletzbarkeit verschwindet hinter zugeschriebenen Rollenklischees, denen zufolge ein Mann nicht verletzbar zu sein hat. Die Fassade des Mythos des starken Mannes bleibt so aufrechterhalten."*[11] Lenz erklärt diese fehlende Unterstützung u.a. mit der eigenen Betroffenheit der männlichen Helfer. *„Der Mann als fragendes und untersuchendes Subjekt ist zugleich das befragte und untersuchte Objekt."*[12] Der professionelle Helfer wird dabei mit der eigenen „Schwäche" konfrontiert und ist dazu aufgefordert, sich mit eigenen Opfererfahrungen auseinanderzusetzen. Dies ist nicht selten ein schmerzlicher Prozess, in welchem das eigene Männlichkeitsbild tiefgehend in Frage gestellt wird. Häufig werden daher Verletzungserfahrungen des Gegenübers in der Wahrnehmung des Helfers unbewusst ausgeblendet, um sich die eigene Verletzlichkeit nicht eingestehen zu müssen.[13]

Grundsätzlich ist der Opferbegriff umstritten und stößt insbesondere bei Männern aufgrund der negativen Assoziationen wie Schwäche, Hilflosigkeit, Verliererimage usw. auf Ablehnung. Aus geschlechterpolitischer Sicht ist der Opferbegriff jedoch gerade wegen dieser negativen Gefühle von besonderer Wichtigkeit, da sie den Kern des tradierten Männerbildes treffen und Missbrauchs-, Gewalt- oder Ausbeutungserfahrungen von Männern durch den Begriff sichtbar und damit besprechbar gemacht werden können.[14]

Nach dem Soziologen Heinrich Popitz ist die Verletzlichkeit des Menschen eine grundlegende Voraussetzung von Macht. Die „Verletzungsoffenheit", wie Popitz es bezeichnet, steht dabei der „Verletzungsmacht" gegenüber. *„Im direkten Akt des Verletzens zeigt sich unverhüllter als in anderen Machtformen, wie überwältigend die Überlegenheit von Menschen über andere Menschen sein kann. Zugleich erinnert der direkte Akt des Verletzens an die permanente Verletzbarkeit des Menschen durch Handlungen anderer, seine Verletzungsoffenheit, die Fragilität und Ausgesetztheit seines Körpers, seiner Person."*[15]

Auch bei der Beschneidung minderjähriger Jungen handelt es sich um eine Verletzung vor dem Hintergrund eines bestehenden Machtungleichgewichts. Die ältere Generation ermächtigt sich selbst, auf die Körper der nachfolgenden Generation zuzugreifen. Die Körper der Jungen und Männer dienen einem höheren Interesse und werden der Aufrechterhaltung der Gesellschaftsordnung geopfert. Jungen werden schon sehr früh dazu gezwungen, ihre persönlichen Belange zurückzustellen und ihren Schmerz dem großen Ganzen einer kulturellen Ideologie unterzuordnen.[16] *„Die vom Grundgesetz geschützte Integrität ihres Körpers bleibt Männern vorenthalten."*[17] Der Schriftsteller Ralf Bönt schreibt dazu: *„Kulturübergreifend ist der Eingriff die Initiation eines Männerlebens, in dem das Individuum stört. Mit der Vorhaut schneidet man schließlich die männliche Empfindlichkeit und deren Schutz ab: Man kehrt den Mann nach außen, ins Ungeschützte."*[18]

Wie Lenz von seinen Forschungsarbeiten berichtet, wird der Eingriff insbesondere von muslimischen Männern dabei als Selbstverständlichkeit erlebt, über die nicht gesprochen werden kann. Den Jungen wird damit nicht nur die Möglichkeit genommen, über die Beschneidung selbst zu bestimmen, sondern auch den traumatisierenden Eingriff im späteren Leben in Frage stellen zu dürfen.[19]

Hinzu kommt bei der Beschneidung, dass es sich um einen Eingriff in die persönliche Intimsphäre handelt. Menschen haben ein natürliches Bedürfnis diesen intimen Raum zu schützen und selbst zu bestimmen, welche Personen diesem Bereich nahekommen dürfen. Das natürliche Schamgefühl kann dabei als Schutzmechanismus zur Einhaltung der Grenzen der Intimsphäre verstanden werden. Kommt es zu fremdbestimmten Überschreitungen dieser Grenze, entwickeln Opfer in der Folge häufig Schamgefühle als Reaktion darauf, dass die Grenzen ihres intimen Raums massiv verletzt wurden. Diese Scham trägt noch zusätzlich dazu bei, dass Jungen und Männer über ihre negativen Erfahrungen in Bezug auf die Beschneidung schweigen.[20]

Beschneidung und Soziale Arbeit

Vor diesem Hintergrund ist die Soziale Arbeit aufgefordert, ein Problembewusstsein für die verdeckte Verletzlichkeit von Jungen und Männern im Allgemeinen, sowie für die männliche Beschneidung als verletzenden Akt im Besonderen zu entwickeln. Diese Handlungsaufforderung ergibt sich aus dem Selbstverständnis der Sozialen Arbeit als Menschenrechtsprofession und den daraus abgeleiteten Prinzipien sozialarbeiterischen Handelns. So heißt es in den *Human Rights Policy Papers* der International Federation of Social Workers 1988: *„Social work has, from its conception, been a human rights profession, having as its basic tenet the intrinsic value of every human being and as one of its main aims the promotion of equitable social structures, which can offer people security and development while upholding their dignity."*[21]

In den verschiedenen Berufskodizes der Sozialen Arbeit sind auf der Basis menschenrechtsethischer Verpflichtungen konkrete Normierungen für das berufliche Handeln festgelegt.[22]

Nach Thiersch et al. enthalten die konkretisierten Bestimmungen der Menschenrechte *„elementare Lebensbedingungen, die für eine menschenwürdige und darin ‚gelingende' Lebensführung erforderlich sind, so [dass] die Menschen zu AutorInnen ihres eigenen Lebens werden können. Die so verstandenen Menschenrechte (und die daraus abgeleiteten Kinderrechte) müssen als Grundlage und Horizont einer sich demokratisierenden Weltgesellschaft verstanden werden."*[23]

Weiter führen die Autoren aus: *„Soziale Arbeit agiert im Prinzip einer advokatorischen Ethik, also in einem gleichsam vorweggenommenen Interesse der AdressatInnen in den Aufgaben, in denen diese ihre Interessen selbst (noch) nicht wahrnehmen können. Sozialprofessionelle Ethik konkretisiert hier konsequent ihren menschenrechtsethischen Bezugsrahmen.“*[24]

Die oberste Richtschnur sozialarbeiterischen Handelns ist die Menschenwürde.[25] Dieser Wert wird wesentlich durch das Ausmaß an Autonomie bestimmt, welches dem Individuum zugestanden wird.[26]

Karin Lauermann schreibt dazu: *„Jeder Mensch, unabhängig von Herkunft, Geschlecht, Hautfarbe oder seinem physischen, psychischen, sozialen oder moralischen Status hat ein Recht auf freie Selbstbestimmung als Grundwert. Menschenrechte als Freiheitsrechte verpflichten Menschen, die Handlungs- und Entscheidungsfreiheit anderer zu respektieren und erteilen der Sozialen Arbeit den Auftrag, für eine Optimierung der Handlungs- und Entscheidungsfreiheit aller Menschen Sorge zu tragen, um allen Menschen die höchstmögliche Autonomie als Selbstbestimmung im Sinne transzendentaler Freiheit zuzuerkennen.“*[27]

Gegenstand der Sozialen Arbeit ist der Mensch in seinen gesellschaftlichen Bezügen. Ihre Aufgabe ist im Wesentlichen die Verbesserung der Lebenssituation von Menschen durch die Aufdeckung, Vermeidung und Beseitigung sozialer Problemlagen.[28]

Das sozialpädagogische Handlungskonzept des Empowermentansatzes spiegelt dabei die Grundhaltung der Sozialen Arbeit wider, nach der die Stärkung der Autonomie und Selbstbestimmung der bedürftigen Menschen als wichtigstes Ziel im Vordergrund steht.[29]

Nach ihrem Selbstverständnis hat die Soziale Arbeit außerdem den Auftrag, gegebene Strukturen kritisch zu hinterfragen. Die kritische Reflexion ist dabei *„auf eine grundsätzliche Problematisierung von Macht- und Herrschaftsverhältnissen gerichtet, d.h. auf gesellschaftlich erzeugte Unterdrückungs-, Ausbeutungs- und Ausschließungsverhältnisse, auf ungerechtfertigte Beschränkungen kollektiver und individueller Selbstbestimmungsmöglichkeiten, auf Mechanismen der Disziplinierung und Normalisierung etc."*[30]

Im Rahmen der Handlungsmaxime der politischen Einmischung aus dem Konzept der Lebensweltorientierung ist die Soziale Arbeit dazu aufgefordert, sich aufgrund ihrer fachlichen Expertise in gesellschafts- und sozialpolitische Themen einzubringen. Thiersch & Grunwald verstehen Einmischung dabei *„nicht als singuläre Intervention, sondern als permanente Beteiligung und Einflussnahme. - Einmischung wird so zum kontinuierlichen Mitmischen."*[31]

Obwohl Sozialarbeiter*innen in ihrer Tätigkeit weitestgehend weisungsgebunden sind, haben sie ihr Handeln letztlich immer vor ihrem eigenen Gewissen zu verantworten. Um ethisch richtig und gut zu handeln, reicht es daher nicht aus, sich nur an vorgegebene Regeln und Dienstanweisungen zu halten.[32]

Während es bei der rechtlichen Frage des Handelns darum geht, was im konkreten Fall legal ist, geht es bei der ethischen Frage darum, was, unter Berücksichtigung der rechtlichen Normen, ein humanes, sinnvolles und angemessenes Handeln ausmacht. *„Während sich also die Legalität einer Handlung aus der bloßen Anwendung vorgegebener Rechtsvorschriften ergibt, lässt sich die ethische Legitimität einer Handlung nicht aus einem solchermaßen geschlossenen System von Normen ableiten. Die Bestimmung des ethisch Guten und Richtigen, der vernünftige Umgang mit ethischen Werten und Normen bleibt vielmehr stets der Eigenverantwortung des handelnden Subjekts zugelastet."*[33] Um es mit den Worten Sophie Scholls zu sagen: *„Das Gesetz ändert sich, das Gewissen nicht."*

In Bezug auf die Beschneidung von Jungen ergibt sich aus diesen allgemeinen fachlichen und berufsethischen Bestimmungen die Handlungsaufforderung an die Soziale Arbeit, Stellung zu der Thematik zu beziehen und sich als „Anwältin der Schwächsten" für die Selbstbestimmungsrechte der minderjährigen Jungen einzusetzen. In ihrem Mandat der politischen Einmischung ist es ihre Aufgabe, die gegenwärtige Gesetzeslage kritisch zu hinterfragen und auf eine Gesetzesänderung hinzuwirken, die Jungen den gleichen Schutz vor genitalverändernden Praktiken bietet wie Mädchen. Aufgrund der fachlichen Zuständigkeit der Sozialen Arbeit im Auftrag des Kinderschutzes sollte sich, ähnlich wie der Berufsverband der Kinder- und Jugendärzte, auch der Deutsche Berufsverband für Soziale Arbeit (DBSH) offiziell positionieren und Partei für die schutzlos gestellten Jungen ergreifen.

Bislang wird die Beschneidung nicht einwilligungsfähiger Jungen von den Trägern Sozialer Arbeit allerdings kaum thematisiert und offizielle Stellungnahmen dazu gibt es kaum. Da die öffentlichen Träger aufgrund ihrer staatlichen Verfasstheit in ihrer Programmatik in besonderem Maße an die Vorgaben des Gesetzgebers gebunden sind, ist eine kritische Positionierung gegenüber dem Beschneidungserlaubnisgesetz hier nur sehr begrenzt möglich. Auch von den kirchlichen Trägern ist anzunehmen, dass sie sich vorrangig religiösen Schutzrechten verpflichtet fühlen und sich dementsprechend solidarisch gegenüber jüdischen und muslimischen Religionsgemeinschaften zeigen. Demgegenüber sind die freien weltlichen Träger, innerhalb der Grenzen der gesetzlichen Normen und des Finanzierungsrahmens des Kostenträgers, verhältnismäßig unabhängig und verfügen über einen relativ großen Spielraum in der Ausgestaltung ihrer Programmatik. Daher sind es vor allen Dingen die konfessionsungebundenen Träger, die für die Grundrechte der Jungen eintreten. So spricht sich bspw. der Bundesverband pro familia in einem diesbezüglichen Positionspapier klar für das Recht auf genitale Selbstbestimmung aller Kinder unabhängig vom Geschlecht aus: *„Menschenrechte sind individuelle Rechte. pro familia ist daher zu der Auffassung gelangt, dass das Elternrecht da endet, wo das Recht des Kindes auf Menschenwürde, sexuelle Selbstbestimmung und körperliche Unversehrtheit beeinträchtigt wird. Das Recht auf freie Religionsausübung ist ein individuelles Freiheitsrecht und rechtfertigt nicht den Eingriff in die Menschenrechte Anderer.*

Die Genitalbeschneidung verletzt das grundgesetzlich verbriefte Recht des Kindes auf körperliche Unversehrtheit. Dieses Recht und die UNO- Kinderrechtskonvention schützen Jungen genauso wie Mädchen vor jeder Form körperlicher Gewaltanwendung. "[34]

In der konkreten Umsetzung bedeutet dies in erster Linie Aufklärungsarbeit über die möglichen Folgen und Risiken der Vorhautentfernung. Damit Eltern eine verantwortungsvolle Entscheidung in Bezug auf die Beschneidung treffen können, müssen sie über wissenschaftlich fundierte Informationen über die damit verbundenen Konsequenzen verfügen. Um die Eltern bzw. Sorgeberechtigten fundiert beraten zu können, benötigen die pädagogischen Fachkräfte daher ein umfassendes Wissen sowohl über die möglichen Kurz- und Langzeitfolgen der Beschneidung, als auch über die kulturellen, religiösen und psychologischen Hintergründe des Eingriffs.

Eine wichtige Voraussetzung für eine respektvolle Verständigung ist zudem, dass Sozialarbeiter*innen in der Lage sind, sich in die Situation des Gegenübers einzufühlen und Verständnis für dessen Situation aufzubringen. Grundsätzlich ist davon auszugehen, dass Eltern nur das Beste für ihr Kind wollen. Die Aufgabe der pädagogischen Fachkraft ist es, den Eltern im Rahmen einer klient*innenzentrierten Beratung die Konsequenzen des Eingriffs für das Wohl des Kindes und dessen spätere Entwicklung in respektvoller und sachlich-informativer Weise nahezubringen und sie so in der Wahrnehmung der Interessen und Bedürfnisse ihres Kindes zu unterstützen.[35]

Von zentraler Bedeutung in der Beratung ist es zudem, über symbolische Ersatzrituale wie die Brit Shalom aufzuklären und die entsprechenden Kontakte zu vermitteln, um den Eltern alltagspraktische Wege aus der vermeintlichen Alternativlosigkeit aufzuzeigen. Weiterhin gilt es, die Eltern dahingehend zu stärken, den starken sozialen Druck innerhalb der religiösen oder kulturellen Gemeinschaft bewältigen zu können.

Neben der Elternarbeit umfasst die sozialarbeiterische Tätigkeit darüber hinaus auch die Beratung von Beschneidungsbetroffenen. Aufgrund der hohen Hemmschwelle, Probleme infolge der Beschneidung überhaupt mitzuteilen, ist es hier besonders wichtig, niedrigschwellige Hilfsangebote sowohl für direkt als auch für indirekt Betroffene anzubieten. Wesentliche Inhalte der fachlichen Unterstützung sind dabei unter anderem die Beratung über vorhautwiederherstellende Maßnahmen und Technologien, sowie die Vermittlung weiterführender Hilfsangebote wie Selbsthilfegruppen oder Psychotherapie. Kooperation und Vernetzung sind daher zentrale Bestandteile in der Arbeit mit Beschneidungsbetroffenen.

Fazit

Wie das vorliegende Buch zeigt, lassen sich genitalverändernde Praktiken an nicht einwilligungsfähigen Kindern weder bei Mädchen noch bei Jungen rational begründen. Vielmehr handelt es sich um ein sexualisiertes Unterwerfungsritual, in welchem sich die Machtausübung der älteren Generation gegenüber den jüngeren und verwundbaren Mitgliedern der Gesellschaft ausdrückt. Als irreversibler Eingriff in die Persönlichkeitsrechte des Kindes stellen sämtliche Formen der Genitalbeschneidung eine schwerwiegende Menschenrechtsverletzung dar. Da Menschenrechte einen universalen Anspruch haben und somit für alle Menschen gleichermaßen gelten, kann es in Bezug auf die Beschneidung minderjähriger Kinder keine Unterscheidung nach Geschlecht, Herkunft und Religionszugehörigkeit geben. Die Gründe, weshalb Jungen trotz des verfassungsrechtlichen Gleichheitsgrundsatzes nicht der gleiche Schutz wie Mädchen zugestanden wird, sind vielfältig. Die persistenten Bemühungen, die Vorhautamputation bei Jungen und Männern durch pseudomedizinische Begründungen zu rechtfertigen, haben durch die Unterstützung zentraler Organisationen wie WHO und UNICEF einen erheblichen Einfluss auf die Beurteilung der Praxis. Eine tieferliegende Ursache für die Verharmlosung der männlichen Beschneidung und der Ignoranz gegenüber dem Leiden der Betroffenen liegt dabei vor allem in den geschlechtsstrukturellen Rollenzuschreibungen und der damit einhergehenden verdeckten Verletzlichkeit von Jungen und Männern.

So wird die Debatte um die Vorhautamputation größtenteils sexistisch geführt. Jungen und Männern wird dabei suggeriert, ihre Genitalien seien unhygienisch und schmutzig und zudem potentielle Krankheitsüberträger. Die männliche Sexualität wird auf die reine Funktionsfähigkeit der Ejakulation reduziert. Wie Gislinde Nauy jedoch treffend formuliert: *„Eine Aussage wie ‚wenn er beim Sex länger braucht, hab ich ja auch mehr davon' unterscheidet sich in ihrer Machohaftigkeit keineswegs von einer Aussage wie ‚eine zugenähte Vagina ist enger und fühlt sich besser an'".*[1] Besonders deutlich wird diese Ungleichbehandlung auch am Beispiel der Verwendung der Vorhaut in der Kosmetikindustrie. So wäre es kaum vorstellbar, die „penis-facials" von Sandra Bullock, Cate Blanchett und Co auszutauschen durch „clitoral-facials" etwa von George Clooney oder Brad Pitt.

Dabei fand der Einsatz gegen FGA nicht immer so eine breite Unterstützung wie heute. So wurde in den 1990er Jahren eine strafgesetzliche Regelung der weiblichen Genitalverstümmelung vom Deutschen Bundestag abgelehnt, mit der gleichen Begründung wie aktuell bei der Beschneidung von Jungen, man dürfe sich nicht in andere Kulturen und Religionen einmischen.[2]

In der Beschneidungsdebatte hat zudem die Sorge, als antisemitisch oder islamophob zu gelten, dazu geführt, die Interessen der Religionsgemeinschaften höher zu gewichten als diejenigen der minderjährigen Jungen. Angesichts der besonderen Vergangenheit Deutschlands ist diese Rücksichtnahme auf jüdische Belange zu einem gewissen Maß durchaus verständlich.

Hier wäre eine ehrliche und offene Auseinandersetzung überaus wichtig gewesen. Stattdessen wurde die Diskussion, noch bevor sie wirklich beginnen konnte, durch das überhastet geschaffene Beschneidungsgesetz beendet.

Dass der 1631d BGB allerdings nicht zu dem erhofften Ende der Debatte geführt hat, zeigen zahlreiche Initiativen und Bewegungen, die anlässlich der gesetzlichen Regelung entstanden sind und die sich gegen die Beschneidung minderjähriger Kinder engagieren wie beispielsweise MOGiS e.V., intaktiv e.V., Pro Kinderrechte Schweiz, prepuce.ch, Droit au Corps oder ARGUS-Kinderschutz. Seit dem 7. Mai 2013 wird anlässlich des Kölner Urteils jedes Jahr der Word Wide Day Of Genital Autonomy (WWDOGA) gefeiert. Dazu organisiert MOGiS e.V. eine zentrale Kundgebung in Köln mit Redebeiträgen von Teilnehmer*innen aus aller Welt.

In mehreren europäischen Ländern gab es zudem Initiativen, die ein gesetzliches Verbot der Vorhautamputation bei nicht einwilligungsfähigen Jungen forderten. So brachte Silja Dögg Gunnarsdóttir von der Progressiven Partei in Island 2018 einen Gesetzesvorschlag zum Verbot der männlichen Genitalverstümmelung ein.[3] Islands Parlamant sah sich in der Folge massivem Druck von Religionsvertretern aus dem Ausland ausgesetzt. Aufgrund der wirtschaftlichen Abhängigkeit von den USA wurde ein Brief der amerikanischen Dachorganisation orthodox-jüdischer Organisationen dementsprechend als Androhung wirtschaftlicher Sanktionen gegenüber Island verstanden.[4] Infolge des massiven Drucks wurde die Gesetzesinitiative nach drei Monaten wieder zurückgezogen.[5]

Im gleichen Jahr startete die Intaktivismus-Organisation *Intact Denmark* unter dem Vorsitz von Lena Nyhus ein Bürgerbegehren, mit dem Ziel, ein Mindestalter von 18 Jahren für medizinisch nicht indizierte Vorhautamputationen einzuführen.[6] Es folgte eine mehrjährige intensive Debatte innerhalb des dänischen Parlaments. 2021 stimmten die dänischen Abgeordneten schließlich mehrheitlich gegen die Einführung eines Mindestalters, nachdem sich die Premierministerin Mette Frederiksen bereits im Vorfeld mehrfach gegen eine gesetzliche Einschränkung der Beschneidung ausgesprochen hatte.[7]

In den deutschen Medien wurde davon zwar so gut wie gar nicht berichtet, nichtsdestotrotz zeigen diese Bewegungen, dass das Ritual der Beschneidung von Jungen in einer Gesellschaft, deren Werte auf den universellen Menschenrechten basieren, immer schwerer zu legitimieren ist. Mit den Worten Josef Isensees: *„Wenn das Problembewußtsein einmal geweckt worden ist, dann kann das Gesetz es nicht wieder einschläfern."*[8]

Anmerkungen

Kapitel 1

[1] Paulsen et al., 2017, S. 227
[2] Paulsen et al., 2017, S. 261
[3] Schwegler, 1998, S. 308
[4] Paulsen et al., 2017, S. 286
[5] dgti, 2001
[6] Stringer et al., 2010, S. 132
[7] Kobelt, 1844
[8] Duden, 2019
[9] Schwegler, 1998, S. 319
[10] O'Connell et al., 1998, S. 1896
[11] O'Connell et al., 1998, S. 1894
[12] O'Connell et al., 2004, S. 129
[13] Lippert, 2011, S. 412
[14] Wallace, 2012
[15] Schirmer, 2012
[16] ntv, 2016
[17] Moszynski, 2002, ab Min.: 4:42
[18] Angier, 2000, S. 94
[19] Wunderweib, 2015
[20] watson, 2017
[21] Raßbach, 2018
[22] Kitchell et al., 1955, S. 178,184
[23] Kobelt, 1844, S. 39
[24] Kobelt, 1844, S. 40
[25] Cold et al., 1999, S. 37
[26] Halata et al., 1986, S. 227
[27] Shih et al., 2013, S. 1786
[28] O'Connell et al., 2005, S. 1193
[29] Drenckhahn, 2003, S. 747
[30] Waschke et al., 2015, S. 382
[31] Paulsen et al., 2017, S. 263

[32] Drake et al., 2017, S. 241, 243, 257, 258
[33] Scott, 1999, S. 9
[34] Tortora et al., 2006, S. 1241
[35] Lippert, 2011, S. 452
[36] Schwegler et al., 2016, S. 452
[37] Tortora et al., 2006, S. 1241
[38] Schwegler et al., 2016, S. 452
[39] Kugler, 2017, S. 334
[40] Lippert, 2011, S. 413, 452
[41] Hegazy et al., 2026, S. 4
[42] Taylor et al., 1996, S. 293
[43] ebd.
[44] Shih et al., 2013, S. 1785
[45] DocCheck Flexicon, 2019
[46] Lichtenheldt, 2017, S. 30
[47] Fleiss, 1997, S. 36ff
[48] Bazett et al., 1932, S. 490
[49] Werker et al., 1998, S. 1075
[50] Fleiss et al., 2002, S. 4
[51] Gairdner, 1949, S. 1433
[52] Øster, 1968, S. 200
[53] Scott, 1999, S. 11
[54] Øster, 1968, S. 202
[55] Lichtenheldt, 2017, S. 51ff
[56] Schröder, 2016, S. 1907
[57] Cold et al., 1999, S. 39
[58] Van Howe et al., 2006, S. 1047
[59] Schröder, 2016, S. 1907
[60] ebd.
[61] Van Howe et al., 2006, S. 1046

Kapitel 2

[1] Dictionary, 2019

[2] Walter, 2004, S. 45

[3] WHO, 2008, S. 10

[4] Dirie, 2002, S. 52

[5] du Pré, 2004

[6] reformatorisch dagblad, 2004

[7] Keck et al., 1998, S. 20

[8] ebd.

[9] WHO, 2008, S. 22

[10] DGVN, 1993, S. 33ff

[11] Rahman et al., 2000, S. 101

[12] Terre Des Femmes, 2007

[13] UNICEF, 2013, S. 7

[14] Unicef, 2024, S. 1

[15] Unicef, 2016

[16] Unicef, 2024, S. 2

[17] Unicef, 2024, S. 4

[18] Unicef, 2013, S. 30ff.

[19] Unicef, 2024, S. 18

[20] Yasin et al., 2013, S. 2

[21] Dehghankhalili et al., 2015, S. 1580ff.

[22] Dawson et al., 2020, S. 8

[23] Ministry of Health of Republic of Indonesia, 2013, S. 245

[24] Budiharsana et al., 2003, S. 24

[25] Rashid et al., 2023, S. 111

[26] Merli, 2008, S. 32

[27] Unicef, 2024, S. 6

[28] Dehghankhalili et al., 2015, S. 1579

[29] Yasin et al. 2013, S. 3

[30] Rashid et al. 2023, S. 111

[31] Budiharsana et al. 2003, S. 24

[32] Merli, 2010, S. 733

[33] Unicef 2013, S. 46

[34] Pashaei et al., 2012, S. 2

[35] Unicef 2024, S. 8

[36] Dawson et al., 2020, S. 9
[37] Budiharsana, 2016
[38] Hirsi Ali, 2006, S. 52ff.
[39] WHO, 2008, S. 24
[40] Abdulcadir et al., 2016, S. 228
[41] WHO, 2016, S. 2
[42] WHO, 2025, S. 3
[43] WHO, 2008, S. 25
[44] Satti et al., 2006
[45] Satti et al., 2006, S. 308
[46] Unicef, 2005, S. 15
[47] Unicef, 2013, S. 47
[48] Yoder et al., 2013, S. 39
[49] DeMeo, 1997, S. 7
[50] Lightfoot-Klein, 2003, S. 69
[51] Merli, 2008, S. 37
[52] Yoder et al., 2013, S. 39
[53] Merli 2008, S. 33
[54] Isa et al., 1999, S. 142
[55] Rashid et al., 2019, S. 2
[56] Budiharsana et al. 2003, S. 28
[57] Unicef, 2024, S. 7
[58] Nour et al., 2006, S. 57
[59] Kölling, 2008, S. 10
[60] Berggren et al., 2004, S. 303
[61] Serour, 2010, S. 94
[62] Ahmed et al., 2022, S. 2
[63] ebd.
[64] Unicef, 2024, S. 7
[65] ebd.
[66] Koski et al., 2017, S. 3
[67] Kandala et al., 2018, S. 5
[68] Unicef, 2024, S. 12ff.
[69] Kandala et al., 2018, S. 3

[70] Ahmed et al., 2022, S. 2
[71] Farih et al., 2025, S. 5
[72] Unicef, 2024, S. 21
[73] Unicef, 2024, S. 10
[74] Unicef, 2013, S. 67ff
[75] Unicef, 2024, S. 10
[76] Kimani et al., 2018, S. 27
[77] Dawson, 2020, S. 9
[78] Unicef, 2024, S. 8
[79] Elnakib et al., 2025, S. 12
[80] Dawson et al., 2020, S. 9
[81] Budiharsana et al., 2003, S. 27
[82] Budiharsana et al., 2003, S. 25
[83] Jaya et al., 2024, S. 4
[84] Kimani et al., 2018, S. 29
[85] Budiharsana et al., 2003, S. 32
[86] AAP, 2010, S. 1092
[87] Kimani et al., 2018, S. 28
[88] WHO, 2008, S. 12
[89] WHO, 2025, S. 8
[90] Hull et al., 2001, S. 63
[91] Vallely et al., 2017, S. 1
[92] Byard, 2017, S. 926
[93] Kaggwa et al., 2014, S. 1ff.
[94] Ritter, 2016, S. 1456
[95] Scott, 1999, S. 16
[96] Ritter, 2016, S. 1456
[97] Morris et al., 2016, S. 6
[98] ebd.
[99] Morris et al., 2016, S. 5ff.
[100] Drain et al., 2006, S. 3
[101] Morris et al., 2016, S. 4ff.
[102] Owings et al., 2013, S. 1
[103] Yang et al., 2025, S. 1236
[104] Ritter, 2016, S. 1456

[105] Bell, 2005, S. 126
[106] DGKCH, 2021, S. 18
[107] AAP, 2012, S. 759
[108] Bellieni et al., 2013, S. 3
[109] Tontonoz, 2025
[110] Darbon Institute, 2026
[111] Bellieni et al., 2013, S. 3
[112] Kim et al., 1999, S. 28
[113] Hull et al., 2001, S.61
[114] Merli, 2010, S. 729
[115] ebd.
[116] Hull et al., 2001, S.62
[117] Deccan Chronicle, 2016
[118] Ramos et al., 2000, S. 3
[119] Ramos et al., 2000, S. 5
[120] Senel et al., 2011, S. 174
[121] Naji et al., 2013, S. 123
[122] Yegane et al., 2006, S. 443
[123] Koc et al., 2013, S. 4
[124] Türk et al., 2013, S. 29
[125] Koc et al., 2013, S. 4
[126] Türk et al., 2013, S. 30
[127] Kelec, 2006, S. 110ff.
[128] Chaim et al., 2005, S. 369
[129] Aldeeb Abu-Sahlieh, 2012, S. 82ff.
[130] Peltzer et al., 2007, S. 660
[131] Bailey et al., 2006, S. 5
[132] Niang et al., 2007, S. 28
[133] Siweya et al., 2018, S. 1567
[134] Anike et al., 2013, S. 2
[135] ebd.
[136] Earp, 2015, S.89
[137] ICGI, 2000

Kapitel 3

[1] Bell, 2005, S. 127
[2] Darby et al., 2007, S. 302
[3] Earp, 2022, S. 10
[4] Bergner, 2015, S. 222
[5] Watson, 2015
[6] Bergner, 2015
[7] Earp, 2014, S. 2
[8] Paix et al., 2012, S. 511
[9] Bellieni et al., 2013, S. 1
[10] Odukogbe et al., 2017, S. 141
[11] Mavundla et al., 2009, S. 400
[12] Siweya et al., 2018, S. 1572
[13] Berggren et al., 2004, S. 304
[14] Berggren et al., 2004, S. 307
[15] Goldberg, 2019
[16] Aldeeb Abu-Sahlieh, 2012, S. 200ff
[17] Stevens et al., 2009, S. 2
[18] Brady-Freyer et al., 2009, S. 14
[19] Slater et al., 2010, S. 1231
[20] CMDh, 2013, S. 24ff
[21] Brady-Freyer et al., 2009, S. 14
[22] Kaufmann et al., 2012, S. 656
[23] Brady-Freyer et al., 2009, S. 3
[24] Goldman, 1998, S. 27
[25] Paix et al., 2012, S. 512
[26] Goldman, 1998, S. 24
[27] Paix et al., 2012, S. 512
[28] Williams et al., 1983, S. 40
[29] Elting et al., 1976, S. 271
[30] Anand et al., 1987, 1327
[31] AAP, 1987, S. 446
[32] Stang et al., 1998, S. 2
[33] Bellieni et al., 2012, S. 428

[34] Stanford Children's Health, 2019
[35] Stang et al., 1998, S. 2
[36] Aldeeb Abu-Sahlieh, 2012, S. 200
[37] Razmus et al., 2004
[38] Sharara-Chami et al., 2017
[39] Van Howe et al., 2008
[40] Becke et al., 2013, S. 103
[41] Blasl, 2008, S. 21
[42] Cold et al., 1999, S. 37
[43] Balga et al., 2013, S. 712
[44] Senel et al., 2011, S. 175
[45] Merli, 2010, S. 725
[46] Ramos et al., 2000, S. 4
[47] Miranda, 2019, ab Min: 0:24
[48] Atikeler et al., 2005, S. 98
[49] Bailey et al., 2006, S. 28
[50] Isa et al., 1999, S. 142
[51] Rashid et al., 2009, S. 6
[52] Budiharsana et al., 2003, S. 32
[53] Kaplan et al., 2011, S. 4
[54] Nour, 2008, S. 137
[55] Nour, 2008, S. 137
[56] Kaplan et al., 2011, S. 3
[57] Dehghankhalili et al., 2015, S. 4
[58] Lightfoot-Klein, 2003, S. 72
[59] Odukogbe et al., 2017, S. 141
[60] Lightfoot-Klein, 2003, S. 73
[61] Odukogbe et al., 2017, S. 144
[62] Ghosh et al., 2023, S. 6
[63] Anike et al., 2013, S. 2
[64] Meissner et al., 2007, S. 372
[65] Tagesspiegel, 2025
[66] Blank et al., 2012, S. 405
[67] Joudi et al., 2011, S. 527

[68] Van Howe, 2006, S. 52

[69] Pieretti et al., 2010, S. 517

[70] Atikeler et al., 2005, S. 98

[71] AAP, 2012, S. 772, 778

[72] Christakis et al., 2000

[73] Wiswell et al., 1989

[74] Frisch et al., 2018, S. 632

[75] Thorup et al., 2013, S. 2

[76] Bollinger, 2012, S. 83

[77] WHO, 2008, S. 11

[78] Darby et al., 2007, S. 309

[79] Senkul et al., 2004, S. 155

[80] Focus, 2015

[81] Darby et al., 2007, S. 312

[82] Bleustein et al., 2003

[83] Payne et al., 2007

[84] Morris et al., 2013

[85] Boyle, 2015, S. 26

[86] McGrath, 2010, ab Min.: 11:05

[87] Sorrells et al., 2007, S. 866

[88] Wallerstein, 1980, S. 175

[89] Earp, 2015, S. 93

[90] Rosen et al., 2006, S. 515

[91] Johnsdotter, 2013, S. 261

[92] Gruenbaum, 2006, S. 127

[93] Solinis et al., 2007, S. 361

[94] Kim et al., 2007, S. 621

[95] Frisch et al., 2011, S. 1375

[96] Bronselaer et al., 2013, S. 824

[97] Kim et al., 2007, S. 620

[98] Bergner, 2015, S. 191ff

[99] Bergner, 2015, S. 199

[100] Solinis et al., 2007, S. 361

[101] O'Hara et al., 1999, S. 82

[102] Bergner, 2015, S. 188

[103] Catania et al., 2007

[104] Catania et al., 2007, S. 1670

[105] Catania et al., 2007, S. 1674ff

[106] Alsibiani et al., 2010, S. 723

[107] Biglu et al., 2016, S. 3

[108] Lightfoot-Klein, 2003, S. 85ff

[109] Asefaw, 2008, S. 728

[110] Asefaw, 2008, S. 728

[111] Almroth et al., 2001, S. 1459

[112] Nour et al., 2006, S. 57

[113] Berggren et al., 2004, S. 307

[114] Ramos et al., 2000, S. 7

[115] RND, 2019

[116] Bergner, 2015, S. 99ff

[117] Kizilhan, 2011, S. 95

[118] Abdel-Azim, 2013, S. 142

[119] Bergner, 2015, S. 99ff

[120] Lightfoot-Klein, 2003, S. 78

[121] Behrendt et al., 2005, S. 1001

[122] Goldman, 1999, S. 95ff

[123] Bergner, 2015, S. 102

[124] Lightfoot-Klein, 2003, S. 79

[125] Lightfoot-Klein, 2003, S. 78

[126] Bergner, 2015, S. 99

[127] Goldman, 1999, S. 95

[128] Odukogbe et al., 2017, S. 143

[129] Bergner, 2015, S. 236

[130] Goldman, 1997

[131] Goldman, 1997, S. 73

[132] Goldman, 1999, S. 94

[133] Goldman, 1997, S. 61

[134] Behrendt et al., 2005, S. 1002

[135] Goldman, 1999, S. 96

[136] Lightfoot-Klein, 2003, S. 83

[137] Van der Kolk, 1989, S. 390
[138] Denniston, 1999
[139] Denniston, 1999, S. 222
[140] Tehrani, 2018

Kapitel 4

[1] Hutson, 2004, S. 238
[2] Wilson, 2008, S. 150
[3] Darby, 2005, S. 76, 79
[4] Niang et al., 2007, S. 24
[5] Lightfoot-Klein, 2003, S. 67
[6] Szasz, 1996, S. 139
[7] Mavundla et al., 2009, S. 401
[8] Hellsten, 2004, S. 249
[9] Wilson, 2008, S. 162
[10] Aggleton, 2007, S. 18
[11] Tangwa, 1999, S. 186
[12] Caldwell et al., 1997, S. 1186
[13] Hellsten, 2004, S. 253
[14] DeMause, 1991, S. 163
[15] ebd.
[16] Goodman, 1999, S. 181
[17] Menage, 1999, S. 218
[18] Ramos et al., 2000, S. 3
[19] Aldeeb Abu-Salieh, 2012, S. 318
[20] Glass, 2014, S. 569
[21] Caldwell et al., 1997, S. 1183
[22] Caldwell et al., 1997, S. 1186
[23] Lightfoot-Klein, 2003, S. 69
[24] Siweya et al., 2018, S. 1570
[25] Ramos et al., 2000, S. 3
[26] Siweya et al., 2018, S. 1573
[27] Lightfoot-Klein, 2003, S. 67ff.
[28] Berggren et al., 2004, S. 305

[29] Gruenbaum, 2006, S. 126
[30] Almroth et al., 2001, S. 1458
[31] Herieka et al., 2003, S. 221
[32] Elnakib et al., 2025, S. 9
[33] Lamont, 2018, S. 297
[34] Lamont, 2018, S. 293
[35] Glass, 2014, S. 569
[36] Lamont, 2018, S. 302
[37] Glass, 2014, S. 568
[38] Glass, 2014, S. 569
[39] Putranti, 2003, S. 44
[40] Gollaher, 2000, S. 6
[41] Glick, 2005, S. 16
[42] Gollaher, 2000, S. 12
[43] Genesis, Kap. 17, Vers 11,12
[44] Genesis, Kap. 17, Vers 14
[45] Philo, gest. ca. 40 n. Chr. übersetzt von Yonge, 1993, S. 48
[46] Gollaher, 2000, S. 13ff
[47] Glick, 2005, S. 45
[48] Szasz, 1996, S. 139
[49] Segal, 2014, S. 213
[50] Levitikus, Kap. 15, Vers 32,33
[51] Levitikus, Kap. 20, Vers 10,13,18
[52] Kitzur Shulchan Aruch, Kap. 151, Vers 1,3
[53] Maimonides, gest. 1204 übersetzt von Friedländer, 1903, S. 378
[54] Segal, 2014, S. 214
[55] Von Braun, 2018, S. 32
[56] Segal, 2014, S. 217
[57] Goldman, 1998, S. 13
[58] Aldeeb Abu-Sahlieh, 2012, S. 53
[59] Segal, 2014, 219
[60] Moll, 2014, S. 64

[61] Goldman, 1998, S. 13
[62] Moll, 2014, S. 67
[63] Segal, 2014, S. 221
[64] Lowenfield, 2011
[65] Wine, 1985, S. 181ff
[66] Aldeeb Abu-Sahlieh, 2012, S. 102
[67] Moll, 2014, S. 58
[68] Deuteronomium, Kap. 10, Vers 16
[69] Moll, 2014, S. 58
[70] Tutsch, 2014, S. 26
[71] Moll, 2014, S. 58
[72] Gollaher, 2000, S. 44
[73] Smiljic, 2014, S. 46
[74] Koran, Sure 2, Vers 135
[75] Gollaher, 2000, S. 44
[76] Gollaher, 2000, S. 45
[77] Koran, Sure 2, Vers 53
[78] Smiljic, 2014, S. 46
[79] Sahih al-Bukhari, Buch 72, Hadith 779
[80] Sunan Abi Dawud, Buch 42, Hadith 5251
[81] Aldeeb Abu-Sahlieh, 2012, S. 177
[82] Target e.V., 2019
[83] Dawson et al. 2020, S. 9
[84] ebd.
[85] ebd.
[86] Jaya et al. , 2024, S. 5
[87] Gooma, 2013, S. 125
[88] Rashid et al., 2019, S. 4
[89] Unicef, 2013, S. 69
[90] Unicef, 2024, S. 4
[91] Rashid et al., 2021, S. 111
[92] Ministry of Health of Republic of Indonesia 2013, S. 246
[93] Aldeeb Abu-Sahlieh, 2012, S. 146
[94] Ateş, 2019

[95] Glick, 2005, S. 151
[96] Hodges, 1997, S. 18ff
[97] Becker, 1892, S. 6
[98] Hodges, 1997, S. 18ff
[99] Jacobi, 1876, S. 10
[100] Warren, 1892, S. 201
[101] Kellogg, 1888, S. 294
[102] Garwood, 1854, S. 554
[103] Kellogg, 1888, S. 294ff
[104] Money, 1887, S. 421
[105] Kellogg, 1888, S. 296
[106] Kellogg, 1888, S. 294ff
[107] Beard, 1882, S. 619
[108] Graefe, 1825, S. 20, 29
[109] Wallerstein, 1980, S. 36ff
[110] Hodges, 1997, S. 20
[111] Haynes, 1883, S. 130
[112] Spratling, 1895, S. 442ff
[113] Becker, 1892, S. 16
[114] Beebe, 1897, S. 9
[115] Wallerstein, 1980, S. 177
[116] Lightfoot-Klein, 2003, S. 26
[117] Wallerstein, 1980, S. 172ff
[118] Lightfoot-Klein, 2003, S. 28ff
[119] Hulverscheidt, 2005, S. 217, 240
[120] Medical Record, 1867, S. 71
[121] Wallerstein, 1980, S. 174
[122] Gollaher, 2000, S. 80
[123] Wallerstein, 1980, S. 175
[124] Gross et al., 1966, S. 300, 307
[125] Gross et al., 1966, S. 300
[126] Fishbein, 1969, S. 90
[127] Wollman, 1973, S. 130
[128] Wallerstein, 1980, S. 183

[129] Wallerstein, 1980, S. 185
[130] Wallerstein, 1980, S. 176
[131] Glick, 2005, S. 181
[132] Lydstone, 1912, S. 137, 159ff
[133] Johnson, 1860, S. 345
[134] Kellogg, 1888, S. 295
[135] Campell, 1970, S. 1836
[136] Johnson, 1860, S. 345
[137] Sayre, 1870, S. 206ff
[138] Sayre, 1875, S. 255ff
[139] Holt, 1902, S. 679ff
[140] Glick, 2005, S. 181
[141] Lehman, 1893, S. 65
[142] Gollaher, 2000, S. 92
[143] Gollaher, 2000, S. 89
[144] Freeland, 1900, S. 1870
[145] Wallerstein, 1980, S. 86
[146] Fleiss et al., 1998, S. 364
[147] Hutchinson, 1855, S. 543
[148] Donovan et al., 1994, S. 317
[149] Laumann et al., 1997, S. 1052
[150] Glick, 2005, S. 181
[151] Wallerstein, 1980, S. 89
[152] Wollbarst, 1932, S. 153
[153] Fishman et al., 1942, S. 362
[154] Reddy et al., 1963, S. 419
[155] Plaut et al., 1947, S. 391ff
[156] Van Howe et al., 2006, S. 1048
[157] Wallerstein, 1980, S. 97
[158] Plaut et al., 1947, S. 392
[159] Manski, 2018, S. 504, 514
[160] Ravich et al., 1951, S. 1520
[161] Jones et al., 1958, S. 5, 10
[162] Aitken-Swan et al., 1965, S. 226
[163] Terris et al., 1973, S. 1063

[164] Wallerstein, 1980, S. 114
[165] Gollaher, 2000, S. 100
[166] Glick, 2005, S. 180ff
[167] Gollaher, 2000, S. 100
[168] Glick, 2005, S. 181
[169] Montgommery, 1935, S. 763
[170] Miller et al., 1953, S. 10
[171] Eastman et al., 1961, S. 1101
[172] Hovsepian, 1951, S. 360
[173] Kaplan, 1977, S. 14ff
[174] Glick, 2005, S. 181
[175] Wallerstein, 1980, S. 217
[176] Drake et al., 2017, S. 241
[177] Lilienfeld et al., 1958, S. 713
[178] Herrera et al., 1979, S. 1069
[179] Morgan, 1965, S. 123
[180] Morgan, 1965, S. 124
[181] Foley, 1966, S. 2, 9
[182] Wallerstein, 1980, S. 4
[183] Morgan, 1966, S. 448
[184] Preston, 1970, S. 1858
[185] Falliers, 1970, S. 2194
[186] Hodges, 1997, S. 31
[187] AAP, 1975, S. 611
[188] Hodges, 1997, S. 31
[189] Glick, 2005, S. 214
[190] Glick, 2005, S. 210ff
[191] Wiswell et al., 1985, S. 903
[192] Wiswell, et al., 1987, S. 340
[193] Herzog, 1989, S. 348
[194] Altschul, 1990, S. 818
[195] Osborn et al., 1981, S. 366
[196] Fleiss et al, 1998, S. 364
[197] Kwak et al., 2004, S. 629

[198] Prais et al., 2009, S. 193
[199] Chang et al., 2006, S. 382, 389
[200] AAP, 1989, S. 389
[201] Barré-Sinoussi, 1983, S. 868
[202] Fink, 1986, S. 1167
[203] Simonsen et al., 1988
[204] Cameron et al., 1989
[205] Kreiss et al., 1993
[206] Nasio et al.; 1996
[207] Tyndall et al., 1996
[208] Chao et al., 1994
[209] Grosskurth et al., 1995
[210] Urassa et al., 1997
[211] Carael et al., 1988
[212] Hudson et al., 1988
[213] Allen et al., 1991
[214] Barongo et al., 1992
[215] Laumann et al., 1997
[216] Moses et al., 1994, S. 207
[217] Fink, 1989, S. 695
[218] Brown et al., 1993, S. 993
[219] Beksinska et al., 1999, S. 178
[220] Moses et al., 1994, S. 207ff
[221] De Witte et al., 2007, S. 367
[222] Earp, 2015, S. 95
[223] Stallings et al., 2005
[224] Kinuthia, 2010
[225] AAP, 1999, S. 691
[226] Auvert et al., 2005
[227] Bailey et al., 2007
[228] Gray et al., 2007
[229] Fegeler, 2019, S. 85
[230] Boyle & Hill, 2011, S. 318
[231] Boyle & Hill, 2011, S. 326
[232] Bailey et al., 2007, S. 645

233 Bailey et al., 2007, S. 653
234 Green et al., 2008, S. 194
235 ebd.
236 Green et al., 2008, S. 194ff
237 Drash, 2019, S. 387
238 WHO & UNAIDS, 2007, S. 3
239 Giami et al., 2015, S. 603
240 Giami et al., 2015, S. 601ff
241 Giami et al., 2015, S. 598ff
242 Morris, 2007, S. 1147
243 Giami et al., 2025, S. 595
244 WHO, 2014
245 WHO & UNAIDS, 2016, S. 7
246 UNAIDS, 2016, S. 42
247 UNAIDS, 2016, S. 43
248 Mutabazi, 2014
249 Sidler et al., 2008, S. 763
250 Brewer et al., 2007, S. 221
251 Grund et al., 2016, S. 36
252 Morris, 2007, S. 1147
253 Klausner et al., 2008, S. 5
254 Maughan-Brown et al., 2013, S. 121
255 Obert, 2015, S. 123ff.
256 Van Howe & Storm, 2011, S. 13
257 Obert, 2015, S. 120
258 Alejandro et al., 2024, S. 15
259 Alejandro et al., 2024, S. 13ff.
260 Alejandro et al., 2024, S. 17
261 Rennie et al., 2021, S. 81
262 Rudrum et al., 2017, S. 227
263 Rudrum, 2023, S. 6
264 Lamont, 2018, S. 295
265 Olage, 2023
266 Fish et al., 2021, S. 219

[267] ebd.

[268] Odhiambo, 2019, S. 91

[269] Reisinger, 2019, S. 93

[270] Fish et al., 2021, S. 220

[271] WHO & UNAIDS, 2023, S. 1

[272] Garenne, 2023, S. 475

[273] Obert, 2015, S. 126

[274] Wawer et al., 2009, S. 235

[275] Fish, 2019, S. 88

[276] Belmaine, 1971, S. 1148

[277] CPS, 1975, S. 1

[278] Gairdner, 1949, S. 1437

[279] Hodges, 1997, S. 28

[280] Wallerstein, 1980, S. 64

[281] Øster, 1968, S. 202

[282] DGKCH, 2017

[283] DGKCH, 2017, S. 4

[284] DGKCH, 2021, S. 4

[285] Eppinger et al., 2023, S. 307

[286] Shamdeen, 2025, S. 28

[287] Dötsch & Michalk, 2025, S. 500

[288] Hiort, 2020, S. 2423

[289] Haffner & Petersen, 2019, S. 609

[290] McGregor et al., 2005, S. 2600

[291] Schröder, 2016, S. 1907

[292] Schröder, 2016, S. 1908

[293] Ritter, 2016, S. 1456

[294] Rauchenwald, 2008, S. 26ff

[295] Schröder, 2016, S. 1908

[296] DGKCH, 2021, S. 8

[297] DGKCH, 2021, S. 8ff.

[298] DGKCH, 2021, S. 8

[299] Becker, 2011, S. 53

[300] Lichtenheldt, 2017, S. 209

[301] Aldeeb Abu-Sahlieh, 2012, S. 330

[302] Lehrke, 2015
[303] Odell, 2008
[304] Nahm et al., 2002, S. 152
[305] Majavu, 2011
[306] ebd.
[307] Bethe, 1907, S. 444
[308] Bleibtreu-Ehrenberg, 1980
[309] Karliczek et al., 2016, S. 15
[310] Bleibtreu-Ehrenberg, 1980, S. 68
[311] Bleibtreu-Ehrenberg, 1980, S. 71
[312] Bleibtreu-Ehrenberg, 1980, S. 71, 73
[313] Bleibtreu-Ehrenberg, 1980, S. 96ff
[314] Bleibtreu-Ehrenberg, 1980, S. 98ff
[315] Bleibtreu-Ehrenberg, 1980, S. 99
[316] Bleibtreu-Ehrenberg, 1980, S. 131
[317] Bleibtreu-Ehrenberg, 1980, S. 132
[318] Bleibtreu-Ehrenberg, 1980, S. 118
[319] ebd.
[320] Bleibtreu-Ehrenberg, 1980, S. 72
[321] Price, 1999, S. 429
[322] Morris et al., 2015
[323] CircWatch, 2014
[324] Young, 2014
[325] CircWatch, 2014
[326] I.C.I.R.C., 2019
[327] Bundesforum Männer, 2017, S. 4
[328] ebd.

Kapitel 5

[1] WD, 2012, S. 5
[2] Tortora et al., 2006, S. 1241
[3] Hartmann, 2012a
[4] Stehr et al., 2001

[5] Gropp, 1997, S. 219

[6] AG Erlangen, Beschluss vom 30.07.2002. AZ: 4F1092/01

[7] Putzke, 2008a, S. 272

[8] Putzke, 2008b, S. 1570

[9] LG Köln, Urteil vom 07.05.2012, AZ: 151 Ns 169/11

[10] AAP, 2012, S. 778

[11] Frisch et al., 2013, S. 798

[12] Kirchner, 2013

[13] ZMD, 2012

[14] FAZ, 2012

[15] Wendt, 2012

[16] WD, 2012, S. 7

[17] Rössler et al., 2012

[18] Heide, 2012

[19] Hasewend et al. 2012

[20] Ehrenberg, 2012a, ab Min. 1:04

[21] Knobloch, 2012

[22] Kupferschmid, 2014, S. 83

[23] Rheinz, 2012

[24] Wolffsohn, 2012

[25] Posener, 2012

[26] Schonfeld, 1995

[27] Schonfeld, 2012

[28] Mansour, 2012

[29] Kelek, 2012

[30] Ateş, 2012, ab Min. 26:20

[31] Ateş, 2012, ab Min. 1:05:55

[32] Seligmann, 2012, ab Min. 02:04, 09:50

[33] Putzke, 2012, ab Min. 11:05

[34] Levitikus, Kap. 20, Vers 10, 13; Kap. 24, Vers 16

[35] Deuteronomium, Kap. 21, Vers 21

[36] Ehrenberg, 2012b, ab Min. 10:48

[37] Kramer, 2012a, ab Min. 23:35

[38] Graumann, 2012, ab Min. 44:19

[39] Kizilkaya, 2012, ab Min. 24:35
[40] Kizilkaya, 2012, ab Min. 25:10
[41] Seligmann, 2012, ab Min. 10:27
[42] Hübsch, 2012, ab Min. 19:40
[43] Hartmann, 2012b, ab Min. 31:18
[44] Kramer, 2012a, ab Min. 31:50
[45] Putzke, 2012, ab Min. 11:46, 19:00
[46] WHO & UNAIDS, 2007, S. 7
[47] Öney, 2012, ab Min. 22:02
[48] Seligmann, 2012, ab Min. 02:55
[49] Mazyek, 2012, ab Min. 40:40
[50] Hübsch, 2012, ab Min. 51:49
[51] Bruch, 2012, ab Min. 07:38
[52] Bruch, 2012, ab Min. 31:54
[53] Hübsch, 2012, ab Min. 34:40, 25:03
[54] Mazyek, 2012, ab Min. 23:36
[55] Seligmann, 2012, ab Min. 19:24
[56] Schöfer, 2012
[57] Prantl, 2012a-e
[58] Prantl, 2012a
[59] Lau, J., 2012
[60] Broder, 2012
[61] Matussek, 2012, S. 122
[62] Schulte von Drach, 2012a-c
[63] Schmidbauer, 2012
[64] Welt, 2012
[65] Lau, M., 2012
[66] Deutscher Bundestag, 2012a, S. 2
[67] Lambrecht, 2012, S. 22831
[68] Handelsblatt, 2012
[69] Beck, 2012, S. 22834
[70] Beck, 2012, S. 22834ff
[71] Hamburger Abendblatt, 2012
[72] Deutscher Bundestag, 2012a, S. 2

[73] Krings, 2012, S. 22830
[74] ebd.
[75] Lambrecht, 2012, S. 22831
[76] Singhammer, 2012, S. 22835
[77] Van Essen, 2012, S. 22832
[78] Buchholz & Gohlke, 2012, S.22955
[79] Buchholz et al., 2012
[80] Müller-Sönksen, 2012, S. 22852
[81] Kilic & von Cramon-Taubadel, 2012, S. 22853
[82] Petermann, 2012, S. 22833
[83] Rupprecht, 2012, S. 22834
[84] Lammert, 2012, S. 22836
[85] Rupprecht, 2014, S. 423ff
[86] Deutscher Ethikrat, 2012
[87] Latasch, 2012, S. 6ff
[88] Latasch, 2012, S. 4ff
[89] Haupt, 2012
[90] The Cirumcision of Jacob Chai, 2012
[91] Merkel, 2012a, S. 13ff
[92] Deutscher Bundestag, 2012b
[93] Deutscher Bundestag, 2012b, S. 7
[94] Deutscher Bundestag, 2012b, S. 13
[95] Deutscher Bundestag, 2012b, S. 14ff
[96] Merkel, 2012b, S. 1
[97] Deutscher Bundestag, 2012b, S. 16
[98] Deutscher Bundestag, 2012b, S. 18
[99] Deutscher Bundestag, 2012b, S. 17
[100] Deutscher Bundestag 2012b, S. 18
[101] ebd.
[102] Deutscher Bundestag, 2012c
[103] Deutscher Bundestag, 2012c, S. 5ff
[104] Deutscher Bundestag, 2012c, S. 7
[105] Deutscher Bundestag, 2012c, S. 9,11
[106] Deutscher Bundestag, 2012c, S. 9ff
[107] Deutscher Bundestag, 2012c, S. 10

108 Deutscher Bundestag, 2012d
109 ebd.
110 Dunkel, 2023, S. 68
111 Deusel, 2012, S. 7
112 Kramer, 2012b, S. 5, 8
113 Hakenberg, 2012, S. 6
114 Hartmann, 2012b
115 Merkel, 2012b, S. 1
116 gbs, 2012
117 Deutscher Bundestag, 2012e, S. 26095, 26110
118 infratest dimap, 2012
119 Kandil, 2012, S. 4
120 Dunkel, 2023, S. 68
121 Montag, 2013, S. 27651
122 Deutscher Bundestag, 2012f, S.3
123 Deutscher Bundestag, 2012g, S. 32069
124 Walter T., 2013
125 Heinig, 2012, S. 2
126 Radtke, 2012, S. 9
127 Willutzki, 2012, S. 1
128 Walter C., 2012, S. 2ff
129 ebd.
130 Höfling, 2012, S. 20
131 Radtke, 2012, S. 8, 10
132 Willutzki, 2012, S. 2ff
133 Willutzki, 2012, S. 3, 5
134 Willutzki, 2012, S. 2
135 Walter C., 2012, S. 5
136 Walter C., 2012, S. 5
137 ebd.
138 Heinig, 2012, S. 2ff
139 Heinig, 2012, S. 4
140 Höfling, 2012, S. 21
141 ebd.

[142] Höfling, 2012, S. 22
[143] Willutzki, 2012, S. 1
[144] Walter C., 2012, S. 8
[145] Scheinfeld, 2014, S. 367
[146] Herzberg, 2014, S. 317
[147] Eschelbach, 2013, Rn. 35
[148] Isensee, 2013, S. 327
[149] Isensee, 2013, S. 329
[150] Isensee, 2013, S.323ff
[151] Isensee, 2013, S. 318
[152] Beck, 2012, S. 22833ff
[153] Merkel, 2012c
[154] Eschelbach, 2013, Rn. 35.1
[155] Fischer, 2013, S. 1532ff
[156] Isensee, 2013, S. 319
[157] Eschelbach, 2013, Rn 35.3
[158] Fischer, 2013, S. 1533
[159] Herzberg, 2012, S. 488
[160] Scheinfeld, 2013, S. 270
[161] Herzberg, 2012, S. 491
[162] Isensee, 2013, S. 322
[163] Eschelbach, 2013, Rn 35.3
[164] Scheinfeld, 2013, S. 269
[165] Herzberg, 2012, S. 490
[166] Herzberg, 2014b
[167] Walter T., 2012, S. 1114
[168] Merkel, 2012c
[169] Scheinfeld, 2013, S. 275
[170] Merkel, 2012b, S. 2
[171] Isensee, 2013, S. 326
[172] Goldberg, 2019
[173] BR24, 2019
[174] Scheinfeld, 2013, S. 279
[175] Merkel, 2012b, S. 5ff
[176] Isensee, 2013, S. 325

[177]   Deutscher Bundestag, 2012b, S. 18
[178]   Herzberg, 2012, S. 495
[179]   Eschelbach, 2013, Rn 35.5
[180]   Merkel, 2012b, S. 4
[181]   Eschelbach, 2013, Rn 35.6
[182]   Scheinfeld, 2013, S. 268
[183]   Isensee, 2013, S. 326

Kapitel 6

[1]   Lenz, 2016
[2]   Lenz, 2001, S. 383
[3]   Lenz, 2003, S. 116
[4]   Lenz, 2014, S. 18
[5]   Böhnisch, 1997, S. 62
[6]   Lenz, 2001, S. 362
[7]   Lenz, 2001, S. 362
[8]   Bentheim, 2003, S. 134ff
[9]   Böhnisch et al., 2011, S. 426ff
[10]   Lenz, 2001, S. 365
[11]   Lenz, 2001, S. 373
[12]   Lenz, 2001, S. 376
[13]   Lenz, 2001, S. 374
[14]   Lenz, 2001, S. 360ff
[15]   Popitz, 1992, S. 43ff
[16]   Lenz, 2014, S. 34
[17]   Lenz, 2014, S. 35
[18]   Bönt, 2012
[19]   Lenz, 2014, S. 34
[20]   Lenz, 2003, S. 122
[21]   IFSW, 1988
[22]   Thiersch et al., 2018, S. 1035
[23]   ebd.
[24]   Thiersch et al., 2018, S. 1039

[25] Huber, 2005, S. 50

[26] Huber, 2005, S. 51

[27] Lauermann, 2018, S. 417ff

[28] Huber, 2005, S. 21

[29] Huber, 2005, S. 67

[30] Anhorn et al., 2012, S. 7

[31] Thiersch, et al., 2014, S. 346ff

[32] Huber, 2005, S. 68

[33] Huber, 2005, S. 194ff

[34] pro familia, 2018, S. 5

[35] Eckert et al., 2017, S. 273

Fazit

[1] Nauy, 2015

[2] Schewe-Gerigk, 2014, S. 417

[3] Dunkel, 2023, S. 132

[4] Dunkel, 2023, S. 133

[5] ebd.

[6] Dunkel, 2023, S. 134

[7] Ebener, 2021

[8] Isensee, 2013, S. 318

Quellenangaben

AAP - American Academy of Pediatrics (1975) Report of the Ad Hoc Task Force on Circumcision. In: Pediatrics. Vol. 56. Issue 4 October 1975. pp. 610-611

AAP - American Academy of Pediatrics (1987) Neonatal Anesthesia. In: Pediatrics. Vol. 80. Issue 3. September 1987. p. 446

AAP - American Academy of Pediatrics (1989) Report of the Task Force on Circumcision. In: Pediatrics. Vol. 84. Issue 2 August 1989 pp. 388-391

AAP - American Academy of Pediatrics (1999) Circumcision Policy Statement. In: Pediatrics. Vol. 103. Issue 3. March 1999 pp. 686-693

AAP - American Academy of Pediatrics (2010) Policy Statement. Ritual Genital Cutting of Female Minors. In: Pediatrics. Vol. 125. Issue 5 May 2010. pp. 1088-1093

AAP - American Academy of Pediatrics (2012) Technical Report. Male Circumcision. In: Pediatrics. Vol. 130. Issue 3 September 2012. pp. 756-785

Abdel-Azim, S. (2013) Psychological and Sexual Aspects of Female Circumcision. In: African Journal of Urology. Vol. 19 Issue 3 September 2013. pp. 141-142

Abdulcadir, J.; Botsikas, D.; Bolmont, M.; Bilancioni, A.; et al. (2016) Sexual Anatomy and Function in Women With and Without Genital Mutilation. A Cross-Sectional Study. In: Journal of Sexual Medicine. Vol. 13. Issue 2. February 2016 pp. 226-237

Aggleton, Peter (2007) „Just a Snip"? A Social History of Male Circumcision. In: Reproductive Health Matters. Vol. 15. No 29 May 2007. pp. 15-21

Ahmed, W.; Puttkammer, N.; Gloyd, S.; Adam, A.; et al. (2022) Turning the tide on Female genital mutilation in a high prevalence country. A programmatic data analysis for Sudan's comprehensive health sector response. 2016-2018. In: BMJ Global Health 2022; 7:e010020. doi:10.1136/bmjgh-2022-010020

Ainslie, Mary (2015) The 2009 Malaysian Female Circumcision Fatwa. State Ownership of Islam and the Current Impasse. In: Women's Studies International Forum. Vol. 52. July 2015

Aitken-Swan, J.; Baird, D. (1965) Circumcision and Cancer of the Cervix. In: British Journal of Cancer. Vol. 19. No 2. June 1965 pp. 217-227

Aldeeb Abu-Sahlieh, Sami (2012) Male and female circumcision. Religious, medical, social and legal debate. Centre of Arab and Islamic Law. St-Sulpice/Schweiz

Alejandro, A.; Feldman, J. (2024) The discoursive process of resemantisation. How global health discourses turned male circumcision into an anti-HIV policy. In: International Relations. June 2024. doi:10.1177/00471178241249641

Allen, S.; Lindan, C.; Serufilira, A. (1991) Human Immunodeficiency Virus Infection in Urban Rwanda. Demographic and Behavioral Correlates in a Representive Sample of Childbearing Women. In: Journal of the American Medical Association. Vol. 266. No 12. September 1991. pp. 1657-1663

Almroth, L.; Almroth-Berggren, V.; Hassanein, O.; Al-Said, S.; et al. (2001) Male Complications of Female Genital Mutilation. In: Social Science & Medicine. Vol. 53. Issue 11. Dec. 2001. pp. 1455-1460

Alsibiani, S.; Rouzi, A. (2010) Sexual function in women with female genital mutilation. In: Fertility and Sterility. Vol. 93. No. 3. February 2010. pp. 722-724

Altschul, Martin (1990) The Circumcision Controversy. In: American Family Physician. Vol. 41. No 3. March 1990. pp. 817-820

Anand, K.; Hickey, P. (1987) Pain and its Effects in the Human Neonate and Fetus. In: New England Journal of Medicine. Vol. 317. No 21. November 1987. pp. 1321-1329

Anhorn, R.; Bettinger, F.; Horlacher, C.; Rathgeb, K. (2012)   Zur Einführung. Kristallisationspunkte kritischer Sozialer Arbeit. In: Anhorn, R.; Bettinger, F.; Horlacher, C.; Rathgeb, K. (Hg.) Kritik der Sozialen Arbeit – Kritische Soziale Arbeit. Perspektiven kritischer Sozialer Arbeit. Band 12. Springer Verlag. Wiesbaden. S. 1-23

Angier, Natalie (2000) Frau. Eine intime Geographie des weiblichen Körpers. Bertelsmann Verlag. München.

Anike, U.; Govender, I.; Ndimande, J.; Tumbo, J. (2013) Complications of Traditional Circumcision Amongst Young Xhosa Males Seen at St. Lucy's Hospital, Tsolo, Eastern Cape, South Africa. In: African Journal of Primary Health Care & Family Medicine. Vol. 5. No 1. 2013. pp. 1-5

Asefaw, F. (2008) Weibliche Genitalbeschneidung. Gesundheitliche Folgen und Hintergründe. In: Gynäkologe. Ausgabe 41. Nr 9. September 2008. S. 723-734

Ateş, Seyran (2012) Streit ums Beschneidungs-Urteil. Religionsfreiheit ade? Anne Will am 11.07.2012 https://www.youtube.com/watch?v=bL2jTkSOk_U

Ateş, Seyran (2019) Rede beim WWDOGA in Köln 2019. https://www.youtube.com/watch?v=6ldgswFvG-4

Atikeler, M.; Gecit, I.; Yüzgec, V.; Yalcin, O. (2005) Complications of Circumcision Performed Within and Outside the Hospital. In: International Urology and Nephrology. Vol. 37 March 2005. pp. 97-99

Auvert, B.; Taljaard, D.; Lagarde, E.; Sobngwi-Tambekou, J.; et al. (2005) Randomized, Controlled Intervention Trial of Male Circumcision For Reduction of HIV Infection Risk. The ANRS 1265 Trial. In: PLOSMedicine. Vol. 2. Issue 11. Nov. 2005. pp. 1112-1122.

Bailey, R.; Egesah, O. (2006) Assessment of Clinical and Traditional Male Circumcision Services in Bungoma District, Kenya. Complication Rates and Operational Needs. Special Report. April 2006

Bailey, R.; Moses, S.; Parker, C.; Agot, K.; Maclean, I.; Krieger, J.; et al. (2007) Male Circumcision for HIV Prevention in Young Men in Kisumu, Kenya. A Randomised Controlled Trial. In: The Lancet. Vol. 369. Issue 9562. February 2007. pp. 643-656

Balga, I.; Konrad, C.; Meissner, W. (2013) Postoperative Qualitätsanalyse bei Kindern. Schmerz sowie postoperative Übelkeit und Erbrechen. In: Anaesthesist. Ausgabe 62. August 2013. S. 707-719

Barongo, L.; Borgdorff, M.; Mosha, F.; Nicoll, A.; Grosskurth, H.; et al. (1992) The Epidemiology of HIV-1 Infection in Urban Areas, Roadside Settlements and Rural Villages in Mwanza Region, Tanzania. In: AIDS. Vol. 6. Issue 12. December 1992 pp. 1521-1528

Barré-Sinousi, F.; Chermann, C.; Rey, F.; Nugeyre, T.; et al. (1983) Isolation of a T-Lymphotropic Retrovirus From a Patient at Risk for Aquired Immune Deficiency Syndrome (AIDS). In: Science. Vol. 220. Issue 4599. May 1983. pp. 868-870

Bazett, H.C.; McGlone, B; Williams, R.G.; Lufkin, H.M (1932) Sensation. Depth, Distribution and Probable Identification in the Prepuce of Sensory End-Organs Concerned in Sensations of Temperature and Touch; Thermometric Conductivity. In: Archives of Neurology and Psychiatry. Vol. 27. No 3. March 1932. pp. 489-517

Beard, George (1882) Nervous Diseases Connected With the Male Genital Function. In: The Medical Record. Vol. 22. No 23 Dec. 1882 pp. 617-621

Beck, Volker (2012) Plenarprotokoll 17/189.
Deutscher Bundestag. 189. Sitzung. 19.07.2012.

Becke, K.; Schreiber, M.; Philippi-Höhne, L.; Strauß, J.; et al. (2013)
Anästhetikainduzierte Neurotoxizität. Stellungnahme der
Wissenschaftlichen Arbeitskreise Kinderanästhesie und
Neuroanästhesie. In: Anaesthesist. Ausg. 62. Febr. 2013. S. 101-104

Becker, Johann (1892) Ueber Clitoridectomie.
Inaugural-Dissertation zur Erlangung der Doctorwürde.
August 1892. Buchdruckerei Joseph Bach. Bonn

Becker, Karl (2011) Lichen sclerosus bei Jungen.
In: Deutsches Ärzteblatt. Jg 108. Heft 4. Jan. 2011. S. 53-58

Beebe, H. (1897) The Clitoris. In: Journal of Orificial Surgery.
Vol. 6. No 1. July 1897. pp. 8-12

Behrendt, A.; Moritz, S. (2005) Posttraumatic Stress Disorder and
Memory Problems After Female Genital Mutilation. In: American
Journal of Psychiatry. Vol. 126. No 5. May 2005. pp. 1000-1002

Beksinska, M.; Rees, H.; Kleinschmidt, I.; McIntyre, J. (1999) The
Practice and Prevalence of Dry Sex Among Men and Women in South
Africa. A Risk Factor for Sexually Transmitted Infections? In: Sexually
Transmitted Infections. Vol. 75. Issue 3 June 1999. pp. 178-180

Bell, Kirsten (2005) Genital Cutting and Western Discourses on
Sexuality. In: Medical Anthopology Quarterly. Vol. 19. Issue 2
June 2005. pp. 125-148

Bellieni, C., Rocchi, R., Buonocore, G. (2012) The Ethics of Pain Clinical
Trials on Persons Lacking Judgement Ability. Much to Improve.
In: Pain Medicine. Vol. 13. 2012. pp. 427-433

Bellieni, D.; Alagna, M.; Buonocore, G. (2013) Analgesia for Infants' Circumcision. In: Italian Journal of Pediatrics. Vol. 39. Issue 38. December 2013. pp. 1-7

Belmaine, S. (1971) Circumcision. In: Medical Journal of Australia. Vol. 1. May 1971. p. 1148

Bentheim, Alexander (2003) Die Verletzung von Jungen. In: May, A.; Remus, N.; BAG Prävention & Prophylaxe e.V. (Hg.) Jungen und Männer als Opfer von (sexualisierter) Gewalt. Schriftenreihe gegen sexualisierte Gewalt. Band 5. Die Jonglerie Verlag. Berlin. S. 133-148

Berggren, V.; Salam, G.; Bergström, S.; Johansson, E.; Edberg, A. (2004) An Explorative Study of Sudanese Midwifes' Motives, Perceptions and Experiences of Re-Infibulation After Birth. In: Midwifery. Vol. 20. No 4. December 2004. pp. 299-311

Bergner, Clemens (2015) Ent-hüllt! Die Beschneidung von Jungen. Nur ein kleiner Schnitt? Tradition Verlag. Hamburg

Bethe, Erich (1907) Die dorische Knabenliebe. Ihre Ethik und ihre Idee. In: Rheinisches Museum für Philologie Frankfurt am Main. Band 62. Heft 3. Januar 1907. S. 438-475

Biglu, M.; Farnam, A.; Abotalebi, P.; Biglu, S.; Ghavami, M. (2016) Effect of female genital mutilation/cutting on sexual functions. In: Sexual & Reproductive Healthcare. Vol. 10. December 2016. pp 3-8

Blank, S.; Myers, J.; Pathela, P.; Washburn, K., Varma, J.; et al. (2012) Neonatal Herpes Simplex Virus Infection Following Jewish Ritual Circumcisions That Included Direct Orogenital Sucking. New York City. 2000-2011. In: Centers for Disease Control and Prevention (CDC) Morbidity and Mortality Weekly Report. Vol. 61. No 22. June 2012 pp. 405-409

Blasl, J. (2008) Lokal- und Regionalanästhesie am äußeren Genitale. In: Journal für Urologie und Urogynäkologie. Ausgabe 15. Sonderheft 5. 2008. S. 21-23

Bleibtreu-Ehrenberg, Gisela (1980) Mannbarkeitsriten. Zur institutionellen Päderastie bei Papuas und Melanesiern. Ullstein Verlag. Frankfurt/Berlin/Wien

Bleustein, C.; Eckholdt, H.; Arezzo, J.; Melman, A. (2003) Effects of Circumcision on Male Penile Sensitivity. In: American Urological Association 98th Annual Meeting at Chicago Illinois. April/May 2003

Böhnisch, Lothar (1997) Möglichkeitsräume des Mannseins. Zur sozialtheoretischen und historischen Begründung einer Jungen- und Männerarbeit. In: Möller, Kurt (Hg.) Nur Macher und Macho? Geschlechtsreflektierende Jungen- und Männerarbeit. Juventa Verlag Weinheim/München. S. 61-88

Böhnisch, L.; Funke, H. (2011) Verdeckungszusammenhang. In: Ehlert, G.; Funk, H.; Stecklina, G. (Hg.) Wörterbuch Soziale Arbeit und Geschlecht. Juventa Verlag Weinheim/München. S. 426-429

Bönt, Ralf (2012) Der soldatische Mann. Essays. July 2012 http://www.boent.eu/beschneidung.html

Bollinger, Dan (2012) Lost Boys. An Estimate of U.S. Circumcision-Related Infant Deaths. In: Journal of Boyhood Studies. Vol. 4. No 1. Spring 2012. pp. 78-90

Boyle, Gregory; Hill, George (2011) Sub-Saharan African randomized clinical trials into male circumcision and HIV transmissions. Methodological, ethical and legal concerns. In: Journal of Law and Medicine. Vol. 19(2) Dec 2011. pp. 316-334

Boyle, Gregory (2015) Circumcision of Infants and Children.
Short-Term Trauma and Long-Term Psychological Harm. In:
Advances in Sexual Medicine. Vol. 5. No 2. April 2015. pp. 22-38

BR24 (2019) Baby bei Beschneidung fast verblutet.
Keine Anklage gegen Arzt. BR24. 19.01.2019.
https://www.br.de/nachrichten/bayern/baby-bei-beschneidung-fast-
verblutet-keine-anklage-gegen-arzt,REZLXsw

Brady-Fryer, B.; Wiebe, N.; Lander, J. (2009) Pain Relief For Neonatal
Circumcision. In: The Cochrane Library. Issue 1. 2009

Brewer, D.; Potterat, J.; Roberts, J.; Brody, S. (2007) Male and Female
Circumcision Associated With Prevalent HIV Infection in Virgins and
Adolescents in Kenya, Lesotho and Tanzania. In: Annals of
Epidemiology. Vol. 17. Issue 3. March 2007. pp. 217-226

Broder, Henryk (2012) Beschneidung. Pornographische Debatte mit
maximaler Erregung. In: Welt. 29.06.2012.
https://www.welt.de/kultur/article107299253/Pornografische-
Debatte-mit-maximaler-Erregung.html

Bronselaer, G.; Schober, J.; Meyer-Bahlburg, H. et al. (2013) Male
Circumcision Decreases Penile Sensitivity as Measured in a Large
Cohort. In: BJU International. Vol. 111. No 5. May 2013. pp. 820-827

Brown, J.; Ayowa, O.; Brown, R. (1993) Dry and Tight. Sexual Practices
and Potential AIDS Risk in Zaire. In: Social Science Medicine.
Vol. 37. Issue 8. October 1993. pp. 989-994

Bruch, Hans Peter (2012) Ist die Beschneidung unzulässig?
Phoenix Runde am 04.07.2012.
https://www.youtube.com/watch?v=welh43izX0A

Buchholz, C.; Gohlke, N. (2012) Plenarprotokoll 17/190. Anlage 2.
Deutscher Bundestag. 190. Sitzung. 11.09.2012

Buchholz, C.; Dreibus, W.; Graf, S.; Gohlke, et al. (2012) Keine Strafe für Beschneidung. 27.09.2012. https://archiv2017.die-linke.de/politik/aktionen/archiv/2012/beschneidung-von-jungen/keine-strafe-fuer-beschneidung/

Budiharsana, M.; Amaliah, L.; Utomo, B. (2003) Female Circumcision in Indonesia. Extend, Implications and Possible Interventions to Uphold Womens's Health Rights. Population Council. Jakarta. 2003

Budiharsana, Meiwita (2016) Commentary: Female Genital Cutting Common in Indonesia, Offered as Part of Child Delivery by Birth Clinics. In: Jakarta Globe. February 2016 https://jakartaglobe.id/opinion/commentary-female-genital-cutting-common-indonesia-offered-part-child-delivery-birth-clinics/

Byard, Roger (2017) Implications of Genital Mutilation at Autopsy. In: Forensic Sciences. Vol. 62. No 4. July 2017. pp. 926-929

Caldwell, J.; Orubuloye, I.; Caldwell, P. (1997) Male and Female Circumcision in Africa. From a Regional to a Specific Nigerian Examination. In: Social Science & Medicine. Vol. 44. No 8. 1997 pp. 1181-1193

Cambell, Meredith (1970) The Male Genital Tract and the Female Urethra. In: Campbell, M.; Harrison, J. (Hg.) Campbell's Urology Volume 2. 1970. Saunders Company. London. pp. 1834-1889

Cameron, D.; D'Costa, L.; Maitha, G.; Cheang, M.; Piot, P.; et al. (1989) Female to Male Transmission of Human Immunodeficiency Virus Type 1. Risk Factors For Seroconversion in Men. In: The Lancet. Vol. 334. Issue 8660 August 1989. pp. 403-407

Carael, M.; Van de Perre, P.; Lepage, P.; Allen, S.; et al. (1988) Human Immunodeficiency Virus Transmission Among Heterosexual Couples in Central Africa. In: AIDS. Vol. 2. Issue 3 June 1988. pp. 201-205

Catania, L.; Abdulcadir, O.; Puppo, V.; Verde, J.; et al. (2007) Pleasure and Orgasm in Women With Female Genital Mutilation/Cutting (FGM/C) In: Journal of Sexual Medicine. Vol. 4. Issue 6. November 2007. pp. 1666-1678

Chaim, J.; Livne, P., Binyamini, J.; Hardak, B.; Ben-Meir, D.; Mor, Y. (2005) Complications of Circumcision in Israel. A One Year Multicenter Survey. In: Israel Medical Association Journal. Vol. 7. June 2005 pp. 368-370

Chang, S.; Shortliffe, L. (2006) Pediatric Urinary Tract Infections. In: Pediatric Clinics of North America. Vol. 53. No 3 June 2006 pp. 379-400

Chao, A.; Bulterup, M.; Musanganiere, F.; Abimana, P.; et al. (1994) Risc Factors Associated With Prevalent HIV-1 Infection Among Pregnant Women in Rwanda. In: International Journal of Epidemiology. Vol. 23. Issue 2. April 1994. pp. 371-380

Christakis, D.; Harvey, E.; Zerr, D.; Feudtner, C.; Wright, J.; et al. (2000) A Trade-Off Analysis of Routine Newborn Circumcision. In: Pediatrics. Vol. 105. Issue 2. January 2000. pp. 246-249

CircWatch (2014) Tag Archives. Gilgal Society. http://circwatch.org/tag/gilgal-society/

CMDh - Co-ordination Group for Mutual Recognition and Decentralised Procedures (2013) Public Assessment Report for paediatric studies submitted in accordance with Article 45 of Regulation (EC) No 1901/2006, as amended Cathejell Lidocaine, Dynexan, EMLA, Jelliproct, Orofar, Strepsil Plus, Xylestesin-A, Xylonor. SE/W/008/pdWS/001. 2013.

Cold, C.; Taylor, J. (1999) The prepuce. In: British Journal of Urology. BJU International. Vol. 83. January 1999. pp. 34-44

CPS - Canadian Pediatric Society (1975) Statement. Circumcision in the Newborn Period. In: Canadian Pediatric Society News Bulletin Supplement. Vol. 8. No 2. 1975. pp. 1-2

Darbon Institute (2026) A short history of circumcision in the United States. Part 1. Kapitel 4.3. The Gomco clamp. https://www.darboninstitute.org/a_short_history_of_circumcision_in _the_united_states_part_1

Darby, Robert (2005) The Riddle of the Sands. Circumcision, History and Myth. In: The New Zealand Medical Journal. Vol. 118. No. 1218. July 2005. pp. 76-118

Darby, R.; Svoboda, J. (2007) A Rose by Any Other Name? Rethinking the Similarities and Differences Between Male and Female Genital Cutting. In: Medical Anthropology Quarterly. Vol. 21. Issue 3. 2007 pp. 301-323

Dawson, A.; Rashid, A.; Shuib, R.; Wickramage, K.; Budiharsana, M. et al. (2020) Adressing female genital mutilation in the Asia Pacific. The neglected sustainable development target. In: Australian and New Zealand Journal of Public Health. Vol. 44. No. 1. 2020. pp. 8-10

Deccan Chronicle (2016) Over 300 Pre-Teen Boys Undergo Horrific Mass Circumcision in Philippines School. In: Deccan Chronicle. April 2016. https://www.deccanchronicle.com/world/asia/210416/over-300-pre-teen-boys-undergo-horrific-mass-circumcision-in-philippines-school.html

Dehghankhalili, M.; Fallahi, S.; Mahmudi, F.; Ghaffarpasand, F.; et al. (2015) Epidemiology, Regional Characteristics, Knowledge and Attitude Toward Female Genital Mutilation/Cutting in Southern Iran. In: Journal of Sexual Medicine. Vol. 12. No 7. July 2015 pp. 1577-1583

DeMause, Lloyd (1991) The Universality of Incest. In: Journal of Psychohistory. Vol. 19. No 2. 1991. pp. 123-164

DeMeo, James (1997) The Geography of Male and Female Genital Mutilations. In: Denniston, G.; Milos, M. (Hg.) Sexual Mutilations. A Human Tragedy. Plenum Press. New York. pp. 1-15

Denniston, George (1999) Tyranny of the Victims. An Analysis of Circumcision Advocacy. In: Denniston, G.; Hodges, F.; Milos, M. (Hg.) Male and Female Circumcision. Medical, Legal and Ethical Considerations in Pediatric Practice. Kluwer Academic Plenum Publishers. New York. pp. 221-240

Deusel, Antje (2012) Stellungnahme zur Anhörung im Bundestag betreffs der rituellen Beschneidung von Knaben im Judentum (Brit Mila). 26.11.2012. http://www.zwangsbeschneidung.de/archiv/experten-rechtsausschuss-26-11-2012/Stellungnahme_Deusel.pdf

Deuteronomium. Kapitel 10. Vers 12-22. Bundestreue und Ernte.

Deuteronomium. Kapitel 21. Vers 18-21. Konflikt zwischen Eltern und Sohn.

Deutscher Bundestag (2012a) Antrag der Fraktionen der CDU/CSU, SPD und FDP. Rechtliche Regelungen der Beschneidung minderjähriger Jungen. Drucksache 17/10331. 19.07.2012.

Deutscher Bundestag (2012b) Gesetzentwurf der Bundesregierung. Entwurf eines Gesetzes über den Umfang der Personensorge bei einer Beschneidung des männlichen Kindes. Drucksache 17/11295. 05.11.2012.

Deutscher Bundestag (2012c) Gesetzentwurf. Entwurf eines Gesetzes über den Umfang der Personensorge und die Rechte des männlichen Kindes bei einer Beschneidung. Drucksache 17/11430. 08.11.2012.

Deutscher Bundestag (2012d) Öffentliche Anhörung. Rechtsausschuss. 6. Ausschuss. 17. Wahlperiode. Protokoll der 102. Sitzung. Protokoll Nr. 74. 26.11.2012.

Deutscher Bundestag (2012e) Plenarprotokoll 17/213. Deutscher Bundestag. 17. Wahlperiode. 213. Sitzung. 12.12.2012.

Deutscher Bundestag (2012f) Gesetzentwurf der Fraktionen der CDU/CSU und FDP. Entwurf eines Gesetzes zur Änderung des Strafgesetzbuchs. Strafbarkeit der Verstümmelung weiblicher Genitalien. Drucksache 17/13707. 04.06.2013.

Deutscher Bundestag (2012g) Plenarprotokoll 17/250. Deutscher Bundestag. 17. Wahlperiode. 250. Sitzung. 27.06.2013.

Deutscher Ethikrat (2012) Ethikrat empfiehlt rechtliche und fachliche Standards für die Beschneidung. Pressemitteilung 23. August 2012. https://www.ethikrat.org/mitteilungen/2012/ethikrat-empfiehlt-rechtliche-und-fachliche-standards-fuer-die-beschneidung/

De Witte, L.; Nabatov, A.; Pion, M.; Fluitsma, D.; et al. (2007) Langerin is a Natural Barrier To HIV-1 Transmission by Langerhans Cells. In: Nature Medicine. Vol. 13. No. 3. March 2007. pp. 367-371

DGKCH - Deutsche Gesellschaft für Kinderchirurgie (2017) S2k Leitlinie Phimose und Paraphimose. AWMF-Register Nr. 006/052. Sept. 2017

DGKCH - Deutsche Gesellschaft für Kinderchirurgie (2021) S2k Leitlinie Phimose und Paraphimose bei Kindern und Jugendlichen. AWMF-Register Nr. 006/052. Dez. 2021

dgti - Deutsche Gesellschaft für Transidentität und Intersexualität e.V. (2001) Intersexualität. Begriffe/Syndrome. In: Infoheft „Intersexualität". Ausgabe Mai 2001. https://www.dgti.org/erstehilfe/intersexualitaet.html

DGVN - Deutsche Gesellschaft für die Vereinten Nationen e.V. (1993) Gleiche Menschenrechte für alle. Dokumente zur Menschenrechtsweltkonferenz in Wien 1993.

Dictionary (2019) https://www.dictionary.com/browse/mutilation

Dirie, Waris (2002) Desert Dawn. Published by Virago. London.

DocCheck Flexicon (2019) Sexuelle Auswirkungen der Zirkumzision.
https://flexikon.doccheck.com/de/Sexuelle_Auswirkungen_der_Zirku
mzision

Dötsch, J.; Michalk, D. (2025) Kapitel 16: Erkrankungen der äußeren
Genitalien bei Jungen. Fehlbildungen. Phimose. In: Meyer, S. (Hg.)
Duale Reihe Pädiatrie. 6. Auflage 2025. Thieme Verlag. Stuttgart

Donovan, B.; Bassett, I.; Bodsworth, N. (1994) Male Circumcision and
Common Sexually Transmissible Diseases in a Developed Nation
Setting. In: Genitourin Med. Vol. 70. October 1994. pp. 317-320

Drain, P.; Halperin, D.; Hughes, J.; Klausner, J.; Bailey, R. (2006) Male
Circumcision, Religion and Infectious Diseases. An Ecologic Analysis of
118 Developing Countries. In: Bio Med Central. Infectious Diseases.
Vol. 6. Issue 172. November 2006. pp. 1-10

Drake, R.; Vogl, W.; Mitchell, A.; Tibbitts, R.; Richardson, P. (2017)
Gray's Atlas der Anatomie. Urban & Fischer Verlag. München

Drash, Michael (2019) Circumcising human subjects. An evalutation of
experimental foreskin amputation using the Declaration of Helsinki.
In: Bioethics. March 2019. Vol. 33 Issue 3 pp. 383-388.
doi: 10.1111/bioe.12566.

Drenckhahn, Detlef (Hrsg.) (2003) Anatomie. Makroskopische
Anatomie, Histologie, Embryologie, Zellbiologie.
Urban & Fischer Verlag. München

Duden Wörterbuch (2019)
https://www.duden.de/rechtschreibung/Klitoris

Dunkel, Ulf (2023) Komikernation Deutschland.
Die Beschneidungsdebatte 2012 in Deutschland und die weltweiten
Folgen. Tredition Verlag Ahrensburg

du Pré, Raoul (2004) VDD: extra inspectie tegen besnijdenis. In:
deVolkskrant. 22. Januar 2004. https://www.volkskrant.nl/nieuws-
achtergrond/vvd-extra-inspectie-tegen-besnijdenis~b2bd0b6f/

Earp, Brian (2014) Female Genital Mutilation (FGM) and Male
Circumcision. Should There Be A Separate Discourse?
Practical Ethics. University of Oxford. 2014.

Earp, Brian (2015) Female Genital Mutilation and Male Circumcision.
Toward an Autonomy-Based Ethical Framework. In: Medicolegal and
Bioethics. Vol. 5. Oct. 2015. pp. 89-104

Earp, Brian (2022) Genital cutting as gender oppression. Time to
revisit the WHO paradigm. In: Frontiers in Human Dynamics.
Vol. 4. Article 778592. June 2022. doi:10.3389/fhumd.2022.778592

Eastman, N.; Hellman, L. (1961) Williams Obstetrics 12th Edition.
Appleton-Century-Crofts-Incorporation. New York.

Ebener, David (2021) Danish Parliament rejects ban on boys'
circumcision. In: CNE news. 19.05.2021. https://cne.news/article/29-
danish-parliament-rejects-ban-on-boys-circumcision

Eckert, K.; Bernhard, R. (2017) Beschneidung von Jungen und
Mädchen. (K)ein Thema für den Kinderschutz? In: Kindeschutz-
Zentren (Hg.) Kinderschutz. Haben wir ein Problem? Eigenverlag Köln.
S. 247-281

Ehrenberg, Yitzchak (2012a) Auf Messers Schneide. Kundgebung für
das Recht auf Beschneidung am 09.09.2012 in Berlin.
https://www.youtube.com/watch?v=PiAoe0bOSRk

Ehrenberg, Yitzchak (2012b) Streit ums Beschneidungs-Urteil. Religionsfreiheit ade? In: Anne Will. 11.07.2012. https://www.youtube.com/watch?v=bL2jTkSOk_U

Elnakib, S.; Sallab, M.; Hussein, A.; Marouf, M.; et al. (2025) Medicalization of female genital mutilation in Egypt. Trends, drivers, and prospects for elimination. PLOS Glob Public Health 5(11): e0005195. doi.org/10.1371/journal. pgph.0005195

Elsayed, B.; Elmarasi, M.; Madzime, RJ.; Mapahla, L.; et al. (2024) Estimates of the prevalence of male circumcision in sub-Saharan Africa from 2010-2023. A systematic review and meta-analysis. In: PLoS ONE 19(3): e0298387 doi.org/10.1371/journal. pone.0298387

Elting, L.; Isenberg, S. (1976) The Consumer's Guide to Successful Surgery. St. Martin's Press.

Eschelbach, Ralf (2013) Allgemeine strafrechtliche Rechtfertigungsgründe. In: Beck'scher Online-Kommentar StGB. Edition 22. 08.03.2013. Rn 35-35.8.

Falliers, C. (1970) Circumcision. In: Journal of the American Medical Association. Vol. 214. No 12. December 1970. p. 2194

Farih, O.; Ali, A.; Abokor, A.; Ali, M.; Muse, A.; Egge; A. (2025) Prevalence and factors associated with female genital mutilation among daughters using Somalia Demographic Health Survey Data, SDHS 2020. In: Atencion Primaria. April 2025. 57(4): 103113. doi: 10.1016/j.aprim.2024.103113.

FAZ - Frankfurter Allgemeine Zeitung (2012) Urteil zu Beschneidung von Jungen. Graumann: Ein unerhörter und unsensibler Akt. 26.06.2012. https://www.faz.net/aktuell/politik/urteil-zu-beschneidung-von-jungen-graumann-ein-unerhoerter-und-unsensibler-akt-11799759.html

Fegeler, Ulrich (2019) Circumcision campaigns. African opposition and human rights. The U.N. report. S. 85-86 vmmcproject.org/un-report.

Fink, Aaron (1986) A Possible Explanation For Heterosexual Male Infection With AIDS. In: New England Journal of Medicine. Vol. 315. No. 18. October 1986. p. 1167

Fink, Aaron (1989) Newborn circumcision. A long-term strategy for AIDS prevention. In: Journal of the Royal Society of Medicine. Vol. 82. Issue 11. Nov 1989. p. 659

Fischer, Thomas (2013) Beck'sche Kurzkommentare. Band 10. Strafgesetzbuch mit Nebengesetzen. 60. Auflage Beck Verlag. München.

Fish, Max (2019) Circumcision campaigns. African opposition and human rights. The U.N. report. S. 87-88 vmmcproject.org/un-report.

Fish, M.; Shahvisi, A.; Gwaambuka, T.; Tangwa, G.; Ncayiyana, D.; Earp, B. (2021) A new Tuskegee? Unethical human experimentation and Western neocolonialism in the mass circumcision of African men. In: Developing World Bioethics. Vol. 21 Issue 4. December 2021 pp. 211-226. doi: 1111/dewb.12285

Fishbein, Morris (1969) Modern Home Medical Adviser. Your Health and How to Preserve it. Doubleday. New York.

Fishman, M.; Shear, M.; Friedman, H.; Stewart, H. (1942) Studies in Carcinogenesis. XVII. Local Effect of Repeated Application of 3,4-Benzpyrene and of Human Smegma to the Vagina and Cervix of Mice. In: Journal of the National Cancer Institute. Vol. 2. Issue 4. February 1942. pp. 361-367

Fleiss, Paul (1997) The Case Against Circumcision. In: Mothering. The Magazine of Natural Family Living. Winter 1997. pp. 36-45

Fleiss, P.; Hodges, F.; Van Howe, R. (1998) Immunological Functions of the Human Prepuce. In: Sexually Transmitted Infections. Vol. 74. No. 5. October 1998. pp. 364-367

Fleiss, P.; Hodges, F. (2002) What Your Doctor May Not Tell You About Circumcision. Untold Facts on America's Most Widely Performed and Most Unnecessary Surgery. Warner Books.

Focus (2015) Offenes Interview. Heisse Küsse und Sex am Strand. Elyas M'Barek verrät, warum er gut im Bett ist. 10.09.2015 https://www.focus.de/kultur/videos/offenes-interview-heisse-kuesse-und-sex-am-strand-elyas-m-barek-verraet-warum-er-gut-im-bett-ist_id_4938563.html

Freeland, E. (1900) Circumcision as a Preventive of Syphilis and Other Disorders. In: The Lancet. Vol. 156. Issue 4035 December 1900 pp. 1869-1871

Frisch, M.; Lindholm, M.; Grønbæk, M. (2011) Male Circumcision and Sexual Function in Men and Women. A Survey-Based, Cross-Sectional Study in Denmark. In: International Journal of Epidemiology. Vol. 40. Issue 5. October 2011. pp. 1367-1381

Frisch, M.; Aigrain, Y.; Barauskas, V.; Bjarnason, R.; Boddy, S.; et al. (2013) Cultural Bias in the AAP's 2012 Technical Report and Policy Statement on Male Circumcision. In: Pediatrics. Vol. 131. Issue 4. April 2013. pp. 796-800

Frisch, M.; Earp, B. (2018) Circumcision of Male Infants and Children as a Public Health Measure in Developed Countries. A Critical Assessment of Recent Evidence. In: Gobal Public Health. Vol. 13. No. 5. 2018. pp. 626-641

Gairdner, Douglas (1949) The Fate of the Foreskin. A Study of Circumcision. British Medical Journal. Vol. 2/1949. pp. 1433-1437

Garenne, Michael (2023) Changing relationships between HIV prevalence and cirumcision in Lesotho. In: Journal of Biosocial Science. May 2023. Vol. 55. No 3. pp. 463-478

Garwood, A. (1854) Onanism in a Boy Seven Years Old.
In: American Journal of the Medical Sciences. Vol. 27. No. 54
April 1854. pp. 553-554

gbs - Giordano Bruno Stiftung (2012) Aufruf zur Protestkundgebung gegen das geplante Gesetz zur Knabenbeschneidung in Berlin. 06.12.2012. https://www.giordano-bruno-stiftung.de/meldung/aufruf-zur-protestkundgebung-gegen-geplante-gesetz-zur-knabenbeschneidung-berlin

Genesis. Kapitel 17. Vers 1-27. Die Beschneidung als Bundeszeichen.

Ghosh, A.; Flowe, H.; Rockey, J. (2023) Estimating excess mortality due to female genital mutilation. In: nature portfolio. Scientific Reports. August 2023. 13(1) doi:org/10.1038/s41598-023-38276-6

Giami, A.; Perrey, C.; de Oliveira Mendonca, A.; Rochel de Camargo, K. (2015) Hybrid forum or network? The social and political construction of an international „technical consultation". Male circumcision and HIV prevention. In: Global Public Health. 2015 Vol. 10 Issue 5-6. pp. 589-606

Glass, Michael (2014) Forced Circumcision on Men (abridged)
In: Journal of Medical Ethics. Vol. 40. No. 8/2014. pp. 567-571

Glick, Leonard (2005) Marked in Your Flesh. Circumcision From Ancient Judea to Modern America. Oxford University Press. New York.

Goldberg, David (2019) Brit Milah. Ablauf und Heilungsprozess. http://www.beschneidung-mohel.de/index.html

Goldman, Ronald (1997) Beschneidung. Das verborgene Trauma. Auswirkungen einer amerikanischen kulturellen Praxis auf Säuglinge und letztlich auf uns alle. Deutsche Übersetzung (2019): Ulf Dunkel. kindle/direct publishing.

Goldman, Ronald (1998) Questioning Circumcision. A Jewish Perspective. Vanguard Publications. Boston.

Goldman, Ronald (1999) The Psychological Impact of Circumcision. In: BJU International. Vol. 83. Issue 1. 1999. pp. 93-102

Gollaher, David (2000) Circumcision. A History of the World's Most Controversial Surgery. Basic Books. New York.

Gomaa, Ali (2013) The Islamic View on Female Circumcision. In: African Journal of Urology. Vol. 19. No. 3. Sept. 2013. pp. 123-126

Goodman, Jenny (1999) A Jewish Perspective on Circumcision. In: Denniston, G.; Hodges, F.; Milos, M. (Hg.) Male and Female Circumcision. Medical, Legal and Ethical Considerations in Pediatric Practice. Kluwer Academic/Plenum Publishers. New York. pp. 179-182

Graefe (1825) Heilung eines vieljährigen Blödsinnes durch Ausrottung der Clitoris. In: Journal der Chirurgischen Augenheilkunde. Band 7. Heft 1. 1825. S. 7-37

Graumann, Dieter (2012) Der Beschneidungsstreit. Maischberger. 14.08.2012. https://www.youtube.com/watch?v=_UAN3PjLl1Y

Gray, R.; Kigozi, G.; Serwadda, D.; Makumbi, F.; et al. (2007) Male Circumcision For HIV Prevention in Men in Rakai, Uganda. A Randomised Trial. In: The Lancet. Vol. 369. Issue 9562. February 2007. pp. 657-666

Green, L.; McAllister, R.; Peterson, K.; Travis, J. (2008) Male Circumcision is *Not* the HIV ‚Vaccine' We Have Been Waiting For! In: Future HIV Therapy. Vol. 2. No. 3. May 2008. pp. 193-199

Gropp, Walter (1997) Strafrecht. Allgemeiner Teil. Springer Verlag

Gross, R.; Randolph, J. (1966) Clitorectomy For Sexual Abnormalities. Indications and Technique. In: Surgery. Vol. 59. No. 2. February 1966. pp. 300-308

Grosskurth, H.; Mosha, F.; Todd, J.; Senkoro, K.; et al. (1995) A Community Trial of the Impact of Improved Sexually Transmitted Disease Treatment on the HIV Epidemic in Rural Tanzania. 2. Baseline Survey Results. In: AIDS. Vol. 9. Issue 8. August 1995. pp. 927-934

Gruenbaum, Ellen (2006) Sexuality Issues in the Movement to Abolish Female Genital Cutting in Sudan. In: Medical Anthropology Quarterly. Vol. 20. No. 1. March 2006. pp. 121-138

Grund, J.; Toledo, C.; Davis, S.; Ridzon, R. et al (2016) Tetanus cases after voluntary medical male circumcision for HIV prevention. Eastern and Southern Africa, 2012-2015. In: US Department of Health and Human Services. Center for Disease Control and Prevention. Morbidity and Mortality Weekly Report. Jan 2016. Vol. 65. No 2.

Haffner, D.; Petersen, C. (2019) Kapitel 25: Niere und Harnwege. Äußeres Genitale. Phimose. In: Speer, C.; Gahr, M.; Dötsch, J. (Hg.) Pädiatrie. 5. Auflage 2019. Springer Verlag. Berlin.

Hakenberg, Oliver (2012) Öffentliche Anhörung. Rechtsausschuss. 6. Ausschuss. Deutscher Bundestag. 17. Wahlperiode. Protokoll der 102. Sitzung. Protokoll Nr. 74. 26.11.2012.

Halata, Z.; Munger, B. (1986) The Neuroanatomical Basis for the Protopathic Sensibility of the Human Glans Penis. In: Brain Research. Vol. 371. No. 2. May 1986. pp. 205-230

Hamburger Abendblatt (2012) Ehe von Homosexuellen. Grünen-Politiker Volker Beck kritisiert den Papst. Hamburger Abendblatt. 10.03.2012.
https://www.abendblatt.de/politik/deutschland/article107755862/Gruenen-Politiker-Volker-Beck-kritisiert-den-Papst.html

Handelsblatt (2012) Beschneidungsurteil. Angst vor den Hinterzimmer-Chirurgen. Handelsblatt. 22.07.2012.
https://www.handelsblatt.com/politik/deutschland/beschneidungsurteil-angst-vor-den-hinterzimmer-chirurgen/6906408-all.html

Hartmann, Wolfram (2012a) Stellungnahme zur Anhörung am 26. November 2012 zum Gesetzentwurf der Bundesregierung zur Beschneidung. 18.11.2012
https://www.bvkj.de/presse/pressemitteilungen/ansicht/article/stellungnahme-drmed-wolfram-hartmann-praesident-des-berufsverbands-der-kinder-und-jugendaerzte/

Hartmann, Wolfram (2012b) Religiöse Beschneidung. Erlauben oder verbieten? Phoenix Runde am 05.09.2012.
https://www.youtube.com/watch?v=iYolHK9afWg

Hasewend, S.; Schachner, M. (2012) Drastische Worte von Muzicant. Beschneidung. Verbot ist wie Vernichtung der Juden. In: Kleine Zeitung. 25. Juli 2012.
https://www.kleinezeitung.at/steiermark/graz/3969227/Drastische-Worte-von-Muzicant_Beschneidung_Verbot-ist-wie

Haupt, Friederike (2012) Ethikrat. Jacobs Beschneidung In: Frankfurter Allgemeine Zeitung. 01.09.2012.
https://www.faz.net/aktuell/politik/ethikrat-jacobs-beschneidung-11875890.html

Haynes, Timothy (1883) Surgical Treatment of Hopeless Cases of Masturbation and Nocturnal Emissions. In: Boston Medical and Surgical Journal. Vol. 109. No. 6. August 1883. p. 130

Hegazy, G.; Seidenberg, M.; Erb, H.; Syllwasschy, J.; (2026) Calculating foreskin surface area based on glans measurements of 143 men using a simplified geometrical model of the foreskin. In: International Journal of Impotence Research. March 2026 doi:10.1038/s41443-026-01255-2

Heide, Annett (2012) Beschneidung. Rabbiner: „Schwerster Angriff seit Holocaust" In: Frankfurter Rundschau. 12.07.2012. https://www.fr.de/politik/rabbiner-schwerster-angriff-seit-holocaust-11329880.html

Heinig, Hans (2012) Stellungnahme für den Rechtsausschuss des Deutschen Bundestages zur Vorbereitung der Anhörung am 26. November 2012.http://www.zwangsbeschneidung.de/archiv/experten-rechtsausschuss-26-11-2012/Stellungnahme_Heinig.pdf

Hellsten, Sirkku (2004) Rationalising Circumcision. From Tradition to Fashion, From Public Health to Individual Freedom. Critical Notes on Cultural Persistence of the Practice of Genital Mutilation. In: Journal of Medical Ethics. Vol. 30. 2004. pp. 248-253

Herieka, E.; Dhar, J. (2003) Female Genital Mutilation in the Sudan. Survey of the Attitude of Khartoum University Students Towards This Practice. In: Journal of Sexually Transmitted Infections. Vol. 79. June 2003. pp. 220-223

Herrera, A.; Trouern-Trend, J. (1979) Routine Neonatal Circumcisions. In: American Journal of Diseases of Children. Vol. 133. No. 10. October 1979. pp. 1069-1070

Herzberg, Rolf (2012) Die Beschneidung gesetzlich gestatten? In: Zeitschrift für Internationale Strafrechtsdogmatik. 7. Jahrgang. Ausgabe 10/2012. S. 486-505

Herzberg, Rolf (2014a) Ethische und rechtliche Aspekte der Genitalbeschneidung. In: Franz, Matthias (Hg.) Die Beschneidung von Jungen. Ein trauriges Vermächtnis. Vandenhoeck & Ruprecht Verlag. Göttingen. S. 267-318

Herzberg, Rolf (2014b) Der Abwägungsgedanke und der „evidenzbasierte Blick" in der Beschneidungsdebatte. In: Zeischrift für Internationale Strafrechtsdogmatik. 9. Jahrgang. Ausgabe 2/2014. S. 56-65

Herzog, Lynn (1989) Urinary Tract Infections and Circumcision. A Case-Control Study. In: American Journal of Diseases of Children. Vol. 143. No. 3. March 1989. pp. 348-350

Hiort, O. (2020) Kapitel 254: Fehlbildungen und Krankheiten des äußeren Genitals. In: Hoffmann, G.; Lentze, M.; Spranger, J.; Zepp, F.; Berner, R. (Hg.) Pädiatrie. Grundlagen und Praxis. Band 2. Springer Verlag

Hirsi Ali, A. (2006) Mein Leben, meine Freiheit. Piper Verlag München

Hodges F. (1997) A Short History of the Institutionalization of Involuntary Sexual Mutilation in the United States. In: Denniston, G; Milos, M. (Hg.) Sexual Mutilations. A Human Tragedy. Plenum Press. New York. pp. 17-40

Höfling, Wolfram (2012) Die (medizinisch nicht indizierte) Zirkumzision aus grundrechtsdogmatischer Sicht. In: Deutscher Ethikrat. Vorträge und Diskussionen zum Thema „Religiöse Beschneidung". Plenarsitzung des Deutschen Ethikrates am 23. August 2012. S. 18-23

Holt, L. (1902) The Diseases of Infancy and Childhood. For the Use of Students and Practitioners of Medicine. Appleton and Company. New York

Hovsepian, Deron (1951) The Pros and Cons of Routine Circumcision. In: California Medicine. Vol. 75. No. 5. November 1951. pp. 359-361

Huber, Hans-Günter (2005) Ethisch denken und handeln. Grundzüge einer Ethik der Sozialen Arbeit. Lucius Verlag. Stuttgart.

Hudson, C.; Hennis, A.; Kataaha, P.; Lloyd, G.; Moore, A.; et al. (1988) Risk Factors For the Spread of AIDS in Rural Africa. Evidence From a Comparative Seroepidemiological Survey of AIDS, Hepatitis B and Syphilis in Southwestern Uganda. In: AIDS. Vol. 2. Issue 4. August 1988. pp. 255-260

Hübsch, Khola Maryam (2012) Streit ums Beschneidungs-Urteil. Religionsfreiheit ade? Anne Will am 11.07.2012
https://www.youtube.com/watch?v=bL2jTkSOk_U

Hull, T., Budiharsana, M. (2001) Male Circumcision and Penis Enhancement in Southeast Asia. Matters of Pain and Pleasure. In: Reproductive Health Matters. Vol. 9. No. 8. Nov. 2001. pp. 60-67

Hulverscheidt, Marion (2005) Eine merkwürdige Methode zur Verhinderung der Onanie. Zur Geschichte der Genitalverstümmelung von Frauen im deutschsprachigen Raum. In: Zeitschrift für Sexualforschung. Band 18. Nr. 3. 2005 S. 215-242

Hutchinson, Jonathan (1855) On the Influence of Circumcision in Preventing Syphilis. In: Medical Times & Gazette. Vol. 11. No. 283. December 1855. pp. 542-543

Hutson, J. (2004) Circumcision. A Surgeon's Perspective. In: Journal of Medical Ethics. Vol. 30. No. 3. June 2004. p. 238

ICGI - International Coalition for Genital Integrity (2000) HGM Klassifikation.
http://www.icgi.org/information/hgm-classification/

I.C.I.R.C. – International Circumcision Information Reference Centre (2019) Links to some academic and general sites with useful information. http://circinfo.com/sites.php

IFSW – International Federation of Social Workers (1988) Human Rights Policy Papers. November 1988. Geneva.

infratest dimap (2012) Bewertung der gesetzlichen Regelung zu Beschneidungen. Dezember 2012. https://www.infratest-dimap.de/umfragen-analysen/bundesweit/umfragen/aktuell/bewertung-der-gesetzlichen-regelung-zu-beschneidungen/

intaktiv e.V. (2018) intaktiv-Botschafter/innen. https://intaktiv.de/wir-ueber-uns/botschafter/

Isa, A.; Shuib, R.; Othman, M. (1999) The Practice of Female Circumcision Among Muslims in Kelantan, Malaysia. In: Reproductive Health Matters. Vol. 7. No. 13. May 1999. pp. 137-144

Isensee, Josef (2013) Grundrechtliche Konsequenz wider geheiligte Tradition. Der Streit um die Beschneidung. In: Juristen Zeitung. 68. Jahrgang. Heft 7. April 2013. S. 317-368

Jacobi, Abraham (1876) Masturbation and Hysteria in Young Children. Wood & Co. New York.

Jaya, V.; Kim, Y.; Kang, M. (2024) Cutting through complexitiy. An intersectional analysis of female genital cutting in Indonesia. In: Women's Studies International Forum. Vol. 104. Issue 10. May-June 2024. doi:10.1016/j.wsif.2024.102906

Johnsdotter, Sara (2013) Discourses on Sexual Pleasure After Genital Modifications. The Fallacy of Genital Determinism. (A Response to J. Steven Svoboda). In: Global Discourse. Vol. 3. Issue 2. July 2013. pp. 256-265.

Johnson, Athol (1860) An Injurious Habit Occasionally Met With in Infancy and Early Childhood. In: The Lancet. Vol. 75. Issue 1910. April 1860. pp. 344-345

Jones, E.; MacDonald, J.; Breslow, L. (1958) A Study of Epidemiological Factors in Carcinoma of the Uterine Cervix. In: American Journal of Obstetrics and Gynecology. Vol. 76. No. 1. July 1958. pp. 1-10

Joudi, M.; Fathi, M.; Hiradfar, M. (2011) Incidence of Asymptomatic Meatal Stenosis in Children Following Neonatal Circumcision. In: Journal of Pediatric Urology. Vol. 7. Issue 5. Oct. 2011. pp. 526-528.

Kaggwa, S.; Galukande, M. (2014) Male Genital Mutilation (Amputation) and Its Complications. A Case Report. In: Bio Med Central. Research Notes. Vol. 7. Issue 519. 2014. pp. 1-3

Kandala, N.; Ezejimofor, M.; Uthman, O.; Komba, P. (2018) Secular trends in the prevalence of female genital mutilation/cutting among girls. A systematic analysis. In: BMJ Glob Health. 2018 Nov 6;3(5):e000549. doi: 10.1136/bmjgh-2017-000549. PMID: 30483404; PMCID: PMC6231106.

Kandil, Mohamed (2012) Female Circumcision. Limiting the Harm. In: F1000 Research. Vol. 1. No. 23. November 2012.

Kaplan, A.; Hechavarria, S.; Martin, M.; Bonhoure, I. (2011) Health Consequences of Female Genital Mutilation/Cutting in the Gambia, Evidence Into Action. In: Reproductive Health. Vol. 8. No. 26. Oct 2011

Kaplan, George (1977) Circumcision. An Overview. In: Current Problems in Pediatrics. Vol. 7. Issue 5. March 1977. pp. 3-33

Karliczek, K.; Schaffranke, D.; Schwenzer, V. (2016) Der Diskurs um Pädophilie/Pädosexualität im Bundesverband pro familia in den 1970er bis 1990er Jahren. Camino. Werkstatt für Fortbildung, Praxisbegleitung und Forschung im sozialen Bereich gGmbH.

Kaufmann, J.; Laschat, M.; Wappler, F. (2012) Perioperative Schmerztherapie bei Frühgeborenen, Säuglingen und Kleinkindern. In: Anästhetische Intensivmedizin. Ausgabe 53. 2012. S. 656-669

Keck, M.; Sikkink, K. (1998) Activists beyond borders. Advocacy Networks in International Politics. Cornell University Press

Kelek, Necla (2006) Die verlorenen Söhne. Plädoyer für die Befreiung des türkisch-muslimischen Mannes. Kiepenheuer & Witsch. Köln

Kelek, Necla (2012) Die Beschneidung – ein unnützes Opfer für Allah In: Die Welt. 28.06.2012. https://www.welt.de/debatte/kommentare/article107288230/Die-Beschneidung-ein-unnuetzes-Opfer-fuer-Allah.html

Kellogg, John (1888) Plain Facts For Old and Young. Embracing the Natural History and Hygiene of Organic Life. I.F. Segner & Co. Burlington, Iowa.

Kilic, M.; von Cramon-Taubadel, V. (2012) Plenarprotokoll 17/189. Anlage 8. Deutscher Bundestag. 17. Wahlperiode. 189. Sitzung. 19.07.2012.

Kim, D.; Lee, J.; Pang, M. (1999) Male Circumcision. A South Korean Perspective. In: BJU International. Vol. 83. No. 1. January 1999 pp. 28-33

Kim, D.; Pang, M. (2007) The Effect of Male Circumcision on Sexuality. In: BJU International. Vol. 99. No. 3. March 2007. pp. 619-622

Kimani, S.; Shell-Duncan, B. (2018) Medicalized Female Genital Mutilation/Cutting. Contentious Practices and Persistent Debates. In: Current Sexual Health Reports. Vol. 10. March 2018. pp. 25-34

Kinuthia, Rosemary (2010) The Association Between Female Genital Mutilation (FGM) and the Risk of HIV/AIDS in Kenyan Girls and Women (15-49 Years). Georgia State University 2010

Kirchner, Raphael (2013) Beschneidung. Kinderärzte streiten über den Eingriff. In: Tagesspiegel. 19.03.2013.
https://www.tagesspiegel.de/wissen/beschneidung-kinderaerzte-streiten-ueber-den-sinn-des-eingriffs/7947084.html

Kitchell, R.; Campbell, B.; Quilliam, T.; Larson, L. (1955) Neurological Factors in the Sexual Behaviour of Domestic Animals. In: Proceedings Book. American Veterinary Medical Association. Ninety-Second Annual Meeting. Minneapolis. August 1955. pp. 177-189

Kitzur Schulchan Aruch. Kapitel 151. Prohibition Against Spilling Seed.

Kizilhan, J. (2011) Impact of Psychological Disorders After Female Genital Mutilation Among Kurdish Girls in Northern Iraq. In: European Journal of Psychiatry. Vol. 25. No. 2. 2011 pp. 92-100

Kizilkaya, Ali (2012) Religiöse Beschneidung. Erlauben oder verbieten? Phoenix Runde am 05.09.2012.
https://www.youtube.com/watch?v=iYolHK9afWg

Klausner, J.; Wamai, R.; Bowa, K.; Agot, K.; Kagimba, J.; Halperin, D. (2008) Is Male Circumcision as Good as the HIV Vaccine We've Been Waiting For? In: Future HIV Therapy. Vol. 2. No. 1. pp. 1-7

Knobloch, Charlotte (2012) Charlotte Knobloch zur Beschneidungsdebatte. Wollt ihr uns Juden noch?
In: Süddeutsche Zeitung. 25. September 2012
https://www.sueddeutsche.de/politik/2.220/beschneidungen-in-deutschland-wollt-ihr-uns-juden-noch-1.1459038

Kobelt, G.L. (1844) Die männlichen und weiblichen Wolllust-Organe des Menschen und einiger Säugetiere in anatomisch-physiologischer Beziehung. Freiburg

Koc, F.; Aksit, S.; Koc, G.; Halicioglu, O., Yilmaz, Y., et al. (2013) Parental Attitudes and Practices About Circumcision in Izmir, Turkey. In: Journal of Unviversal Surgery. Vol. 2. No. 1,2. 2013 pp. 1-6

Kölling, Anna (2008) Weibliche Genitalverstümmelung im Diskurs. Exemplarische Analysen zu Erscheinungsformen, Begründungsmustern und Bekämpfungsstrategien. LIT Verlag.

Koran. Sure 2. Vers 1-286. Die Kuh.

Koski, A.; Heymann, J. (2017) Thirty-Year Trends in the Prevalence and Severity of Female Genital Mutilation. A Comparison of 22 Countries. In: BMJ Global Health. Vol. 2. No. 4. Nov. 2017. pp. 1-8

Kramer, Stephan (2012a) Religiöse Beschneidung. Erlauben oder verbieten? In: Phoenix Runde. 05.09.2012. https://www.youtube.com/watch?v=iYolHK9afWg

Kramer, Stephan (2012b) Stellungnahme des Zentralrats der Juden in Deutschland zur Anhörung des Rechtsausschusses des Deutschen Bundestages am 26. November 2012 in Berlin. http://www.zwangsbeschneidung.de/archiv/experten-rechtsausschuss-26-11-2012/Stellungnahme_Kramer.pdf

Kreiss, J.; Hopkins, S. (1993) The Association Between Circumcision Status and Human Immunodeficiency Virus Infection Among Homosexual Men. In: Journal of Infectious Diseases. Vol. 168. Issue 6. December 1993. pp. 1404-1408

Krings, Günter (2012) Plenarprotokoll 17/189. Deutscher Bundestag. 17. Wahlperiode. 189. Sitzung. 19.07.2012.

Kugler, Peter (2017) Der menschliche Körper. Anatomie Physiologie Pathologie. Urban & Fischer Verlag. München.

Kupferschmid, Christoph (2014) Die Beschneidung von Knaben aus kinder- und jugendärztlicher Sicht. In: Franz, Matthias (Hg.) Die Beschneidung von Jungen. Ein trauriges Vermächtnis. Vandenhoeck & Ruprecht Verlag. Göttingen. S. 82-108

Kwak, C.; Oh, S.; Lee, A.; Choi, H. (2004) Effect of Circumcision on Urinary Tract Infection After Sucessful Anitreflux Surgery. In: British Journal of Urology. Vol. 94. Issue 4. September 2004. pp. 627-629

Lambrecht, Christine (2012) Plenarprotokoll 17/189. Deutscher Bundestag. 17. Wahlperiode. 189. Sitzung. 19.07.2012.

Lammert, Norbert (2012) Plenarprotokoll 17/189. Deutscher Bundestag. 17. Wahlperiode. 189. Sitzung. 19.07.2012.

Lamont, Mark (2018) Forced Male Circumcision and the Politics of Foreskin in Kenya. In: African Studies. Vol. 77. No. 2. 2018 pp. 293-311.

Latasch, Leo (2012) Brit Mila. Medizin und Religion. In: Deutscher Ethikrat. Vorträge und Diskussionen zum Thema „Religiöse Beschneidung". Plenarsitzung des Deutschen Ethikrates am 23. August 2012. S. 3-9

Lau, Jörg (2012) Die Beschneidung der Religionsfreiheit. In: Die Zeit. 13.07.2012. https://blog.zeit.de/joerglau/2012/07/13/die-beschneidung-der-religionsfreiheit_5625

Lau, Mariam (2012) Beschneidung. Die Debatte über die Beschneidung kennt viele Verlierer. In: Die Zeit. 11.10.2012. https://www.zeit.de/2012/42/Beschneidung-Gesetz

Lauermann, Karin (2018) Freiheit. In: Otto, H.; Thiersch, H.; Treptow, R. Ziegler, H. (Hg.) Handbuch Soziale Arbeit. 6. Auflage. Reinhardt Verlag. München. S. 417-425

Laumann, E.; Masi, C.; Zuckermann, E. (1997) Circumcision in the United States. Prevalence, prophylactic effects and sexual practice. In: Journal of the American Medical Association. Vol. 277. No. 13. April 1997. pp. 1052-1057

Lehman, Mark (1893) A Plea For Circumcision. In: Medical Review. Vol. 28. July-December. 1893. pp. 64-65

Lehrke, Gerhard (2015) Forschung: Vorhaut macht Tierversuche überflüssig. In: Berliner Kurier. 05.11.2015. https://www.berliner-kurier.de/berlin/kiez---stadt/forschung-vorhaut-macht-tierversuche-ueberfluessig-23077384

Lenz, Hans-Joachim (2001) Mann versus Opfer? Kritische Männerforschung zwischen der Verstrickung in herrschende Verhältnisse und einer neuen Erkenntnisperspektive. In: BauSteineMänner (Hg.) Kritische Männerforschung. Neue Ansätze in der Geschlechtertheorie. Argument Verlag. S. 359-396

Lenz, Hans-Joachim (2003) Die Verletzungen von Männern und die Maske der Scham. In: May, A.; Remus, N.; BAG Prävention & Prophylaxe e.V. (Hg.) Jungen und Männer als Opfer von (sexualisierter) Gewalt. Schriftenreihe gegen sexualisierte Gewalt. Band 5. Die Jonglerie Verlag. Berlin. S. 108-132

Lenz, Hans-Joachim (2014) Wenn der Domspatz weiblich wäre. Über den Zusammenhang der Verdeckung sexualisierter Gewalt an Männern und kulturellen Geschlechterkonstruktionen. In: Mosser, P.; Lenz, H. (Hg.) Sexualisierte Gewalt gegen Jungen. Prävention und Intervention. Ein Handbuch für die Praxis. Springer Verlag. S. 15-40

Lenz, Hans-Joachim (2016) Buchrezension zu Clemens Bergner. Ent-hüllt! Die Beschneidung von Jungen. Nur ein kleiner Schnitt? Tredition Verlag 2015. In: socialnet Rezensionen. 08.02.2016. https://www.socialnet.de/rezensionen/19688.php

Levitikus. Kapitel 15. Vers 1-33. Unreinheit bei Männern und Frauen.

Levitikus. Kapitel 20. Vers 1-27. Todeswürdige Verbrechen.

Levitikus. Kapitel 24. Vers 10-23. Lästerung des Gottesnamens.

Lichtenheldt, Mario (2017) un-heil. Vorhaut, Phimose & Beschneidung. Zeitgemäße Antworten für Jungen, Eltern und Multiplikatoren. Tredition Verlag. Hamburg

Lightfoot-Klein, Hanny (2003) Der Beschneidungsskandal. Orlanda Frauenverlag. Berlin.

Lilienfeld, A.; Graham, S. (1958) Validity of Determining Circumcision Status by Questionnaire as Related to Epidemiological Studies of Cancer of the Cervix. In: Journal of the National Cancer Institute. Vol. 21. No. 4. October 1985. pp. 713-720

Lippert, Herbert (2011) Lehrbuch Anatomie. Urban & Fischer Verlag. München

Lowenfield, Jonah (2011) Little-Known Non-Cutting Ritual Appeals to Some Who Oppose Circumcision. In: Arizona Jewish Post. 17.08.2011. https://azjewishpost.com/2011/little-known-non-cutting-ritual-appeals-to-some-who-oppose-circumcision/

Lydstone, George (1912) Sex Hygiene For the Male and What to Say to the Boy. Riverton Press. Chicago

Maimonides, Moses (gest. 1204) The Guide For the Perplexed. Teil III. Kapitel 49. Übersetzung von Friedländer, M. (1904) Routledge & Kegan Paul Ltd. London

Majavu, Anna (2011) South Africa. Babie's Foreskins Could Be Sold. Ethics watchdog. In: Sunday Times. 08. August 2011. https://www.timeslive.co.za/news/south-africa/2011-08-08-babies-foreskins-could-be-sold-ethics-watchdog/

MANNdat (2018) Barley und das Märchen vom Gesetzeskonflikt zur Jungenbeschneidung. 01.05.2018 https://manndat.de/jungen/beschneidung/barley-und-das-maerchen-vom-gesetzeskonflikt-zur-jungenbeschneidung.html

Manski, Dirk (2018) Das Urologielehrbuch. 14. Auflage. Stadtbergen.

Mansour, Ahmad (2012) Stellt euch der Debatte. In: Welt. 19.07.2012. https://www.welt.de/print/die_welt/debatte/article108327689/Stellt-euch-der-Debatte.html

Matussek, Matthias (2012) Toleranz und Tabus. Warum Beschneidung kein Verbrechen ist. In: Der Spiegel. Nr. 30. 23.Juli 2012. http://www.spiegel.de/spiegel/print/d-87482745.html

Maughan-Brown, B.; Venkataramani, A. (2013) Incorrect Beliefs About Male Circumcision and Male-to-Female HIV Transmission Risk in South Africa. Implications For Prevention. In: Journal of Aquired Immunodeficiency Syndrom. Vol. 62. No. 4. April 2013. pp. 121-123

Mavundla, T.; Netswera, F.; Bottoman, B.; Toth, F. (2009) Rationalization of Indigenous Male Circumcision as a Sacred Religious Custom. In: Journal of Transcultural Nursing. Vol. 20. No. 4. October 2009. pp. 395-404

Mazyek, Aiman (2012) Ist die Beschneidung unzulässig? Phoenix Runde am 04.07.2012. https://www.youtube.com/watch?v=welh43izX0A

McGrath, Ken (2010) Anatomy of the Penis. Penile and Foreskin Neurology. Interview in Berkeley, California 2010. https://www.youtube.com/watch?v=DD2yW7AaZFw

McGregor, T.; Pike, J.; Leonard, M. (2005) Phimosis. A Diagnostic Dilemma? In: Canadian Journal of Urology. Vol. 12. No. 2. April 2005. pp. 2598-2602

Medial Record (1867) Medical News and Items. Vol. 2. April 1867

Menage, Janet (1999) Post-Traumatic Stress Disorder After Genital Medical Procedures. In: Denniston, G.; Hodges, F.; Milos, M. (Hg.) Male and Female Circumcision. Medical, Legal and Ethical Considerations in Pediatric Practice. Kluwer Academic/Plenum Publishers. New York. pp. 215-219

Meissner, O.; Buso, D. (2007) Traditional Male Circumcision in the Eastern Cape – Scourge or Blessing? In: South African Medical Journal. Vol. 97. No. 5. May 2007. pp. 371-373

Merkel, Reinhard (2012a) Zur religiös motivierten frühkindlichen Knabenbeschneidung. Strafrechtliche und rechtsprinzipielle Probleme. In: Deutscher Ethikrat. Vorträge und Diskussionen zum Thema „Religiöse Beschneidung". Plenarsitzung des Deutschen Ethikrates am 23. August 2012. S. 12-18.

Merkel, Reinhard (2012b) Stellungnahme zu dem Regierungsentwurf eines Gesetzes über den Umfang der Personensorge bei einer Beschneidung des männlichen Kindes. 23. November 2012

Merkel, Reinhard (2012c) Die Haut eines Anderen. Süddeutsche Zeitung. 30.08.2012 https://www.sueddeutsche.de/wissen/beschneidungs-debatte-die-haut-eines-anderen-1.1454055

Merli, Claudia (2008) Sunat For Girls in Southern Thailand. Its Relation to Traditional Midwifery, Male Circumcision and Other Obsetrical Practices. In: Finnish Journal of Ethnicity and Migration. Vol. 3. No. 2/2008. pp. 32-40

Merli, Claudia (2010) Male and Female Genital Cutting Among Southern Thailand's Muslims. Rituals, Biomedical Practice and Local Discourses. In: Culture, Health and Sexuality. Vol. 12. No. 7. October 2010. pp. 725-738

Miller, R.; Snyder, D. (1953) Immediate Circumcision of the Newborn Male. In: American Journal of Obstetrics and Gynecology. Vol. 65. No. 1. January 1953. pp. 1-11

Ministry of Health of Republic of Indonesia (2013) Basic Health Research 2013.

Miranda, Cathy (2019) Circumcision Season. Rite puts Filipino boys under pressure. Video by Agence France-Presse. https://www.youtube.com/watch?v=s009S81j8pg

Moll, Friedrich (2014) Medizingeschichtliche und urologische Aspekte der Knabenbeschneidung. In Franz, Matthias (Hg.) Die Beschneidung von Jungen. Ein trauriges Vermächtnis. Vandenhoeck & Ruprecht Verlag. Göttingen. S. 52-74

Money, Angel (1887) Treatment of Disease in Children. Blakiston, Son & Co. Philadelphia.

Montag, Jerzy (2013) Plenarprotokoll 17/222. Deutscher Bundestag. 17. Wahlperiode. 222. Sitzung. 21.02.2013.

Montgomery, S. (1935) Circumcison. In: British Medical Journal. Vol. 2. Issue 3902. October 1935. p. 763

Morgan, William (1965) The Rape of the Phallus. In: Journal of the American Medical Association. Vol. 193. No. 3. July 1965. pp. 123-124.

Morgan, William (1966) Reply to Dr. Greenblatt. In: American Journal of Diseases of Children. Vol. 111. April 1966. p. 448

Morris, B.; Schoen, E.; Wiswell, T.; Kunin, S.; Stang, H.; Halperin, D.; Bailis, S.; Cormier, M. (2006) Beschneidung. Ein Ratgeber für Eltern. Herausgegeben von Brian Morris & The Gilgal Society.

Morris, Brian (2007) Why Circumcision is a Biomedical Imperative For the 21st Century. In: BioEssays. Vol. 29. No 11. November 2007 pp. 1147-1158

Morris, B.; Krieger, J. (2013) Does Male Circumcision Affect Sexual Function, Sensitivity or Satisfaction? A Systematic Review. In: Journal of Sexual Medicine. Vol. 10. Issue 11. November 2013. pp. 2644-2657

Morris, B.; Auvert, B.; Bailey, R.; Bailis, S.; Castellsagué, X.; Cormier, M.; Cox, G.; Halperin, D.; Harvey, D.; Kunin, S.; Schoen, E.; Short, R.; Stang, H.; Waskett, J.; Weiss, H.; Willcourt, R.; Wiswell, T. (2015) Sex and Male Circumcision. What Every Woman Needs to Know. http://www.circumcisionaustralia.org/pdf/GFW_EN_2015_07.pdf

Morris, B.; Wamai, R.; Henebeng, E.; Tobian, A.; et al. (2016) Estimation of Country-Specific and Global Prevalence of Male Circumcision. In: Population Health Metrics. Vol. 14. Issue 1. Article No. 4. December 2016. pp. 1-13

Moses, S.; Plummer, F.; Bradley, J.; et al. (1994) The Association Between Lack of Male Circumcision and Risk for HIV infection. A Review of the Epidemiological Data. In: Sexually Transmitted Diseases. Vol. 21. No. 4. July 1994. pp. 201-210

Moszynski, Variety (2002) Klitoris, die schöne Unbekannte. Dokumentarfilm. Arte Doku. Frankreich 2002

Müller, M.; Eppinger, M. (2023) Pädiatrie für Studium und Praxis. 6. Auflage 2023. Medizinische Verlags- und Informationsdienste.

Müller-Sönksen, Burkhardt (2012) Plenarprotokoll 17/189. Deutscher Bundestag. 17. Wahlperiode. 189. Sitzung. 19.07.2012.

Mutabazi, V.; Forrest, J.; Ford, N.; Mills, E. (2014) How Do You Circumcise a Nation? The Rwandan Case Study. In: BioMed Central Medicine. Vol. 12. No 1. Oct. 2014. pp. 1-4

Nahm, W.; Zhou, L.; Falanga, V. (2002) Sustained Ability For Fibroblast Outgrowth From Stored Neonatal Foreskin. A Model For Studying Mechanisms of Fibroblast Outgrowth. In: Journal of Dermatological Science. Vol. 28. Issue 2. February 2002. pp. 152-158

Naji, H.; Mustafa, R. (2013) Circumcision of Preschool Boys in Baghdad, Iraq. Prevalence, Current Practice and Complications. In: Frontiers of Medicine. Vol. 7. Issue 1. March 2013. pp. 122-125

Nasio, J.; Nagelkerke, N.; Mwatha, A.; Moses, S.; et al. (1996) Genital Ulcer Disease Among STD Clinic Attenders in Nairobi. Association With HIV-1 and Circumcision Status. In: International Journal of STD & AIDS. Vol. 7. Issue 6. October 1996. pp. 410-414

Nauy, Gislinde (2015) Warum Knabenbeschneidung auch Feministinnen etwas angeht. Paperblog 2015. Erstveröffentlichung Freigeist Weimar. https://de.paperblog.com/warum-knabenbeschneidung-auch-feministinnen-etwas-angeht-676254/

Niang, Ch.; Boiro, H. (2007) „You Can Also Cut My Finger!" Social Construction of Male Circumcision in West Africa. A Case Study of Senegal and Guinea-Bissau. In: Reproductive Health Matters. Vol. 15. Issue 29. January 2007. pp. 22-32

Nour, N.; Michels, K.; Bryant, A. (2006) Defibulation to Treat Female Genital Cutting. Effect on Symptoms and Sexual Function. In: Obstetrics & Gynecology. Vol. 108. No. 1. July 2006. pp. 55-60

Nour, Nawal (2008) Female Genital Cutting. A Persisting Practice.
In: Reviews in Obstetrics & Gynecology. Vol. 1. No. 3. Summer 2008
pp. 135-139

ntv.de (2016) Sexualkunde in Frankreich. 3D-Klitoris soll Schüler
besser aufklären. 21.09.2016 https://www.n-tv.de/panorama/3D-
Klitoris-soll-Schueler-besser-aufklaeren-article18683666.html

Obert, Michael (2015) Ein Einschnitt fürs Leben? In: GEO.
Ausgabe 07/2015. S. 117-129

O'Connell, H.; Anderson, C.; Plenter, R.; Hutson, J. (1998) Anatomical
Relationship Between Urethra and Clitoris. In: Journal of Urology
Vol. 159. June 1998. pp. 1892-1897

O'Connell, H.; Anderson, C.; Plenter, R.; Hutson, J. (2004) The Clitoris.
A Unified Structure. Histology of the Clitoral Glans, Body, Crura and
Bulbs. In: Urodinamica Vol. 14. June 2004. pp. 127-132

O'Connell, H.; Kalavampara, V.; Hutson, J. (2005) Anatomy of the
Clitoris. In: Journal of Urology Vol. 174. October 2005. pp. 1189-1195

Odell, Amy (2008) Beauty Marks. Hide Scars and Smooth Fine Lines
With New Foreskin Formula. In: The Cut. 17. November 2008.
https://www.thecut.com/2008/11/hide_scars_and_smooth_fine_lin.
html

Odhiambo, Kennedy (2019) Circumcision campaigns.
African opposition and human rights. The U.N. report. S. 91
vmmcproject.org/un-report.

Odukogbe, A.; Afolabi, B.; Bello, O.; Adeyanju, A. (2017) Female
Genital Mutilation/Cutting in Africa. In: Translational Andrology and
Urology. Vol. 6. No. 2. 2017. pp. 138-148

Öney, Bilkay (2012) Der Beschneidungsstreit. Maischberger am 14.08.2012. https://www.youtube.com/watch?v=_UAN3PjLl1Y

O'Hara, K.; O'Hara, J. (1999) The Effect of Male Circumcision on the Sexual Enjoyment of the Female Partner. In: BJU International. Vol. 83. No. 1. January 1999. pp. 79-84

Olage, M. (2023) New bill pushes for mandatory male circumcision in Kenya. In: Mwakilishi.com. Kenya Diaspora News Leader. 12/10/2023 https://origin.mwakilishi.com/article/kenya-news/2023-12-10/new-bill-pushes-for-mandatory-male-circumcision

Osborn, L.; Metcalf, T.; Mariani, M. (1981) Hygienic Care in Uncircumcised Infants. In: Pediatrics. Vol. 67. Issue 3. March 1981 pp. 365-367

Øster, Jakob (1968) Further Fate of the Foreskin. Incidence of Preputial Adhesions, Phimosis and Smegma Among Danish Schoolboys. In: Archives of Disease in Childhood. Vol. 43. April 1968. pp. 200-202

Owings, M.; Uddin, S.; Williams, S. (2013) Trends in Circumcision for Male Newborns in U.S. hospitals. 1979-2010. In: Centers for Disease Control and Prevention (CDC). National Center for Health Statistics (NCHS) 2013

Paix, B.; Peterson, S. (2012) Circumcision of Neonates and Children Without Appropriate Anaesthesia is Unacceptable Practice. In: Anaesthesia and Intensive Care. Vol. 40. No. 3. May 2012. pp. 511-516

Pashaei, T.; Rahimi, A.; Ardalan, A.; Felah, A.; Majlessi, F. (2012) Related Factors of Female Genital Mutilation (FGM) in Ravansar (Iran). In: Journal of Women's Health Care. Vol. 1. No. 2. 2012. pp. 1-3

Paulsen, F.; Waschke, J. (2017) Sobotta. Atlas der Anatomie. Innere Organe. Urban & Fischer Verlag. München.

Payne, K.; Thaler, L.; Kukkonen, T.; Carrier, S.; Binik, Y. (2007) Sensation and Sexual Arousal in Circumcised and Uncircumcised Men. In: Journal of Sexual Medicine. Vol. 4. Issue 3. May 2007. pp. 667-674

Peltzer, K.; Niang, C.; Muula, A.; Bowa, K.; Okeke, L. et al. (2007) Male Circumcision, Gender and HIV Prevention in Sub-Saharan Africa. A (Social Science) Research Agenda. In: Journal of Social Aspects of HIV/AIDS. Vol. 4. No. 3. Nov. 2007 pp. 658-667

Petermann, Jens (2012) Plenarprotokoll 17/189. Deutscher Bundestag. 17. Wahlperiode. 189. Sitzung. 19.07.2012.

Philo (gest. ca. 40 n. Chr.) The Works of Philo. Übersetzung von Yonge, C. (1993) Hendrickson Publishers.

Pieretti, R., Goldstein, A. (2010) Late Complications of Newborn Circumcision. A Common and Avoidable Problem. In: Pediatric Surgery International. Vol. 26. February 2010. pp. 515-518

Plaut, A.; Kohn-Speyer, A. (1947) The Carcinogenic Action of Smegma. In: Science. Vol. 105. Issue 2728. April 1947. pp. 391-392

Popitz, Heinrich (1992) Phänomene der Macht. Mohr Siebeck Verlag. Tübingen

Posener, Alan (2012) Vorhaut und Freiheit. In: Welt. 11.07.2012. https://www.welt.de/print/die_welt/kultur/article108256905/Vorhaut-und-Freiheit.html

Prais, D.; Shoov-Furman, R.; Amir, J. (2009) Is Ritual Circumcision a Risk Factor for Neonatal Urinary Tract Infections? In: Archives of Disease in Childhood. Vol. 94. No. 3. March 2009. pp. 191-194

Prantl, Heribert (2012a) Streit um Beschneidung. Vom richtigen Umgang mit Recht. In: Süddeutsche Zeitung. 16.07.2012. https://www.sueddeutsche.de/politik/streit-um-beschneidung-vom-richtigen-umgang-mit-recht-1.1413208

Prantl, Heribert (2012b) Beschneidung. Wo das Recht seine Grenzen erreicht. In: Süddeutsche Zeitung. 27.08.2012. https://www.sueddeutsche.de/politik/beschneidung-wo-das-recht-seine-grenzen-erreicht-1.1450827

Prantl, Heribert (2012c) Beschneidung. Wie ein unnötiges Gesetz nötig wurde. In: Süddeutsche Zeitung. 10.10.2012. https://www.sueddeutsche.de/politik/beschneidung-wie-ein-unnoetiges-gesetz-notwendig-wurde-1.1492659

Prantl, Heribert (2012d) Beschneidungen. Das Strafrecht muss sich zurückhalten. In: Süddeutsche Zeitung. 22.11.2012. https://www.sueddeutsche.de/meinung/beschneidungen-das-bescheidene-gesetz-1.1530865

Prantl, Heribert (2012e) Gesetz zur Beschneidung. Das nötige Minimum. In: Süddeutsche Zeitung. 12.12.2012. https://www.sueddeutsche.de/politik/gesetz-zur-beschneidung-das-noetige-minimum-1.1549241

Preston, Noel (1970) Wither the Foreskin. A Consideration of Routine Neonatal Circumcision. In: Journal of the American Medical Association. Vol. 213. No. 11. September 1970. pp. 1853-1858

Price, Christopher (1999) Male Non-Therapeutic Circumcision. The Legal and Ethical Issues. In: Denniston, G.; Hodges, F.; Milos, M. (Hg.) Male and Female Circumcision. Medical, Legal and Ethical Considerations in Pediatric Practice. Kluwer Academic/Plenum Publishers. New York. pp. 425-454

pro familia (2018) Stellungnahme von pro familia zu nicht medizinisch indizierten Eingriffen an Genitalien von Kindern. pro familia Bundesverband. Bundesdeligiertenversammlung. 05. Mai 2018. Offenbach.
https://www.profamilia.de/fileadmin/profamilia/verband/Stellungna hme_genitale_Selbstbestimmung_BDV_2018.pdf

Putrani, B.; Faturochman, Darwin, M.; Purwatiningsih, S. (2003) Male and Female Genital Cutting. Among Javanese and Madurese. Center for Population and Policy Studies. Gadjah Mada University. Yogyakarta. Indonesia. 2003.

Putzke, Holm (2008a) Rechtliche Grenzen der Zirkumzision bei Minderjährigen. In: Medizinrecht. Vol. 26. Issue 5. May 2008 pp. 268-272

Putzke, Holm (2008b) Juristische Positionen zur religiösen Beschneidung. In: Neue juristische Wochenschrift. 61. Jahrgang. Heft 22. Mai 2008. S. 1568-1570

Putzke, Holm (2012) Ist die Beschneidung unzulässig? Phoenix Runde am 04.07.2012.
https://www.youtube.com/watch?v=welh43izX0A

Radtke, Henning (2012) Stellungnahme zur Öffentlichen Anhörung des Rechtsausschusses am Montag, dem 26. November 2012.
http://www.zwangsbeschneidung.de/archiv/experten-rechtsausschuss-26-11-2012/Stellungnahme_Radtke.pdf

Rahman, Anika; Toubia, Nahid (2000) Female Genital Mutilation. A Guide to Laws and Policies Worldwide. Zed Books Ltd.

Ramos, S.; Boyle, G. (2000) Ritual and Medical Circumcision Among Filipino Boys. Evidence of Post-Traumatic Stress Disorder. In: Humanities & Social Sciencepapers. Paper 114. January 2000. pp. 1-23

Rashid, A., Patil, S., Valimalar, A. (2009) The Practice of Female Genital Mutilation Among the Rural Malays in North Malaysia. In: The Internet Journal of Third World Medicine. Vol. 9. No. 1/2009. pp. 1-8

Rashid, A.; Iguchi, Y. (2019) Female genital cutting in Malaysia. A mixed-methods study. In: BMJ Open 2019;9:e025078. doi:10.1136/bmjopen-2018-025078.

Rashid, A.; Iguchi, Y.; Afiqah, S. (2023) Female genital cutting in Asia. The case of Malaysia. In: Nakamura, K.; Miyachi, K.; Miyawaki, Y.; Toda, M. (Hg.) Female genital mutilation/cutting. Global Zero Tolerance Policy and diverse responses from African and Asian local communities. Springer Verlag Singapur. pp. 109-126

Raßbach, Vivien (2018) 9 Fakten über die Klitoris, die jede Frau kennen sollte. Brigitte. 19.02.2018. https://www.brigitte.de/liebe/sex-flirten/sex--9-fakten-ueber-die-klitoris--die-jede-frau-kennen-sollte-10158942.html

Rauchenwald, M. (2008) Vorhauterhaltende Zirkumzision. In: Journal für Urologie und Urogynäkologie. Ausgabe 15. Sonderheft 5. 2008. S. 26-27

Ravich, A.; Ravich, R. (1951) Prophylaxis of Cancer of the Prostate, Penis and Cervix by Circumcision. In: New York State Journal of Medicine. Vol. 51. January-June 1951. pp. 1519-1520

Razmus, I.; Dalton, M.; Wilson, D. (2004) Pain Management for Newborn Circumcision. In: Pediatric Nursing. Vol. 30. Issue 5. Sept/Oct 2004. pp. 414-418

Reddy, D.; Baruah, I. (1963) Carcinogenic Action of Human Smegma. In: Archives of Pathology. Vol. 75. April 1963. pp. 414-420

reformatorisch dagblad (2004) Hirsi Ali: Jongensbesnijdenis moet worden verboden. 4. Oktober 2004. https://www.rd.nl/artikel/87071-hirsi-ali-jongensbesnijdenis-moet-worden-verboden

Rennie, S.; Gilbertson, A.; Hallfors D.; Luseno, W. (2021) The ethics of stigma in Medical Male Circumcision Initiatives involving adolescents in Sub-Saharan Africa. In: Public Health Ethics. 2021. Vol. 14. Issue 1. pp. 79-89

Reisinger, Jutta (2019) Circumcision campaigns.
African opposition and human rights. The U.N. report. S. 93-94
vmmcproject.org/un-report.

Rheinz, Hanna (2012) Unverzichtbar und doch Albtraum.
Beschneidung – das jüdische Dilemma? In: Neues Deutschland.
23.07.2012
https://www.neues-deutschland.de/artikel/233327.unverzichtbar-
und-doch-albtraum.html

Ritter, Manuel (2016) Phimose. In: Michel, M.; Thüroff, J.; Janetschek, G.; Wirth, M. (Hg.) Die Urologie. Band 2. Springer Verlag. S. 1455-1459

RND (2019) Kleiner Junge (5) flüchtet auf Krankenhausdach aus Angst vor Beschneidung. 13.07.2019.
https://www.rnd.de/panorama/kleiner-junge-5-fluchtet-auf-
krankenhaus-dach-aus-angst-vor-beschneidung-
ESMQWWKSWH5Y3ZJSUQFZMTEQHI.html

Römer. Kapitel 2. Vers 17-29. Der Brief an die Römer.
Die Juden und das Gesetz.

Rössler, H.; Rasche, U. (2012) Rituelle Beschneidung.
Beschneidungsdebatte empört Israel. In: Frankfurter Allgemeine Zeitung. 24.08.2012.
https://www.faz.net/aktuell/politik/inland/rituelle-beschneidung-
beschneidungsdebatte-empoert-israel-11867158.html

Rosen, R.; Barsky, J. (2006) Normal Sexual Response in Women. In: Obstetrics & Gynecology. Vol. 33. Issue 4. Dec. 2006. pp. 515-526

Rudrum, S.; Oliffe, J.; Benoit, C. (2017) Discourses of masculinity, feminity and sexuality in Uganda's Stand Proud, Get Circumcised campaign. In: Culture, Health & Sexuality. 2017. Vol. 19. No. 2 pp. 225-239

Rudrum, Sarah (2023) Circumcision as conquest. Masculinity in Eswatini's voluntary medical male circumcision campaign materials. In: Global Public Health. 2023. Vol. 18. No. 1. doi: 10.1080/17441692.2023.2208202.

Rupprecht, Marlene (2012) Plenarprotokoll 17/189. Deutscher Bundestag. 17. Wahlperiode. 189. Sitzung. 19.07.2012.

Rupprecht, Marlene (2014) Das Recht, alles zu glauben - nicht aber, alles zu tun. Zum schwierigen Verhältnis zwischen Kinderrechten und Religionsfreiheit. In: Franz, Matthias (Hg.) Die Beschneidung von Jungen. Ein trauriges Vermächtnis. Vandenhoeck & Ruprecht Verlag. Göttingen. S. 421-445

Sahih al-Bukhari. Buch 72. Hadith 779.

Satti, A.; Elmusharaf, S.; Bedri, H.; Idris, T.; Hashim, M.; et al. (2006) Prevalence and Determinants of the Practice of Genital Mutilation of Girls in Khartoum, Sudan. In: Annals of Tropical Paediatrics. International Child Health. Vol. 26. Issue. 4. 2006. pp. 303-310

Sayre, Lewis (1870) Partial Paralysis From Reflex Irritation, Caused by Congenital Phimosis and Adherent Prepuce. In: Transactions of the American Medical Association. Vol. 21. 1870. pp. 205-211

Sayre, Lewis (1875) Spinal Anaemia With Partial Paralysis and Want of Coordination, From Irritation of the Genital Organs. In: Transactions of the American Medical Association. Vol. 26. 1875. pp. 255-274

Scheinfeld, Jörg (2013) Erläuterungen zum neuen §1631d BGB –
Beschneidung des männlichen Kindes. In: Zeitschrift für
höchstrichterliche Rechtsprechung zum Strafrecht (HRRS)
14. Jahrgang, Ausgabe 7-8/2013. S. 268-283

Scheinfeld, Jörg (2014) Die Knabenbeschneidung im Lichte des
Grundgesetzes. In: Franz, Matthias (Hg.) Die Beschneidung von
Jungen. Ein trauriges Vermächtnis. Vandenhoeck & Ruprecht Verlag.
Göttingen. S. 358-396

Schewe-Gerigk, Irmingard (2014) Kinderrechte sind unverhandelbare
Menschenrechte. In: Franz, Matthias (Hg.) Die Beschneidung von
Jungen. Ein trauriges Vermächtnis. Vandenhoeck & Ruprecht Verlag.
Göttingen. S. 397-420

Schirmer, Lynn (2012) After Dinner Party.
http://afterdinnerparty.com/about/

Schmidbauer, Wolfgang (2012) Beschneidung ist nicht harmlos.
In: Süddeutsche Zeitung. 04.07.2012.
https://www.sueddeutsche.de/wissen/nach-dem-koelner-urteil-
beschneidung-ist-nicht-harmlos-1.1401049

Schöfer, Michael (2012) Unausgewogen. Kommentare zum
Zeitgeschehen. 14. Juli 2012. http://www.michael-
schoefer.de/artikel/ms1083.html

Schonfeld, Victor (1995) It's a Boy. Dokumentarfilm.
Großbritannien. 1995.

Schonfeld, Victor (2012) Dieses Ritual widerspricht meinen jüdischen
Werten. In: Süddeutsche Zeitung. 30. November 2012
https://www.sueddeutsche.de/politik/debatte-um-die-beschneidung-
dieses-ritual-widerspricht-meinen-juedischen-werten-1.1535701

Schröder, Annette (2016) Phimose beim Kind. In: Michel, M.; Thüroff, J.; Janetschek, G.; Wirth, M. (Hg.) Die Urologie. Band 2. Springer Verlag. S. 1907-1909

Schulte von Drach, Markus (2012a) Umstrittenes Kölner Urteil: Pro - Fragwürdige Beschneidung der Religionsfreiheit. In: Süddeutsche Zeitung. 28.06.2012. https://www.sueddeutsche.de/panorama/umstrittenes-koelner-urteil-pro-fragwuerdige-beschneidung-der-religionsfreiheit-1.1394792

Schulte von Drach, Markus (2012b) Streit um das Beschneidungsurteil. Ratio zwischen Recht und Religion. In: Süddeutsche Zeitung. 20.07.2012. https://www.sueddeutsche.de/wissen/streit-um-das-beschneidungsurteil-ratio-zwischen-recht-und-religion-1.1411544

Schulte von Drach, Markus (2012c) Gesetzentwurf des Bundesjustizministeriums. Beschneidungsrecht wie bestellt. In: Süddeutsche Zeitung. 27.09.2012. https://www.sueddeutsche.de/wissen/gesetzentwurf-des-bundesjustizministeriums-beschneidungsrecht-fuer-alle-1.1480166

Schwegler, Johann (1998) Der Mensch. Anatomie und Physiologie. Thieme Verlag.

Schwegler, J.; Lucius, R. (2016) Der Mensch. Anatomie und Physiologie. Thieme Verlag.

Scott, Steve (1999) Anatomy and Physiology of the Human Prepuce. In: Denniston, G.; Hodges, F.; Milos, M. (Hg.) Male and Female Circumcision. Medical, Legal and Ethical Considerations in Pediatric Practice. Kluwer Academic/Plenum Publishers. New York. pp. 9-18

Segal, Jérôme (2014) Die Beschneidung aus jüdisch-humanistischer Perspektive. In: Franz, Matthias (Hg.) Die Beschneidung von Jungen. Ein trauriges Vermächtnis. Vandenhoeck & Ruprecht Verlag. Göttingen. S. 211-227

Seligmann, Raphael (2012) Ist die Beschneidung unzulässig? Phoenix Runde am 04.07.2012.
https://www.youtube.com/watch?v=welh43izX0A

Senel, F.; Demirelli, M.; Pekcan, H. (2011) Mass Circumcision With a Novel Plastic Clamp Technique. In: Pediatric Urology. Vol. 78. Issue 1. July 2011. pp. 174-179.

Senkul, T.; Iseri, C.; Sen, B.; Karademir, K.; Saracoglu, F.; Erden, D. (2004) Circumcision in Adults. Effect on Sexual Function. In: Urology. Vol. 61. No. 1. January 2004. pp. 155-158

Serour, Gamal (2010) The Issue of Reinfibulation. In: International Journal of Gynecology and Obstetrics. Vol. 109. Issue 2. May 2010 pp. 93-96

Shamdeen, A. (2025) Kapitel 1: Diagnostik. Klinische Untersuchung. Genitalien. In: Meyer, S. (Hg.) Duale Reihe Pädiatrie. 6. Auflage 2025. Thieme Verlag. Stuttgart.

Sharara-Chami, R.; Lakissian, Z.; Charafeddine, L.; Milad, N.; et al. (2017) Combination Analgesia for Neonatal Circumcision. A Randomized Controlled Trial. In: Pediatrics. Vol. 140. No. 6. December 2017. pp. 1-8

Shih, C.; Cold, C.; Yang, C. (2013) Cutaneous Corpuscular Receptors of the Human Glans Clitoris. Descriptive Characteristics and Comparison With the Glans Penis. In: The Journal of Sexual Medicine. Vol. 10. July 2013. pp. 1783-1789

Sidler, D.; Smith, J.; Rode, H. (2008) Neonatal Circumcision Does Not Reduce HIV/AIDS Infection Rates. In: South African Medical Journal. Vol. 98. No. 10. October 2008. pp. 762-766

Simonsen J.; Cameron, D.; Gakinya, M.; Ndinya-Achola, J.; et al. (1988) Human Immunodeficiency Virus Infection Among Men With Sexually Transmitted Diseases. In: New England Journal of Medicine. Vol. 319. August 1988. pp. 274-278

Singhammer, Johannes (2012) Plenarprotokoll 17/189. Deutscher Bundestag. 17. Wahlperiode. 189. Sitzung. 19.07.2012.

Siweya, T.; Sodi, T.; Douglas, M. (2018) The Notion of Manhood Embedment in the Practice of Traditional Male Circumcision in Ngove Village, Limpopo, South Africa. In: American Journal of Men's Health. Vol. 12. No. 5. 2018. pp. 1567-1574

Slater, R.; Cornelissen, L.; Fabrizi, L.; Patten, D.; Yoxen, J.; et al. (2010) Oral Sucrose as an Analgesic Drug for Procedural Pain in Newborn Infants. A Randomized Controlled Trial. In: The Lancet. Vol. 376. Issue 9748. October 2010. pp. 1225-1232

Smiljic, Oliver (2014) Die missverstandene Religionsfreiheit. Rituelle Beschneidung, die Scharia und unsere Menschenrechte. Tectum Verlag. Marburg.

Solinis, I.; Yiannaki, A. (2007) Does Circumcision Improve Couple's Sex Life? In: Journal of Men's Health and Gender. Vol. 4. No. 3. September 2007. p. 361

Sorrells, M.; Snyder, J.; Reiss, M.; Eden, C.; Milos, M.; et al. (2007) Fine-Touch Pressure Thresholds in the Adult Penis. In: British Journal of Urology. BJU International. Vol. 99/2007. pp. 846-869

Spratling, Edgar (1895) Masturbation in the Adult. In: Medical Record. September 1895. pp. 442-443

Stallings, R.; Karugendo, E. (2005) Female Circumcision and HIV Infection in Tanzania. For Better or For Worse? Third International AIDS Society Conference on HIV Pathogenesis and Treatment Rio de Janeiro 2005

Stanford Children's Health (2019) Circumcison.
https://www.stanfordchildrens.org/en/topic/default?id=circumcision-135-31

Stang, H., Snellmann, L. (1998) Circumcision Practice Patterns in the United States. In: Pediatrics. Vol. 101. No. 6. June 1998 pp. 1-6

Stehr, M.; Schuster, T.; Dietz, H.; Joppich, I. (2001) Die Zirkumzision. Kritik an der Routine. In: Klinische Pädiatrie. Ausgabe 213. Nr. 2. 2001. S. 50-55

Stevens, B.; Yamada, J.; Lee, G.; Ohlsson, A. (2009) Sucrose for Analgesia in Newborn Infants Ungergoing Painful Procedures. In: The Cochrane Library: Issue 1. 2009

Stringer, M.; Becker, I. (2010) Colombo and the Clitoris. In: European Journal of Obstetrics & Gynecology and Reproductive Biology. Vol. 151. No. 2. August 2010. pp. 130-133

Sunan Abi Dawud. Buch 42. Hadith 5251.

Szasz, Thomas (1996) Routine Neonatal Circumcision. Symbol of the Birth of the Therapeutic State. In: Journal of Medicine and Philosophy. Vol. 21. No. 2. April 1996. pp. 137-148

Tagesspiegel (2025) Ritual in Südafrika. 41 junge Männer nach Beschneidungen gestorben. 31.12.2025
https://www.tagesspiegel.de/gesellschaft/panorama/ritual-in-sudafrika-41-junge-manner-nach-beschneidungen-gestorben-15091947.html

Tangwa, G. (1999) Circumcision. An African Point of View.
In: Denniston, G.; Hodges, F.; Milos, M. (Hg.) Male and Female
Circumcision. Medical, Legal and Ethical Considerations in Pediatric
Practice. Kluwer Academic/Plenum Publishers. New York. pp. 183-193

Target e.V. (2019) Die Fatwas gegen Weibliche
Genitalverstümmelung. TARGETs größter Erfolg. https://www.target-
nehberg.de/de/projekt-die-fatwas

Taylor, J.; Lockwood, A.; Taylor, A. (1996) The Prepuce: Specialized
Mucosa of the Penis and Its Loss to Circumcision. In: British Journal of
Urology. BJU International. Vol. 77. February 1996. pp. 291-295

Tehrani, Mona (2018) Neuer Trend aus Hollywood. Penis facials.
In: Elle. 21.03.2018. https://www.elle.de/penis-facial

Terre Des Femmes – Menschenrechte für die Frau e.V. (2007)
Stellungnahme zur Verwendung des Begriffs „weibliche
Genitalverstümmelung". 2007
https://www.frauenrechte.de/online/index.php/ueberuns/tdf-
positionen/955-stellungnahme-von-terre-des-femmes-zur-
verwendung-des-begriffs-weibliche-genitalverstuemmelung

Terris, M.; Wilson, F.; Nelson, J. (1973) Relation of Circumcision to
Cancer of the Cervix. In: American Journal of Obstetrics and
Gynecology. Vol. 117. No. 8. December 1973. pp. 1056-1066

The cirumcision of Jacob Chai. Hochgeladen auf Youtube am
24.11.2012. https://www.youtube.com/watch?v=g27jGUeVg4A

Thiersch, H.; Grunwald, K. (2014) Lebensweltorientierung.
In: Thiersch, Hans (Hg.) (2015) Soziale Arbeit und
Lebensweltorientierung. Konzepte und Kontexte. Gesammelte
Aufsätze Band 1. Beltz Juventa. Weinheim/Basel. S. 326-363

Thiersch, H.; Lob-Hüdepohl, A. (2018) Moral und Soziale Arbeit. In: Otto, H.; Thiersch, H.; Treptow, R. Ziegler, H. Handbuch Soziale Arbeit. 6. Auflage. Reinhardt Verlag. München. S. 1032-1045

Thorup, J.; Thorup, S.; Ifaoui, I. (2013) Complication Rate After Circumcision in a Paediatric Surgery Setting Should Not Be Neglected. In: Danish Medical Journal. Vol. 60. No. 8. August 2013. pp. 1-3

Tontonoz, Matthew (2025) Gomco Circumcision Clamp. Embryo Project Encyclopedia. 12.08.2025. ISSN: 1940-5030 https://hdl.handle.net/2286/R.2.N.202547

Tortora, G; Derrickson, B (2006) Anatomie und Physiologie. Wiley-VCH Verlag

Türk, E.; Karaca, F.; Edirne, Y. (2013) A Clinical and Epidemiological Study on the Age of Circumcision in Turkey. In: Journal of the Annals of Eurasian Medicine. Vol. 1. Issue 2. 2013. pp. 27-30

Tutsch, Josef (2014) Heilige Körperverletzungen. Die Beschneidung im Kreis der Geburts- und Pubertätsriten der Völker, Kulturen und Religionen. In: Franz, Matthias (Hg.) Die Beschneidung von Jungen. Ein trauriges Vermächtnis. Vandenhoeck & Ruprecht Verlag. Göttingen. S. 20-51

Tyndall, M.; Ronald, A.; Agoki, E.; Malisa, W.; et al. (1996) Increases Risk of Infection With Human Immunodeficiency Virus Type 1 Among Uncircumcised Men Presenting With Genital Ulcer Disease in Kenya. In: Clinical Infectious Diseases. Vol. 23. Issue 3. September 1996 pp. 449-453

UNICEF (2005) Female Genital Mutilation/Cutting. A Statistical Exploration. UNICEF. New York. 2005

UNICEF (2013) Female Genital Mutilation/Cutting. A Statistical Overview and Exploration of the Dynamics of Change. UNICEF. New York. 2013

UNICEF (2016) Female Genital Mutilation/Cutting. A Global Concern. UNICEF. New York. 2016

UNICEF (2024) Female Genital Mutilation. A Global Concern. 2024 Update. UNICEF. New York. 2024

UNAIDS (2016) Prevention Gap Report. https://www.unaids.org/sites/default/files/media_asset/2016-prevention-gap-report_en.pdf

Urassa, M., Todd, J.; Boerma, J.; Hayes, R.; Isingo, R. (1997) Male Circumision and Susceptibility to HIV Infection Among Men in Tanzania. In: AIDS. Vol. 11. Issue 1. January 1997. pp. 73-80

Vallely, A.; MacLaren, D.; David, M.; Toliman, P.; et al. (2017) Dorsal Longitudinal Foreskin Cut is Associated With Reduced Risk of HIV, Syphilis and Genital Herpes in Men. A Cross-Sectional Study in Papua New Guinea. In: Journal of the International AIDS Society. Vol. 20. No. 1. Jan. 2017. pp. 1-11

Van der Kolk, Bessel (1989) The Compulsion to Repeat the Trauma. Re-eactment, Revictimization and Masochism. In: Psychiatric Clinics of North America. Vol. 12. No. 2. June 1989 pp. 389-411.

Van Essen, Jörg (2012) Plenarprotokoll 17/189. Deutscher Bundestag. 17. Wahlperiode. 189. Sitzung. 19.07.2012.

Van Howe, Robert (2006) Incidence of Meatal Stenosis Following Neonatal Circumcision in a Primary Care Setting. In: Clinical Pediatrics. Vol. 45. No. 1. January 2006. pp. 49-54

Van Howe, R.; Hodges, F. (2006) The Carcinogenicity of Smegma. Debunking a Myth. In: Journal of the European Academy of Dermatology and Venereology. Vol. 20. No. 9. 2006. pp. 1046-1054

Van Howe, R.; Svoboda, J. (2008) Neonatal Pain Relief and the Helsinki Declaration. In: Journal of Law, Medicine & Ethics. Health Care. Winter 2008. pp. 803-823

Van Howe, R.; Storm, M. (2011) How the circumcision solution in Africa will increase HIV infections. In: Journal of Public Health in Africa. Vol. 2. No 1. Feb. 2011. pp. 11-15

Von Braun, Christiane (2018) Die Zugehörigkeit zur jüdischen Gemeinschaft. In: Von Braun, C.; Brumlik, M. (Hg.) Handbuch Jüdische Studien. Böhlau Verlag. S. 15-58

Wallace, Sophia (2012) Cliteracy.
http://www.sophiawallace.com/cliteracy-100-natural-laws

Wallerstein, Edward (1980) Circumcision. An American Health Fallacy. Springer Publishing Company. New York.

Walter, Christian (2012) Stellungnahme zur Anhörung des Rechtsausschusses des Deutschen Bundestages am 26.11.2012.
http://www.zwangsbeschneidung.de/archiv/experten-rechtsausschuss-26-11-2012/Stellungnahme_Walter.pdf

Walter, Tonio (2012) Der Gesetzentwurf zur Beschneidung. Kritik und strafrechtliche Alternative. In: Juristen Zeitung. Jahrgang 67. Heft 22. November 2012. S. 1110-1117

Walter, Tonio (2013) Genitalverstümmelung. Das unantastbare Geschlecht. In: Die Zeit. 04.07.2013.
https://www.zeit.de/2013/28/genitalverstuemmelung-gesetz-frauen

Walter, Willi (2004) Genderforschung gleich Frauenforschung? Verschwinden des Geschlechts oder neue Erkenntnisdimension? In: Boekle, B.; Ruf, M. (Hg.) Eine Frage des Geschlechts. Ein Gender-Reader. VS Verlag für Sozialwissenschaften. S. 39-54

Warren, C. (1892) Genocatachresia. (Genos-Sex and Katachresis-Abuse) Its Treatment. In: The St. Louis Medical & Surgical Journal. Vol. 63. No. 4. October 1892. pp. 201-215

Waschke, J.; Böckers, T.; Paulsen, F. (2015) Anatomie. Das Lehrbuch. Urban & Fischer Verlag. München.

watson (2017) 8 Fakten zum weiblichen Erregungszentrum. 01.02.2017. https://www.watson.ch/wissen/spass/551430748-clitbait-8-fakten-ueber-die-klitoris

Watson, Lindsay (2015) Unaussprechliche Verstümmelungen. Beschnittene Männer sprechen darüber. CreateSpace Verlag.

Wawer, M.; Makumbi, F.; Kigozi, G.; Serwadda, D.; et al. (2009) Randomized trial of male circumcision in HIV-infected men. Effects on HIV transmission to female partners, Rakai, Uganda. In: The Lancet. July 2009. Vol. 374. Issue 9685. pp. 229-237

WD - Wissenschaftliche Dienste (2012) Sachstand Beschneidungspraxis und -diskussion in Deutschland und anderen europäischen Ländern. WD 1 - 3000-092/12. 10.08.2012.

Welt (2012) Beschneidung. Merkel – Wir machen uns zur Komikernation. 16.07.2012. https://www.welt.de/politik/deutschland/article108304605/Merkel-Wir-machen-uns-zur-Komikernation.html

Wendt, Alexander (2012) Urteil zu religiöser Beschneidung. Zentralrat sieht das Judentum in Deutschland gefährdet. In: Focus online. 14.07.2012. https://www.focus.de/politik/deutschland/urteil-zur-beschneidung-zentralrat-sieht-das-judentum-in-deutschland-gefaehrdet_aid_781855.html

WHO (2008) Eliminating Female Genital Mutilation. An Interagency Statement. World Health Organization. Genf. 2008

WHO (2014) HIV/AIDS. WHO Progress Brief. Voluntary Medical Male Circumcision for HIV Prevention in Priority Countries of East and Southern Africa. World Health Organization. Genf. 2014

WHO (2016) WHO guidelines on the management of health complications from female genital mutilation.
World Health Organization. Genf. 2016

WHO (2025) WHO guideline on the prevention of female genital mutilation and clinical management of complicatons.
World Health Organization. Genf. 2025

WHO & UNAIDS (2007) New Data on Male Circumcision and HIV Prevention. Policy and Programme Implications.
World Health Organization. Genf. 2007

WHO & UNAIDS (2016) Policy Brief. A Framework for Voluntary Medical Male Circumcision.
https://apps.who.int/iris/bitstream/handle/10665/246234/WHO-HIV-2016.17-eng.pdf?sequence=1

WHO & UNAIDS (2023) Assessing and enhancing sustainable voluntary medical male circumcision services for HIV prevention in East and Southern Africa. A landscape report of voluntary medical male circumcision priority countries.
World Health Organization. Nov. 2023

Willutzki, Siegfried (2012) Zum Umfang der Personensorge bei der Beschneidung. Stellungnahme zur Anhörung im Rechtsausschuss am 26.11.2012. http://www.zwangsbeschneidung.de/archiv/experten-rechtsausschuss-26-11-2012/Stellungnahme_Willutzki.pdf

Wilson, C. (2008) Male Genital Mutilation. An Adaption to Sexual Conflict. In: Evolution and Human Behavior. Vol. 29. 2008 pp. 149-164

Wine, Sherwin (1985) Judaism Beyond God.
A Radical New Way to Be Jewish. Sociecty for Humanistic Judaism.

Wiswell, T.; Smith, F.; Bass, J. (1985) Decreased Incidence of Urinary Tract Infections in Circumcised Male Infants. In: Pediatrics. Vol. 75. Issue 5. May 1985. pp. 901-903

Wiswell, T.; Enzenauer, R.; Cornish, D.; Hankins, C. (1987) Declining Frequency of Circumcision. Implications for Changes in the Absolute Incidence and Male to Female Sex Ratio of Urinary Tract Infections in Early Infancy. In: Pediatrics. Vol. 79. Issue 3. March 1987. pp. 338-342

Wiswell, T.; Geschke, D. (1989) Risks from Circumcision During the First Month of Life Compared With Those for Uncircumcised Boys. Pediatrics. Vol. 83. Issue 6. June 1989. pp. 1011-1015

Wolffsohn, Michael (2012) Umstrittenes Ritual. Nicht die Beschneidung macht den Juden. In: Welt. 28.08.2012. https://www.welt.de/debatte/article108845278/Nicht-die-Beschneidung-macht-den-Juden.html

Wollbarst, Abraham (1932) Circumcision and Penile Cancer.
In: The Lancet. Vol. 219. Issue 5655. January 1932. pp. 150-153

Wollman, L. (1973) Female Circumcision. In: Journal of the American Society of Psychosomatic Dentistry and Medicine. Vol. 20. 1973 pp. 130-131

Wunderweib (2015) 5 Dinge die du noch nicht über deine Klitoris
weißt. 05.11.2015. https://www.wunderweib.de/5-dinge-die-du-
noch-nicht-ueber-deine-klitoris-weisst-12953.html

Yang, P.; Zhu, X.; Patel, E.; et al. (2025) Trends in Circumcison among
newborn males in the US. In: JamaPediatrics 179(11):pp.1236-1238.
doi:10.1001/jamapediatrics.2025.2464

Yasin, A.; Al-Tawil, N.; Shabila, N.; Al-Hadithi, T. (2013) Female Genital
Mutilation Among Iraqi Kurdish Women. A Cross-Sectional Study
From Erbil City. In: BioMed Central. Public Health. Vol. 13. No. 809.
December 2013. pp. 1-8

Yegane, R.; Kheirollahi, A.; Salehi, N., Bashashati, M.; et al. (2006)
Late Complications of Circumcision in Iran. In: Pediatric Surgery
International. Vol.22. May 2006. pp. 442-445

Yoder, S.; Wang, S. (2013) Female Genital Cutting. The Interpretation
of Recent DHS Data. DHS Comparative Report 33. ICF International.
September 2013

Young, Hugh (2014) Quaintance trial begins. Gilgal goes, even from
Morris website. Intactivism News. 14. July 2014
https://mail.circumstitions.com/news/news64.html

ZMD - Zentralrat der Muslime in Deutschland e.V. (2012)
Pressemitteilung des ZMD zum sogenannten „Beschneidungsurteil".
27.06.2012. http://www.zentralrat.de/20584.php

Zeitfracht Medien GmbH
Ferdinand-Jühlke-Straße 7
99095 Erfurt, Deutschland
produktsicherheit@kolibri360.de